아들러의
인간이해

Menschenkenntnis

◇
◇
◇

아들러의
인간이해

Menschenkenntnis

세 가지 키워드로 읽는
아들러 심리학

알프레드 아들러 지음 | 홍혜경 옮김

을유문화사

아들러의
인간이해
세 가지 키워드로 읽는
아들러 심리학

발행일
2016년 8월 25일   초판 1쇄
2024년 8월 20일   초판 30쇄

지은이 | 알프레드 아들러
옮긴이 | 홍혜경
펴낸이 | 정무영, 정상준
펴낸곳 | (주)을유문화사

창립일 | 1945년 12월 1일
주소 | 서울시 마포구 서교동 469-48
전화 | 02-733-8153
팩스 | 02-732-9154
홈페이지 | www.eulyoo.co.kr
ISBN 978-89-324-7338-3   03180

1판 서문

이 책은 많은 독자들이 개인심리학^{Individualpsychologie}의 기본 지식과 친숙해질 수 있도록 만들기 위한 시도다. 동시에 이 원칙들이 개인의 일상적 관계 속에서 어떻게 실제적으로 적용될 수 있는지, 사람들과의 교류와 개인 삶의 구성을 위해 어떤 의미를 가지고 있는지 밝히고자 했다.

이 책은 빈의 시민대학[1]에서, 수백 명의 청중 앞에서 진행한 1년 동안의 강의 내용에 기초하고 있다. 이 책의 주요 과제는 개인의 잘못된 행동에서 기인한 우리의 역할과 활동의 결함이 사회와 공동생활에 어떤 영향을 주는지 이해시키고, 그들이 자신의 실수와 오류를 인식하고, 사회적 맥락 속에서 조화롭게 적응할 수 있게 도와주는 데 그 목적이 있다.

---

1 아들러는 오스트리아 빈의 오타크링 시민대학에서 1908년에 '인간이해'라는 강의를 시작했다. 당시 그의 강의를 듣기 위해 많은 사람이 몰려 왔다고 한다.

살아가는 일과 학문에서의 오류들은 확실히 매우 애석하고 유해하며, 인간이해Menschenkenntnis에서 일어나는 오류들은 생명을 위협할 정도로 위험하다. 우리의 학문 분야에서 일하는 동료들은 과거와 달리 우리의 한계를 뛰어 넘어 앞에 놓인 확실한 사실들과 경험들을 간과하지 말기 바란다.

　　나는 여기에서 브로저 박사님께 깊은 감사의 마음을 표시하지 않을 수 없다. 그는 내 강의록의 거의 대부분을 매우 열심히 받아 적고 정리하고 일람해 주었다. 그의 도움이 없었다면 이 책은 세상에 나오지 못했을 것이 확실하며, 그에 대해 더 이상 언급하는 것이 불필요할 정도다. 마찬가지로 내가 영국과 미국에서 개인심리학에 동의하는 학자들과 교류하는 기간 동안 이 책의 교정과 완결을 위해 노력해 준 딸, 의학 박사 알리 아들러에게도 감사의 말을 전한다.

　　히르첼 출판사는 매우 열성적으로 이 책의 출판을 독려해 주었고 사려 깊게 청중을 위한 강연을 준비해 주었다. 개인심리학은 이 점에서 출판사에 특별한 감사를 표하지 않을 수 없다. 이 강연과 이 책은 인류가 걸어갈 길을 환히 밝혀 주는 데 목적이 있다.

1926년 11월 24일, 런던에서
알프레드 아들러

2판 서문

2판이 이렇게 빨리 나올 수 있었던 것은 대중이 개인심리학이 이루어 놓은 연구 결과에 신뢰를 보내고 있다는 표시일 것이다.

　이 수많은 독자 외에도 나는 이 책을 매우 잘 이해하고 진심 어린 비평을 해 준 평론가들에게도 감사드리고 싶다.

　또한 비판을 하기보다는 내가 2판에서 가려고 했던 길을 제시해 준 분들에게도 감사드린다.

1927년 10월 19일, 빈에서
알프레드 아들러

일러두기

1. 이 책은 1928년에 출간된 원전 『*Menschenkenntnis*』를 번역한 것입니다.
2. 본문에서 각주는 옮긴이의 설명입니다.
3. 본문에서 주요 용어는 독자의 이해를 돕기 위해 독일어를 병기하였고, 주요 문장은
   고딕으로 처리하였습니다.
4. 본문에서 책은 『 』으로, 책의 장이나 단편 작품은 「 」으로, 강조는 ' '으로 구분하였
   습니다.

일반론

성격론

부록

해설

일반론

Menschenkenntnis

서론

인간의 마음속에 그의 운명이 있다.
— 헤로도투스

인간이해의 근본적 문제들은 지나친 교만과 자만심을 가지고 접근하면 안 된다. 그와 반대로 진정한 인간이해는 겸손하게 실천해 나가는 사람들에 의해 발전되어 왔다. 인간이해라는 문제는 태고 이래 인류 문화가 해결하고자 노력했던 거대한 과제다. 그러나 인류는 목적의식을 가지고 체계적으로 이 문제를 다루지 않았다. 그 결과 일반인들보다 더 전문적으로 인간이해의 주제를 다룰 만한 역량 있는 학자는 몇 명 되지 않았고, 이 점이 우리의 아픈 부분을 건드린다. 선입견을 가지지 않고 인간이해 입장에서 보면 대부분의 사람들은 이 문제에 대해서 속수무책이다. 우리는 모두 인간에 대해 잘 모르고, 그것은 우리 대부분이 고립된 생활을 하는 것과 밀접한 연관이 있다. 오늘날만큼 인간이 소외된 채 살아가는 시기도 없었다. 우리는 어린 시절부터 다른 사람들과 소통하지 않고 살아왔으며 가족들조차 우리를 소외시켰다. 우리의 전반적인 삶의 방식도 주변 사람들과의 친밀한 관계를 허락하지 않는다. 그것은 예술의 발전이나 인간이해를 위해서 필수불가결한 요소들인데도 말이다. 인간이해와 친밀한 인간관계는 상호 의존적인 두 개의 동인이다. 사람들은 서로에 대한 이해 부족으로 너무나 오랫동안 낯설어졌기 때문에 다른 사람들과의 교류에 서투르다.

그 이해 부족의 심각한 결과는 바로 우리가 주변 사람들과의 대응과 그들과의 공동생활에서 대부분 실패하게 되는 원인이 된다. 종종 대두되는 민감한 문제는 사람들이 서로서로 지나쳐 버리고 지나가듯 말하기 때문에 화합점을 찾을 수 없다는 것이다. 사회라는 커다란 조직에서뿐 아니라 아주 가까운 가족 내에서조차 서로에게 이방인의 모습으로 서 있기 때문이다. 부모들은 자식들을 이해하지 못하겠다고 한탄하고 자녀들 또한 부모에게서 이해받지 못하고 있다고 불평을 늘어놓는 경우를 흔히 볼 수 있다. 공동생활의 기본 조건에는 지키지 않으면 안 되는 많은 규율이나 강제 사항이 있으며 서로를 이해하는 것이 가장 중요하다. 왜냐하면 주변 사람에 대한 전체 태도가 거기에 달려 있기 때문이다. 인간에 대한 이해가 커질수록 공동생활의 방해 요소가 사라지기 때문에 사람들은 훨씬 더 화합하며 함께 잘 살아갈 수 있을 것이다. 그러나 오늘날 우리는 서로 잘 모르기 때문에 외모로 인해 미혹에 빠지고 다른 사람의 거짓된 모습에 기만당하곤 한다.

이제 우리는 의학의 거대한 분야 안에 인간이해라는 학문을 세우고자 하며, 그 시도가 왜 의학 쪽에서 출발해야 하는지 설명하려고 한다. 그리고 이 학문의 전제 조건은 무엇인지, 어떤 과제를 갖고 있는지, 또 그로부터 어떤 결과를 기대할 수 있는지 설명할 예정이다.

무엇보다 신경정신의학은 인간에 대한 이해를 긴급하게 요구하는 학문이다. 정신과 의사들은 가능한 한 빨리 환자의 정신세계에 대한 통찰에 이르러야 한다. 정신의학 분야에서는 환자의 정신 속에서 무슨 일이 일어나고 있는지 명확히 알게 되면 유용한 판단을 내리고, 필요한 조치를 하고, 올바른 치료와 처방을 내릴 수 있게 된다. 피상적인 것은 여기에서 통하지 않는다. 환자에 대한 정확한 이해는 치료의 성공으로 보상을 받지만, 실수하면 바로 그 대가가 따른다. 다른 표현을 빌리자면 인간 본성에 대한 우리의 지식이 옳은 것인지 아닌지에 대한 매우 엄격하고 효과적인 검증이 이루어지는 셈이다. 일상적인 사회생활 속에서는 다른 사람에 대한 판단이 오히려 틀리는 경우가 많다. 여기서도 매번 대가가 따르긴 하지만 너무 오랜 시간이 흘러 그 인과관계가 명확하지 않은 경우가 많다. 주변 사람에 대한 잘못된 인식이 수십 년 뒤 어떤 커다란 불행으로 이어지는지 알게 되었을 때, 우리는 소스라치게 놀라지 않을 수 없다. 이런 음울한 사건들이 우리에게 주는 교훈은 모든 사람이 인간이해의 적절한 지식을 습득하고 심화시켜야 할 필요성과 의무에 대해 자각하게 해 주는 것이라고 할 수 있다.

신경 질환에 대한 여러 가지 실험으로 인해 우리는 정신 질환 환자에게서 나타나는 비정상, 콤플렉스, 실수 등의 여러 현상이 근본적으로 그 구조에서 정상인의 그것과 전혀 다르지 않다는 것을 알게 되었다. 그 현상들에는 똑같은 요소들과 똑같은 전제들이 고려되어야만 한다. 유일한 차이점은 단지 신경증 환자들에게 있어서는 그것들이 더욱 뚜렷하게, 더욱 쉽게 인식된다는 점이다. 바로 이런 발견으로부터 우리의 연구와 관련해 얻는 이점은 비정상적인 케이스에서 여러 가지를 배울 수 있고, 정상적인 정신생활과의 비교를 통해 여러 가지 경험을 축적해, 결과적으로는 정상적인 정신생활에서도 그와 관련된 움직임이나 특징을 더욱 예리하게 발견할 수 있다는 점이다. 어떤 직업에서나 마찬가지겠지만 그것은 헌신과 인내심이 결합된 훈련이 아니고서는 불가능한 일이다.

첫 번째로 우리가 인식하게 된 것은, 인간의 정신생활을 구성하는 가장 강력한 요소들은 초기 유년 시절에 형성된다는 사실이다. 이 발견은 그 자체로서는 대단한 것이 아니다. 모든 시대의 위대한 학자들에 의해 유사한 사실들이 이미 발견되었기 때문이다. 참신한 점은 바로 우리가 그것들을 증명할 수 있는 범위 내에서 어린 시절의 경험과 인상, 태도를 어른이 된 후 정신세계의 여러 현상과 연결시킬 수 있게 되었다는 사실이다. 어린 시절의 체험들을 성년이 되고 난 이후 상황에서 나타나는 그 사람의 태도와 비교한 결과, 그것들은 이론의 여지없이 서로 밀접한 연관성을 가지고 있었다. 그리고 이런 연관성 속에서 중요한 발견을 하게 되었다. 정신생활의 개별 현상들은 그 자체로서 충분히 완벽한 전체로 간주해서는 안 된다. 서로 따로 떼어놓을 수 없는, 전체 속의 부분들로 이해할 때 그에 대한 완전한 이해에 도달할 수 있다. 그리고 한 인간을 이끌어 가는 활동 궤도, 삶의 방식, 자세 등을 발견했으며, 유년기 삶의 방식의 목표가 성숙한 후의 목표와 정확하게 일치한다는 사실을 확인할 수 있었다. 간단히 말해, 심리적 움직임이라는 관점에서 볼 때 삶의 방식에 어떤 변화도 일어나지 않았다는 것이 놀라우리만치 확실했다. 외부적인 형태나 구체적인 방식, 어떤 심리 현상의 언어적 표현은 조금 변했을지 모르나 최종 목표로 향하는, 정신생활을 결정하는 근본 토대나 목표, 리듬, 역동성, 그 밖의 모든 것은 불변인 채로 그대로라는 것이다.

한 성인 환자는 끊임없는 의심과 불신으로 가득 차 있었고, 자기 자신을 주위로부터 확실히 분리시켜 내려고 애쓰는 불안한 성격적 특징을 보여 주었다. 그런데 우리는 그가 세 살이나 네 살 때 이미 동일한 성격적 특징과 심리적 움직임을 보여 주었음을 확인할 수 있었다. 그때는 유아적 단순함 때문에 그런 특질들이 훨씬 더 투명하게 해석될 수 있었을 뿐이다. 그래서 우리는 우리 연구의 주된 목표를 모든 환자의 유년 시절에 두기로 했다. 그리고 그렇게 함으로써 우리는 환자의 유년 시절에 대한 구체적인 지식 없이도 그의 유년 시절에 대해 많은 것을 추론할 수 있었다. 환자가 어린 시절에 경험했던 것들의 직접적인 자국과 흔적들이 어른이 된 뒤에도 여전히 보이기 때문이다.

우리가 어떤 환자의 유년 시절에 대한 생생한 기억들을 듣고 그 기억들을 어떻게 해석해야 할지 정확히 이해하게 되면, 그가 어떤 사람인지 파악할 수 있다. 이러한 과정에서 우리는 한 인간이 자신의 어린 시절을 구성했던 삶의 방식으로부터 결코 빠져나올 수 없다는 사실도 알게 되었다. 아주 적은 수의 사람들만이 유년 시절의 삶의 패턴에서 벗어날 수 있었다. 하지만 성인의 삶은 완전히 다른 상황에 놓이기 때문에 새로운 모습으로 나타나며 새로운 인상을 주게 된다. 그렇지만 그 사실이 성인이 된 후 삶의 양식이 바뀌었다는 것을 의미하는 것은 아니다. 정신생활은 그 근본에 있어서는 변하지 않는다. 개인들은 유년 시절에나 성인이 된 후에나 똑같은 생활 궤적을 따라가며 똑같은 목표를 추구하고 있는 것이다. 우리의 초점을 유년 시절의 경험에 집중시킬 수밖에 없는 이유는 우리가 환자의 행동 양식을 현재 상태에서부터 바꾸려 해도 그것을 시작할 수 없다는 것을 알게 되었기 때문이다. 우리는 환자의 셀 수 없이 많은 체험이나 인상을 제거하려고 해도 성공하지 못했다. 그러하기 전에 우리는 그 사람의 근본적인 행동 패턴을 먼저 찾아내야 하며, 그것을 이해할 수 있게 되면 그의 근본적 성격이나 눈에 띄는 질환 증상에 대해서 정확한 해석을 내릴 수 있게 될 것이다.

이런 이유 때문에 아동의 정신생활을 탐구하는 것이 우리 학문의 핵심 분야가 되었다. 그것은 위안과 교훈으로서 충분했다. 생애 첫 시기를 밝혀내는 수많은 위대한 연구가 이루어졌다. 전인미답의 이 분야에는 너무나 방대한 자료들이 쌓여 있어 오랫동안 준비하면 누구든 새롭고 중요하고 재미있는 사실들을 발견해 낼 수 있을 것이다.

인간이해는 그저 학문을 위한 학문이 아니고 오류를 방지할 수 있는 방법으로도 유용하다. 그동안 얻어진 인식을 토대로 수년간 우리가 헌신해 왔던 분야인 교육학 쪽으로도 관심 영역이 넓어졌다. 교육 문제는 인간이해를 중요한 학문 분야로 인식하고, 그것을 경험하고 습득하려는 모든 사람에게 보고寶庫와 같은 것이었다. 왜냐하면 그것은 책에 쓰여 있는 진리가 아니라 실제 현장에서 습득되는 살아 있는 지혜이기 때문이다. 훌륭한 화가가 자신이 그리려는 대상에게서 느낀 중요한 특성들을 초상화에 담아내려고 노력을 기울이듯이, 우리의 근본적인 접근 방법은 한 인간의 기쁨과 슬픔까지 포함해 그 사람의 정신생활의 모든 현상을 체험하고 우리 것으로 받아들여야만 한다는 것이다. 그러므로 인간이해는 충분한 도구와 방법들을 가지고 있는 예술로 이해될 수 있으며, 한편으로는 다른 모든 예술과 어깨를 나란히 하는 것이고, 많은 사람 중에서 특히 시인은 그 방법을 유용하게 사용하는 사람이라고 할 수 있다. 그 첫 번째 목표는 인간에 대한 우리의 지식을 확대시켜 주는 것이며, 우리 모두 더 훌륭하고 더 성숙한 정신 발달을 위해 도움을 주는 것 외에 다른 어떤 목표도 갖고 있지 않다.

    우리의 연구에서 빈번하게 만나는 어려움은 우리가 인간이해라는 그 지점에서는 극심하게 예민해진다는 점이다. 사람들 중에는 이 분야에서 어떤 연구도 해보지 않았으면서 자기 자신을 이 분야의 전문가인 듯이 생각하는 사람이 꽤 많다. 또한 인간에 대한 그들의 지식을 테스트하려고 하면 거의 대부분 매우 심하게 상처 받는다. 진심으로 인간을 이해하고 싶어 하는 사람들은 자기 자신의 감정이입을 통해 인간의 가치와 중요성을 경험한 사람들뿐이다. 다시 말해 스스로의 정신적 위기를 통해서거나 다른 사람들의 마음속에 있는 그 위기를 충분히 인식한 사람들만이 그렇게 할 수 있다. 이런 여러 가지 상황으로부터 정밀한 전술Taktik의 필요성이 대두된다. 왜냐하면 우리가 어떤 사람의 정신을 탐색해서 발견해 낸 냉혹한 사실들을 그 사람의 면전에 툭 던져 버렸을 때 야기되는 상황보다 이 세상의 그 어떤 것도 더 혐오스럽거나 불쾌할 수 없을 것이기 때문이다. 그러므로 이 일을 하면서 비난 받지 않으려면 매우 조심할 필요가 있다.

인간이해의 지식을 통해 얻어진 사실들을 조심성 없이 함부로 사용하면 끔찍한 악평을 스스로 자초하게 될 것이다. 예를 들어 어떤 저녁 식사 자리에서 이웃의 성격에 관해 얼마나 많이 알고 있는지 보여 주고 싶은 욕심에 불타오를 때가 그런 경우이다. 또한 이 학문의 기본 원칙들을 문외한들에게 완결된 이론인 것처럼 제시하는 것도 위험하다. 이 분야에 어느 정도 지식을 갖고 있는 사람이라고 할지라도 그런 과정 속에서 모욕을 느낄지 모른다.

우리가 이미 이전에 언급한 것처럼 인간이해의 학문은 우리에게 겸손을 요구한다는 점을 다시 한 번 강조하고자 한다. 불필요하고 성급하게 우리 실험의 결과들을 떠벌려서는 안 된다. 그러면 자기가 할 수 있는 모든 것을 내보이고 자랑하고 싶어 안달하는 어린아이 꼴이 되기 십상이다. 성인이라면 그와 같은 유치한 짓은 하지 않을 것이다. 그러므로 우리는 먼저 인내심을 갖고 기다리고 자기 자신을 먼저 시험해 보라고 충고하고 싶다. 어딘가에서 인간이해라는 작업을 하면서 알게 된 지식을 가지고 다른 사람에게 방해가 되어서는 안 된다. 그렇게 되면 이제 막 발전 과정에 있는 신생 학문에 새로운 어려움을 가중시키며 실제로 그 목표에 타격을 줄 뿐이다. 젊은 연구자들의 생각지도 못한 열정으로부터 야기될 수 있는 실수의 모든 책임을 우리가 감당해야 하기 때문이다. 적어도 처음에는 전체적인 완성품을 보기까지 어떤 결론을 이끌어 내기 전에 조심스럽고 끈기 있게 기다리는 편이 낫다. 그리고 그런 일은 누군가에게 그것으로 확실히 도움을 줄 수 있으리라는 확신이 있을 때에만 그렇게 해야 한다. 올바른 판단이라고 하더라도 잘못된 방식으로 적절하지 못한 순간에 제시하면 엄청난 피해를 가져올 수 있기 때문이다.

우리의 논의를 계속 발전시켜 나가기 전에 이미 많은 사람이 품고 있을 이의에 대해 잠깐 생각해 보자. 우리는 이미 한 개인의 생활 방식은 결코 변하지 않는다는 주장을 한 바 있다. 많은 사람이 이 주장을 이해하기 힘들어 할지도 모른다. 왜냐하면 사람들은 삶에 대한 그의 태도에 변화를 주는 숱한 경험을 하기 때문이다. 어떤 한 가지 경험이라고 할지라도 수많은 다양한 해석을 낳을 수 있다는 사실을 생각해야 한다. 동일한 경험을 한 두 사람이 곧 동일한 결론과 적용에 다다르는 것은 아니다. 우리가 어떤 경험을 통해 항상 더 현명해지는 것은 아니라는 사실이다. 어떤 사람이 위험을 피하는 방법을 알게 되고 그에 대한 자기 나름의 태도나 입장을 갖게 되었다고 해도 그 사람의 생활 방식이 그 결과로 인해 변하는 것은 아니다. 앞으로 더 많은 논의를 통해 알게 되겠지만 인간은 항상 수많은 자신의 경험으로부터 동일한 목적의 적용 방법을 이끌어 낸다. 더 자세한 연구를 통해 확인한 바는 그의 모든 경험은 자신의 기존 행동 양식에 맞춰지고 그의 생활 모형을 강화시킬 뿐이라는 것이다.

언어는 자기의 고유한 감정에 맞게 말한다. "경험을 만든다^{macht}"라고 하는 독일어 문장에서 그것이 의미하는 바는 모든 사람이 자신의 경험을 어떻게 사용하는지에 대해 스스로가 주인이라는 뜻이 내포되어 있다. 일상생활에서 매일 관찰되는 바와 같이 사람들은 자기의 경험에서 다양한 결론을 이끌어 낸다. 예를 들어 습관적으로 항상 똑같은 실수를 반복하는 사람을 만나게 됐을 때 우리가 그의 실수를 입증하는 데 성공하더라도 여러 가지 다양한 반응을 만나게 될 것이다. 어떤 사람들은 이제 정말 실수를 그만둬야 할 시간이 되었다고 결론을 내릴 것이고, 또 어떤 사람은 자기는 이미 그 실수를 너무 오랫동안 해왔기 때문에 그 습관을 버리기 힘들다고 대답할지도 모른다. 아니면 자기 부모님 탓을 하거나 교육에 그 원인을 돌리기도 하고, 이제껏 자기를 신경 쓰고 보살펴 준 사람이 아무도 없었다고 한탄하거나 너무 응석받이로 자라서 어쩔 수 없는 일이라고 말하기도 하고, 자신이 너무 엄격하고 잔인한 취급을 받아 왔다는 등의 이유를 갖다 대며 그대로 자신의 잘못에 머무른다. 이처럼 갖가지 구실을 방패 삼아 그냥 거기에 그대로 있겠다는 입장을 드러내는 것이다.

그들은 이렇게 해서 항상 조심스러운 합리화를 하면서 자기비판으로부터 도망치려 한다. 자기는 결코 잘못한 적이 없다고 믿으며 자신들이 이루지 못한 모든 일의 책임을 다른 사람에게 전가한다. 그런 사람들이 간과하는 한 가지 사실은 스스로 실수를 하지 않기 위한 아무런 노력도 하지 않는다는 것이다. 그들은 열정에 가까운 노력으로 자신의 잘못을 고수한다. 물론 그들이 그렇게 주장하는 한 잘못된 교육에 죄가 있을 수도 있다. 한 가지 경험으로부터 여러 가지 다양한 해석이 가능하다는 것, 다른 결론을 도출해 낼 수 있다는 사실은 왜 사람들이 자기들의 행동 양식을 바꾸려 하지 않고 자기 자신에게 꼭 들어맞을 때까지 자기 경험을 바꾸고 뒤틀고 왜곡하는지 이해할 수 있게 해준다. 인간에게 가장 힘든 일은 자신을 정확하게 인식하고 자신을 변화시키는 일인지도 모른다.

인간이해의 경험과 실상에 정통하지 못한 사람이 어떤 사람을 보다 나은 인간으로 교육시키려고 시도한다면 매우 혼란스러운 사태에 직면할 것이다. 그는 오로지 지금까지와 마찬가지로 피상적인 차원에 머무를 뿐이고, 어떤 사실의 외적 양상이 변했고 다른 뉘앙스가 생겼으니, 자신이 무언가를 변화시켰다는 잘못된 믿음을 가질 수도 있다. 실제 임상 경험에 비춰 보면, 그런 작업이 한 개인을 조금도 변화시키지 못하고 행동 양식 자체가 수정되지 않는 한 겉으로 보이는 변화 또한 순식간에 지나가 버린다는 점을 알게 된다. 한 사람을 변화시킨다는 것은 간단한 과정이 아니다. 그것은 신중함과 인내심을 요구한다. 그리고 무엇보다 개인적 허영심을 버려야 한다. 우리가 변화시켜야 할 어떤 개인이 다른 사람의 허영심을 위한 대상이 되어 줄 이유는 없기 때문이다. 변화 과정은 변화되어야 할 대상이 스스로를 수긍할 수 있는 그런 방법으로 진행되어야만 한다. 그것은 아무리 맛있는 음식이라도 기분에 거슬리게 제공된다면 거부될 수밖에 없다는 사실처럼 자명한 일이다.

인간이해라는 학문에는 또 다른 중요한 측면이 있는데, 그것은 소위 말해서 사회적인 측면이다. 사람들이 서로를 더 잘 이해할 수 있다면 의심할 여지없이 서로서로 더 잘 지낼 수도 있고 서로에게 더욱 친밀하게 다가갈 수도 있을 것이다. 그런 상황에서는 서로를 실망시키거나 기만한다는 것을 생각할 수도 없다. 사회에 대한 거대한 위협적 요소는 바로 이 기만의 가능성이다. 이 연구에 참여하는 동료 학자들에게도 이 위험성은 충분히 제시되어야 한다. 그들은 또한 삶 속에 있는 무의식적인 것, 모든 위선, 왜곡, 교활함, 술책 등을 인식할 수 있는 능력을 가져야 하고 자기들이 영향을 미치고자 하는 환자들이 그 사실에 주목할 수 있게 하고 그들을 도와줄 수 있어야 한다. 인간이해는 그런 목적에 유용한 것이며 우리는 그것을 의식적으로 다뤄 나가야 한다.

이 학문의 자료들을 잘 취합해서 적용시킬 수 있는 가장 최적의 사람은 누구일까? 이 학문을 오로지 이론적으로만 적용시키기는 불가능하다는 사실은 이미 위에서 언급되었다. 모든 규칙과 이론을 알고 있는 것만으로는 충분치 않고, 우리의 연구를 실천에 옮기는 것이 중요하며, 종합하고 이해하는 좀 더 높은 단계의 연구로 발전시켜 나가야 한다. 그렇게 함으로써 이제까지의 경험으로 알 수 있었던 것보다 더 많은 것을 관찰할 수 있는 더 예리하고 더 깊어진 시각을 갖게 될 것이다. 이것이 바로 우리가 왜 이론적이고 체계적으로 인간이해에 접근해야 하는지에 대한 감동적인 이유다. 이 학문을 살아 숨 쉬는 것으로 만들려면 삶 그 자체로 침투해서 우리가 획득한 이론을 검증하고 사용해야만 한다. 앞에서의 질문이 중요한 이유가 바로 여기에 있다.

우리의 교육 과정에서 인간이해에 대해 갖게 되는 지식은 너무나 보잘것없고, 우리가 배운 것들 대부분은 틀린 것이다. 유용한 인간이해의 지식을 전달하고 이해시키기에는 현재까지 우리의 교육이 너무 부실하기 짝이 없다. 어느 정도까지 아이가 발전할 수 있을지, 자신이 받은 교육으로부터 또 자신의 체험으로부터 어떤 유용성을 이끌어 낼지는 온전히 아이에게 맡겨져 있다. 인간이해가 감당해야 할 의무라고 말할 수 있는 어떤 전통도 우리에게는 없다. 이에 대한 이론도 아직 갖고 있지 않다. 인간이해의 학문은 현재 연금술 시대에 화학이 차지했던 그 정도 상황에 놓여 있는 것이다.

우리 교육 제도의 복잡한 혼란 속에서도 인간이해를 잘 습득할 수 있는 기회를 가진 사람은 사회적 관계를 잘 유지하고 주변 사람들이나 자신의 삶과 돈독한 관계를 맺고 있는 사람들이다. 이들은 낙관론자들이거나 투쟁하는 비관론자들이며, 적어도 자신의 비관주의 때문에 체념에 빠져들지 않는 사람들이다. 그러나 인간들과의 교류만으로는 부족하고 체험도 중요하다. 그렇게 해서 우리는 다음과 같은 결론에 이르게 된다. 즉 열악한 오늘날의 교육 현실에서 진정한 인간이해는 오직 한 가지 유형의 사람들에게만 가능하다. 그들은 **참회하는 죄인**der reuige Sünder으로서 혼란스러운 정신생활 속에서 많은 실수와 잦은 잘못 때문에 질곡에 빠져 들었다가 벗어난 사람들이거나 그와 아주 흡사한 경험을 한 사람들, 혹은 그와 비슷한 것을 느끼는 사람들이다. 특별히 이런 것들을 잘 수용할 수 있는 사람들 혹은 특별한 공감 능력을 가진 사람들도 물론 인간이해의 지식을 잘 습득할 수 있다. 가장 훌륭한 인간이해자Menschenkenner는 아마도 모든 열정을 스스로 겪어 낸 사람일 것이다. 참회하는 죄인은 오늘날에도, 또 위대한 종교가 태동했던 시기에도 가장 귀중한 가치를 인정받은 사람이었을 것이다.

그는 수천 명의 의인보다 더 높은 위치에 서 있다. 어떻게 그런 일이 가능할까? 그는 삶의 그 수많은 어려움을 딛고 일어선 사람, 일상의 늪에서 자신을 구해 내고 더 나은 길을 찾아가는 사람, 나쁜 길로 빠질 수 있는 유혹을 벗어던질 수 있고 자신을 고양시킬 힘을 찾아내는 사람, 삶의 좋은 면과 나쁜 면을 가장 잘 알고 있는 사람이다. 그 누구도 그와 비교될 수 없고, 아무리 정의로운 의인이라도 그에 미치지 못한다.

인간의 영혼에 대한 지식이 축적되면 우리에게 저절로 새로운 의무감과 과제가 생긴다. 잘못된 행동 양식이 원인이 되어 삶에 잘 적응하지 못하는 사람의 습관을 깨뜨리고 그가 갖고 있던, 생生을 관통하고 있는 그릇된 관점을 재조정할 수 있게 도와주어야 하는 것이다. 우리는 그에게 공동생활과 행복을 성취하는 데 적합한 새로운 관점을 제시해 주어야 한다. 그것은 겸손하게 말한다고 해도 새로운 사고방식Denkökonomie으로서, 공동체의식Gemeinschaftsgefühl이 보다 더 중요한 역할을 하는 삶의 양식을 새로 만드는 것이다. 우리가 원하는 것은 그의 정신적 발전의 이상형을 구축하려는 것이 아니다. 어쩔 줄 몰라 당황하는 사람에게는 새로운 관점 그 자체만으로도 엄청난 도움이 된다. 왜냐하면 이 새로운 관점으로부터 어느 방향에서 그가 오류에 빠져 들었는지 확실히 알 수 있기 때문이다. 우리의 이런 견해로 보자면 인간의 모든 활동을 원인과 결과의 연속으로 간주하는 엄격한 결정론자의 생각이 아주 잘못된 것은 아니다. 사람의 마음속에 아직 어떤 힘이 있고 어떤 동기가 살아 있을 때, 즉 자기 인식이 작동하고 있을 때 어떤 체험의 결과는 전혀 다른 것이 되며 인과관계는 새로운 가치를 획득하게 된다는 것이 확실하기 때문이다. 자기 안에서 무슨 일이 일어나고 있는지, 그것이 어떤 원인에서 비롯된 것인지 알게 될 때 자기 인식 능력은 훨씬 배가될 것이며, 그는 전혀 다른 사람이 되고 그 후로는 더 이상 절대로 자기 자신을 포기하지 않을 것이다.

제1장

인간의 영혼

1. 정신생활의 개념과 전제들

정신이란 오직 움직이고 살아 있는 유기체에만 존재한다. 정신은 자유
로운 활동과 긴밀한 관계에 있기 때문이다. 땅속에 깊이 뿌리를 내린
유기체에는 정신의 필요성이 존재하지 않는다. 그들에겐 정신이 완전
히 무용지물이다. 뿌리를 깊이 내리고 있는 식물에 감정과 생각이 있다
고 가정한다면 얼마나 섬뜩하겠는가. 꼼짝 못하고 움직이지도 못하는
데 스스로는 절대로 피할 수 없는 위험을 예감하고 고통을 느낄 거라
고 가정하는 것은 난센스다. 식물이 자유 의지를 마음대로 사용할 것
이라는 추측은 애초부터 배제되어 있는데, 식물에 이성과 자유 의지가
있을 거라고 가정하는 것도 불합리하기는 마찬가지다. 그런 상황에서

식물의 이성과 자유 의지의 필요성은 무익해지기 때문이다.

　식물에는 정신생활이 불가능하다는 사실 때문에 식물과 동물이 극명하게 구분된다는 점은 이제 분명해졌다. 그리고 활동성과 정신생활의 관련성에 대한 엄중한 의미도 알게 되었다. 그것들이 암시하고 있는 의미는, 즉 정신생활의 발전을 이해하기 위해서는 운동과 관련 있는 모든 것이 파악되어야 한다는 것, 모든 어려움은 장소 이동과 이미 연관되어 있을 수 있다는 것, 정신생활이란 앞일을 예측하고, 경험들을 축적하고, 기억을 발전시켜 나가는 것을 의미하며, 그것들은 유기체가 움직이고 활동하기 위해 필요로 하는 것들이라는 사실이다.

　그러므로 정신생활의 발전은 움직임과 밀접한 관련이 있으며 정신에 의해 수행되는 모든 진화 과정은 유기체의 활동성에 달려 있다는 사실을 처음으로 확인할 수 있게 되었다. 이런 활동성이야말로 정신생활을 자극하고 촉진하고 한층 더 강화된 정신생활을 요구하기 때문이다. 모든 운동이 정지된 한 사람을 상상할 경우, 그의 모든 정신생활도 정지할 수밖에 없을 것이다.

2. 정신 기관의 기능

이런 관점에서 정신기관의 기능을 조망해 볼 때 우리가 갖고 있는 선천적인 능력의 발달에 대해서 다루지 않을 수 없다. 그것은 유기체가 처한 상황이 공격을 요구하느냐, 안전을 요구하느냐에 따라 공격기관, 방어기관, 안전기관, 보호기관을 선택하는 역할을 한다. 정신생활의 궁극적 목적은 유기체가 이 지구 상에서 계속 생존할 수 있도록 보장하고 그의 발달을 확보하기 위한 것이므로 정신생활은 공격적이고 안전 지향적인 활동의 복합체이다. 우리가 이런 전제를 인정하면 또 다른 전제가 필요해지며, 그것은 정신의 진정한 개념을 어떻게 볼 것인가 판단하는 데 중요하다. 고립된 정신생활은 상상할 수도 없다. 그 대신 우리가 생각하는 정신생활은 그것을 둘러싸고 있는 모든 것과 연결되어 있고, 외부로부터 자극을 받아들이고, 어떻게든 그것에 반응하며, 환경에 대항하거나 그것과 연합해 유기체를 지켜 내는 데 필요한 가능성과 힘을 소유하면서 안전을 지키고 생명을 보장해 주는 활동이다.

이런 것을 추론할 수 있게 해주는 관련성은 무수히 많다. 그것은 유기체 그 자체와 관계가 있다. 인간의 여러 특징, 즉 그들의 신체적 성질 및 장점과 결점을 포함한 것이다. 그런데 그것은 매우 상대적인 개념들이다. 어떤 능력이나 어떤 기관이 장점으로 혹은 결점으로 간주되어야 할 것인지 정해지지 않았기 때문이다. 이 가치들은 모두 인간이 처해 있는 상황으로부터 결정된다. 잘 알려져 있는 바와 같이 인간의 발은 퇴화된 손이라고 할 수 있다. 기어오르는 동물에게 이 퇴화된 손은 결정적으로 불리하겠지만 평평한 땅 위를 걷는 인간에게 이것(퇴화된 손=발)은 엄청난 이점으로서, 어느 누구도 발보다 정상적인 손을 갖기를 원치 않을 것이기 때문이다. 사실 우리의 개인 생활이나 모든 사람의 생활에서 열등함을, 모든 결점을 걸머진 짐 덩어리로 간주해서는 안 된다. 그것이 장점인지 단점인지 여부는 오직 상황에 의해서만 결정된다. 인간의 정신생활이 우주적 차원의 모든 도전, 낮과 밤의 교차나 태양의 지배, 원자들의 움직임을 포함한 모든 것과 얼마나 밀접한 관계를 갖고 있는지 생각해 보면 얼마나 넓은 연구 분야가 우리 앞에 출현하는지 쉽게 예측할 수 있다. 그리고 이 우주적 영향들은 우리 정신생활의 특징적인 모습과 내밀한 관계에 있다.

3. 정신생활의 목표 지향성

정신적인 활동 속에서 우리가 가장 먼저 발견하는 것은 목표를 향해 나가는 움직임이다. 그러므로 인간의 정신을 가만히 정지하고 있는 하나의 전체로 간주하는 것은 잘못된 결론이라는 것을 알 수 있다. 그것은 스스로 움직이는 힘들의 집합체로서, 어떤 한결같은 이유로 나타나서 한결같은 목표를 위해 분투하는 것으로 상상할 수 있다. 적응이라는 개념에 벌써 이 같은 목표 지향성이 내포되어 있다고 할 수 있다. 정신생활은 그 안에 실재하는 운동들이 지향하는 목표를 통해, 정신생활 속에 포함된 역동성을 통해서만 생각될 수 있다.

인간의 정신생활은 그의 목표에 의해 결정된다. 인간에게 목표가 없다면 아무도 생각하고, 느끼고, 원하고, 심지어 꿈도 꿀 수 없을 것이다. 이 모든 행위들은 그의 앞에서 움직이는 목표에 의해 결정되고 조건화되며, 제한되기도 하며 방향이 정해진다. 그것은 유기체와 외부 환경의 요구들과 그 유기체가 거기에 반응하는 것들과의 관련 속에서 저절로 생긴다. 인간 삶의 신체적이고 정신적인 현상들은 그런 기본 원칙에 근거하고 있다. 정신의 발달은 지금까지 묘사된 힘의 역학 속에서 생겨난 목표에 따라 세워진, 이런 큰 틀 속에서가 아니고는 생각할 수 없다. 목표는 가변적일 수도 있고 고정된 것일 수도 있다.

이런 전제 위에서 정신생활의 모든 현상은 미래의 상황에 대비한 준비 작업으로 간주될 수 있다. 정신기관은 하나의 목표를 앞에 두고 있는 것처럼 생각될 수밖에 없다. 그러므로 개인심리학에서는 모든 인간의 정신 현상이 하나의 목표를 지향하고 있는 것으로 간주한다.

한 개인의 목표와 그의 세계에 대해서 어느 정도라도 알게 되면 그의 표현 방식이 목표를 위한 준비 과정을 의미한다는 것을 알 수 있다. 마찬가지로 그 사람이 목표에 다다르기 위해 어떤 종류의 움직임을 취해야 하는지 알게 된다. 그것은 마치 돌을 땅에 떨어뜨렸을 때 어떤 곡선을 그리게 될지 알 수 있는 것과 같다. 중요한 것은 정신이 자연법칙을 그대로 따르지 않는다는 것이다. 왜냐하면 추구하는 목표가 일반적으로 확고하지 않고 개인적으로 변할 수 있기 때문이다. 그런데 누군가 자신의 목표를 알고 있다면 그의 정신활동은 마치 그에 따라 행동할 수밖에 없는 어떤 자연법칙이 있는 것처럼 그에 굴복하게 된다. 정신활동에는 자연법칙이 없는 것이 확실하지만 이곳에서는 사람이 스스로 법칙을 만들어 낸다. 그러나 어떤 것이 자연법칙처럼 보이는 것은 그의 인식 착오일 뿐이다. 그가 불변성과 규정성을 확인할 수 있다고 믿고 그것을 증명하려 한다면 그것은 속임수이다. 만일 예를 들어 어떤 화가가 그림을 그리고자 한다면 우리는 그에게서 그런 목표를 앞에 둔 사람들이 보통 하게 되는 모든 비슷한 태도를 발견할 수 있을 것이다. 그는 마치 자연법칙에 따르는 것처럼 예상된 결과에 들어맞는 모든 필요한 작업을 할 것이다. 그는 그 그림을 그려야만 하는 걸까?

그러므로 생명이 없는 자연의 움직임과 인간의 정신활동 사이에는 커다란 차이가 있다. 여기에 인간의 자유 의지를 둘러싼 주요 쟁점이 등장한다. 요즘엔 인간의 의지는 자유로운 것이 아니라는 주장이 통용되고 있다. 인간의 의지는 어떤 목표와 관련될 때 자유롭지 못한 것이 사실이다. 그러나 이 목표는 자주 우주적이고 생물학적인, 사회적인 제약에 의해 규정되므로 심리적 생활이 마치 불변의 법칙의 지배 아래 놓인 것처럼 우리에게 보이는 것은 전혀 이상하지 않다. 그러나 예를 들어 누군가가 사회와의 관계를 부정하고 그것에 대항한다거나 삶의 여러 가지 조건에 적응하기를 거부한다면 그럴듯했던 이 모든 법칙은 폐기되고 새로운 목표에 따라 규정된 새로운 법칙이 등장하게 된다. 똑같은 방식으로 삶에 대해 절망하고 자신의 동료에 대한 감정을 부정하려고 시도하는 사람의 경우에도 공동체의 법칙은 더 이상 구속력이 없다. 그러므로 정신생활의 움직임이라는 것은 적절한 목표가 설정되어 있을 때만 필요에 의해 발생하는 것이라고 주장할 수 있다.

다른 한편으로 개인의 현재 활동을 관찰하면 그의 목표가 무엇인지 추론할 수 있다. 자기 자신의 목표를 정확하게 인식하고 있는 사람은 아주 극소수에 불과하기 때문에 이 점은 매우 중요한 의미를 지닌다. 이 작업은 인간에 대한 지식을 얻기 위해 우리가 꼭 지켜야만 하는 현실 법칙이라고 볼 수 있다. 그러나 인간의 행동은 여러 가지 의미로 해석될 수 있기 때문에 이 작업은 그렇게 간단치 않다. 우리는 한 개인의 여러 가지 활동을 관찰하고 비교하고 그것들을 그래프로 나타낼 수도 있다. 한 사람의, 시기적으로 차이 나는 두 시점의, 태도와 표현 방식을 곡선으로 연결함으로써 우리는 인간에 대한 이해에 도달하게 된다. 이런 작업을 통해서 하나의 정신적 체계를 갖게 되는데, 그것을 적용함으로써 한 사람의 행동에 대한 통일된 인상을 얻을 수 있다. 성인이 된 후의 행동 속에서 유아기의 행동 패턴이 얼마나 많이 재발견되는지, 그것들이 얼마나 놀라운 동일성을 보여 주는지, 다음 사례가 여실히 보여 줄 것이다.

성장 과정에서 수많은 어려움을 겪었음에도 불구하고 성공과 명예를 거머쥔 공명심에 대단히 불타는 서른 살 먹은 남자가 의사를 찾아 왔다. 그는 매우 심한 우울증을 겪고 있어 일하고 싶은 욕망도, 살고 싶은 마음도 없다며 미래에 대해 아무런 전망이 없다고 하소연했다. 그는 약혼을 앞두고 있었지만 심한 질투심에 고통받고 있어 약혼이 곧 깨질 위험에 직면해 있었다. 그러나 사실 그가 내세우는 문제점들은 설득력이 없었다. 약혼녀를 비난할 이유도 없었다. 그가 보여 주는 극심한 불신은 단지 의심에 불과했다. 이를 테면 그는 다른 사람에게 호감을 느끼고 접근하지만 곧바로 공격성을 띠면서 그렇게 원했던 관계를 스스로 파괴하는 성향을 가진 많은 사람 중 하나임이 분명했다. 이 사람의 삶의 방식을 우리가 위에서 지적한 대로 그래프로 구성해 보자. 그의 과거 속에서 하나의 사건을 끄집어내 현재 상황과 연결시켜 보는 것이다. 우리는 보통 유년 시절의 첫 번째 기억을 그에게 요구한다. 그러나 이런 기억의 가치는 객관적으로 명확한 것이 아니다.

그의 유년 시절 첫 번째 기억은 다음과 같다. 그는 어머니와 어린 남동생과 함께 시장에 갔다. 혼란스러운 군중 속에서 어머니는 형인 그를 품에 안고 있었다. 그러나 잘못을 깨달은 어머니는 곧바로 그를 내려 놓고 남동생을 올려 안았다. 그는 몹시 마음이 상한 채 어머니를 따라갈 수밖에 없었다. 그는 겨우 네 살이었다. 이런 회상 속에서 우리는 그의 현재에 대한 불평 속에 나타났던 똑같은 고통의 감정을 추정할 수 있었다. 그는 자신이 사랑받는 바로 그 사람이라는 확신이 없었고, 다른 사람이 바로 그 사람일 수도 있다는 상상을 참을 수가 없었던 것이다. 우리의 환자인 그는 이런 상황에 대해 이해하자 매우 놀라워하면서 그 관계를 명확히 깨닫게 되었다.

이처럼 모든 인간의 활동이 향하는 목표는 환경이 어린아이에게 전달하는 모든 영향과 인상에 의해 결정된다. 각 개인의 이상, 다시 말해 목표는 아마도 유년 시절의 처음 몇 개월에 형성되는 것 같다. 바로 그 시기에 어린아이에게 기쁨이나 불쾌한 반응을 일으키는 어떤 감각이 역할을 하는 것이다. 여기서 매우 원시적인 형태이긴 하지만, 세계상^Weltbild의 첫 번째 흔적과 그 세계상에 대한 아이의 태도가 표면으로 떠오른다. 우리가 접근할 수 있는 정신생활에 영향을 주는 요소들의 근본 토대는 그 아이가 아직 유아였던 바로 그 시점에 놓인다. 이 기초 위에서 상위 구조들이 만들어지고 수정되기도 하며 영향을 받고 변형된다. 이런 다양한 영향력들은 곧 아이로 하여금 생이 던져 주는 수많은 문제에 대해 자기만의 고유한 반응을 하게 만드는 조건이 되기도 한다.

성인의 성격 특성들이 이미 유아기 때 발견된다고 주장하는 많은 연구자의 견해는 그러므로 잘못된 것이 아니다. 이 견해는 성격은 선천적이라고 하는 주장을 뒷받침한다. 그러나 성격과 인성이 부모로부터 유전되는 것이라는 개념은 위험하다. 왜냐하면 그런 생각은 양육자의 일을 방해하고 자기 과제에 대한 그의 확신을 흔들어 놓기 때문이다. 성격의 유전성을 가정하는 것이 위험한 진정한 이유는 다른 곳에 있다. 교육의 직무를 담당하고 있는 사람에게 학생의 실패에 대한 원인을 유전 탓으로 돌리면서 자신의 책임으로부터 도피할 수 있게 만들기 때문이다. 이런 입장은 말할 것도 없이 교육의 목적과 상반된다.

목표 설정을 할 때 함께 작용하는 중요한 조건은 문화의 영향이다. 그 문화적 영향은 아이에게 울타리 역할을 한다. 아이는 자기 소원이 성취될 때까지, 미래의 안전과 적응을 약속해 주는 자기만의 방법을 찾을 때까지 그 안에서 계속 부딪치며 경험을 쌓아 간다. 그는 자기 생애 초기에 우리 문화의 여러 가지 실제 상황에서 얼마나 많은 안전 확보가 필요한지, 문화적으로 적응하는 것이 자신의 안전을 지키는 데 얼마나 중요한지 배우게 된다. 안전이라는 개념은 비단 위험으로부터의 안전만을 의미하는 것이 아니다. 우리는 최적의 상황 속에서 인간 존재의 지속적인 생존을 보장해 주는 안전 계수에 주목한다. 그것은 우리가 잘 만들어진 기계에 여러 가지 장치를 추가로 설치하는 것과 유사하다. 어린아이는 단순히 자기의 존속을 위해, 또 조용한 성장을 위해 필요한 그 정도보다 더 많은 안전과 욕망 충족을 요구함으로써만 안전을 확보할 수 있다. 그렇게 해서 그의 정신생활 속에 또 하나의 새로운 움직임이 나타난다. 그것은 매우 단순하게 '우월Überlegenheit'을 향한 성향이라고 말할 수 있다. 성인들과 마찬가지로 아이들도 다른 사람보다 더 많은 것을 성취하길 갈망한다. 아이는 처음부터 설정되어 있던 목표 즉, 자신에게 안전과 적응의 느낌을 주던 우월성을 추구해 나간다. 그러나 시간이 지나면서 이것이 너무 두드러지면 아이의 정신생활이 불안해진다. 주위 자연의 영향이 커지면서 그에 따라 더욱 확실한 안전 확보가 필요해진다는 것을 생각하면 그 과정을 쉽게 이해할 수 있다. 어떤 곤란한 상황에서 정신이 불안감을 갖게 되면 아이는 위험을 극복할 수 있는 스스로의 능력을 믿지 못하고 극렬한 회피 노력으로 대응하게 된다. 그래서 아무 일 없는 조용한 때보다 훨씬 더 강하게 우월 욕구가 나타나는 것을 알 수 있다. 이런 상황에서는 모든 위험을 회피하는 것만이 즉각적인 목표가 된다. 가장 인간적이라고 할 수 있는 이런 유형의 사람들은 일시적으로라도 삶이 요구하는 것들로부터 회피하기 위해 위험에서 뒷걸음치고 대피소를 찾으려 애쓴다. 그러나 인간 영혼의 반응이 최종적이고 절대적인 것이 아니라는 사실을 이해해야만 한다. 모든 반응은 부분적인 것으로서 일시적으로만 유효할 뿐이고 결코 완전한 정당성을 확보하지 못한다.

우리가 어른의 정신에서 측정하곤 했던 똑같은 기준을 어린아이의 영혼에 적용시켜서는 안 된다. 특히 어린아이의 영혼 발달 과정에서 우리는 목표 개념의 일시적이고 현실적인 결정체를 다루고 있음을 잊지 말아야 한다. 그것은 비현실적인 목표인 우월성에 의해 강요된 것이다. 우리 자신이 그의 내면으로 들어가서 함께 느끼면einfühlen 그의 활동에서 나타난 각각의 힘이 그를 어디로 이끌고 갈 것인지 상상할 수 있을 것이다. 그리고 우리가 우리 자신을 그의 영혼으로 번역할 수 있다면 이런 표현이 다름 아닌 현재와 미래에 대한 궁극적인 적응 그 자체라는 것을 이해하게 될 것이다. 그와 관련된 정서 상태는 여러 가지 방향에서 확인할 수 있다. 그중 하나는 낙관주의Optimismus이다. 낙관적 경향은 자신이 만나는 문제들을 쉽게 풀 수 있다는 자신감과 관련 있다. 아이는 이때 삶이 던져 주는 문제들을 쉽게 풀 수 있다고 믿는 사람들과 같은 성격적 특징으로 성장해 나갈 것이다. 이 경우엔 용기와 개방성, 신뢰성, 근면성 등과 같은 특질들이 발달하게 된다. 이것과 반대되는 개념은 비관주의Pessimismus이다. 자신의 과제를 풀 수 있다는 자신감이 결여된 아이의 목표를 생각해 보라. 이 경우 그 아이의 영혼 세계가 어떤 모습일지 상상할 수 있을 것이다. 약한 사람이 자신을 방어하기 위해 찾는 소심함과 수줍음, 내향성, 불신 등의 성격 특징을 볼 수 있을 것이다. 그의 목표는 도달할 수 있는 것들의 경계 저 너머에 있을 것이고, 인생의 문제와 맞서 싸우는 것과는 한참 거리가 먼 곳에 있을 것이다.

제2장

정신생활의 사회적 특성

어떤 사람이 어떤 생각을 하고 있는지 알기 위해서는 그가 자신의 동료들에게 어떤 태도를 취하는지 관찰하면 된다. 한편으로 인간 상호 간의 관계는 자연적으로 결정되어 있으므로 변화를 따르고, 또 다른 한편으로는 조직적인 제도들에 의해 결정되는데, 예를 들어 민족의 정치활동이나 국가의 형성 과정, 공동체 생활의 영향을 받는다. 이런 사회적 연관 관계를 동시에 고려하지 않고서는 인간의 정신 활동을 이해할 수 없다.

1. 절대적 진리

인간의 정신생활은 자유로이 아무 때나 작동되는 것이 아니다. 끊임 없이 어딘가에서 생겨나는 문제 해결의 필요성 때문이다. 또한 이런 문제들은 공동생활의 논리^{Logik}와 결부되어 있다. 그것은 근본적인 주요 조건으로서 개인에게는 끊임없이 영향을 미치지만 그것이 개인으로부터 받는 영향은 극히 미미하다. 그러나 인간의 공동생활에서 실존하는 조건들은 최종적인 것이 아니다. 그것들은 셀 수 없이 많고, 수없이 많은 변화와 변형을 겪게 된다. 정신생활의 그 수많은 어두운 부분을 다 조명할 수는 없고 그것을 완전하게 이해할 수도 없다. 우리 자신의 관계들로부터 도망치려고 하면 할수록 그 어려움은 더욱 커져 가기 때문이다.

인간이해의 발전을 위한 기본 사실로서 우리가 할 수 있는 한 가지 행동은 이 지구상에 존재하는 우리 공동생활의 논리를 궁극적이고 '절대적인 진리$^{absolute\ Wahrheit}$'로 받아들이는 것이다. 그 진리란 우리의 불완전한 제도와 인간으로서의 제한적 능력 때문에 발생하는 모든 잘못과 오류를 극복하고 나서야 한 걸음씩 천천히 접근할 수 있는 것이다.

우리 논의의 중요한 부분은 마르크스와 엥겔스가 기술했던 사회의 유물론적 역사관에 기초하고 있다. 그들의 이론에 따르면 인간이 생계를 해결하는 수단, 즉 기술적인 방식이 경제적 기초(하부 구조)를 이루고, 이것은 다시 개인의 생각과 행동을 조건 짓는 '이상적이고 논리적인 상위 구조'를 결정한다는 것이다. '인간 공동생활의 논리'라든가 '절대적 진리'라는 우리의 개념은 부분적으로 마르크스와 엥겔스의 개념들과 일치한다. 그러나 지금까지의 역사와 무엇보다 개인의 삶에 대한 우리의 통찰, 즉 개인심리학은 인간의 정신 활동이 경제적 근본 토대의 요구에 대해 잘못된 반응을 하며, 그것으로부터 빠져나오는 데는 너무 오랜 시간이 걸린다는 것을 가르치고 있다. 절대적 진리에 도달하려는 우리의 여정도 이런 종류의 셀 수 없이 많은 오류를 거쳐 가야 한다.

2. 공동생활의 요구들

공동생활의 요구들은 인간들에 대한 날씨의 영향, 즉 날씨에 맞춰 우리가 취할 수밖에 없는 여러 조치, 이를테면 추위를 대비한 준비나 집 짓기 등과 같이 자명한 것이다. 공동체와 공동생활의 구속은 불완전한 형태이기는 해도 종교와 같은 제도 속에 존재하는데, 특정한 공동 의식에 대한 신성화는 논리적인 사고를 대신해 공동체의 구성원들 사이를 묶어 주는 접착제 역할을 한다. 우리의 생활 조건들이 우선적으로 자연적이고 우주적인 영향에 달려 있는 것이라면 그것은 또 마지막으로 인간의 사회적이고 공동체적인 삶에 의해서 조건화된다. 그것은 또 공동체 생활에서 자연 발생적으로 생겨나는 법칙과 규칙에 의해서도 결정된다. 공동체의 요구들은 원래부터 '절대적 진리'로 자명하게 존재했던 인간들 간의 모든 관계를 규정한다. 왜냐하면 인간의 공동체적 삶은 개인의 삶보다 선행하기 때문이다. 인간 문명의 역사에서 공동체적인 근거를 가지지 않은 생활 형태는 없으며 공동체가 아닌 곳에서 인간이 존재한 적은 없다. 이것은 매우 간단히 설명된다. 모든 동물의 왕국에서 어떤 종이든 개체가 자기 보존을 위한 싸움을 감당하지 못할 때 군집 생활을 통해 새로운 힘을 모은 뒤 새롭고 독창적인 방법으로 생존을 계속할 수 있게 해 준 것은 바로 이런 법칙 (공동체의 요구들)이라고 할 수 있다. 군집 본능은 인간에게도 같은 목적으로 사용되었다. 공동체 생활의 필요성에 따라 환경에 대항해 발달한 것이 인간의 정신이다. 오래전에 다윈은 단독 생활을 영위하는 약한 동물은 존재하지 않는다는 사실에 주목했다. 인간도 이런 약한 동물로 간주해야 한다. 왜냐하면 인간도 혼자서 살기에 충분할 만큼 강하지 않기 때문이다. 인간은 자연에 대항해 아주 약한 저항을 할 수 있을 뿐이다. 그는 지구에서 그의 생존을 존속시키기 위해 여러 가지 보조적인 장치로 그의 연약한 몸을 보호해야만 한다. 원시림에서 아무런 문화적 장치나 기구도 없이 혼자 사는 인간을 상상해 보면 쉽게 이해된다. 그는 어떤 다른 생명체보다 훨씬 위험한 상태에 있을 것이다. 그는 생존을 위한 전투에 꼭 필요한, 빨리 달릴 수 있는 다리도 없고 맹수들처럼 강한 근육도 없고 육식동물의 날카로운 이빨도 없으며 우수한 청각도 없고 예리한 눈도 갖고 있지 않다. 인간은 그의 생존을 보장하고 죽음에서 지켜 줄 수많은 장치를 필요로 한다. 그의 섭생 조건이나 그의 특성들, 그의 생활 방식은 보호를 위한 집중적인 프로그램을 요구하는 것이다.

　이제 우리는 인간이 왜 특별히 우호적인 조건 속에서만 생존을 유지할 수 있는지 이해할 수 있게 되었다. 이런 우호적인 조건은 사회적 생활을 통해 그에게 제공된다. 사회생활은 그에게 필수 조건이 되었다. 왜냐하면 공동체를 통해, 또 집단 속에서 모든 개인에게 부여된 노동의 분업을 통해서만 인간이라는 종족은 존속해 나갈 수 있기 때문이다. 노동의 분업만이 우리가 오늘날 문명Kultur이라고 부르는 개념과 동일시할 수 있는 공격과 방어의 무기들을 사용할 수 있게 해준다. 그것들은 인간이 생존하기 위해 필요한 모든 재화를 만들어 낸다. 노동의 분화를 익히고 난 다음에야 비로소 인간은 어떻게 자신을 확고히 지킬 수 있는지 배우게 되었다. 아기가 이 세상에 태어날 때 겪는 그 수많은 어려움과, 그때 얼마나 많은 특별한 조치들과 보살핌이 요구되는지 고려해 보면 잘 알 수 있다. 이것은 개인 혼자서는 도저히 하기 힘든 과정들이며 노동의 분화가 이루어진 곳에서만 수행될 수 있다. 특히 유아기 때 인간이라는 존재가 겪어 내야 하는 수많은 질병과 병약함, 연약함 들을 생각해 보면―동물과는 비교할 수도 없을 정도로―엄청난 수고와 보살핌이 필요하다는 것을 알게 되고 집단생활의 필요성에 대한 이해에 도달하게 된다. 인간의 지속적인 생존을 보장해 주는 가장 최선의 방책은 공동생활인 것이다.

3. 안전과 적응

지금까지의 논의를 통해 우리가 확인해야 했던 사실은 자연의 관점에서 볼 때 인간은 열등한 존재라는 것이다. 인간을 늘 따라다니는 열등감은 위축, 불안전에 대한 느낌으로 인간의 의식 속에 항상 존재하며 자연에 적응하는 과정에서 더 좋은 방법과 더 나은 기술을 찾기 위해 항존하는 자극으로 작용한다. 이 자극은 그로 하여금 인간으로서의 불리한 점이 제거되고 최소화되는 상황을 찾게 만들고 이 지점에서 적응과 안전을 도모할 수 있는 심리적 기관의 필요성이 대두된다. 원시적인 유인원에게 뿔과 발톱, 이빨과 같은 해부학적 방어기관을 덧붙인다 해도 자연과 맞서 싸울 수 있는 생명체를 만들기는 매우 어려울 것이다. 정신기관만이 오직 재빨리 응급처치를 할 수 있고 인간의 신체적 결함을 보상해 줄 수 있다. 이 같은 자극들로부터 인간은 끊임없이 무능력하다는 느낌에 시달리면서 예측과 예방 조치 능력을 발전시켰고, 생각하고 느끼고 행동하는 기관인 정신을 현재 상태로까지 개발시켰다. 노력과 적응 과정에서 사회는 매우 중요한 역할을 했기 때문에 처음부터 정신기관은 공동생활의 여러 조건에 대해 관심을 가질 수밖에 없었다. 인간의 모든 능력은 공동생활의 논리라는 동일한 기초 위에서 발전된 것이며, 인간의 모든 사고는 공동생활에 맞는 방향과 내용으로 구성되어야 한다.

　인간 정신의 다음 단계가 어디로 갈 것인지 생각해 보면 보편타당성이라는 근본적 요구를 가진 논리의 근원에 다다르게 된다. 보편타당한 것만이 논리적이다. 공동체 생활의 또 다른 결과는 언어 현상 Sprache에서 볼 수 있다. 그것은 인간을 다른 생명체와 구분 짓는 경이적인 사건이다. 그 형태에서 사회적 기원을 뚜렷하게 보여 주는 언어 구사 현상은 보편타당성이라는 이 개념과 분리될 수 없다. 혼자서 살아가는 개체에게 언어 능력은 절대적으로 불필요하다. 언어 능력은 공동체 안에서만 정당화된다. 그것은 공동생활의 산물로서, 공동체 안에서 살아가는 개인들 사이의 매개체이다. 이런 가정이 옳다는 근거는 다른 인간과의 접촉이 어려웠거나 불가능한 환경에서 자라난 사람들 또는 개인적인 이유로 스스로 사회와의 모든 관계를 단절한 사람들에게서 발견할 수 있다. 그들은 모두 한결같이 언어적 장애나 어려움을 겪고 있었다. 언어는 인간과의 접촉이 보장될 때만 비로소 형성되고 유지되는 것처럼 보인다. 언어는 인간 정신의 발달에서 상상하지 못할 중요한 의미를 지닌다. 논리적인 사고는 언어라는 전제가 있어야만 가능하다. 그것은 우리에게 개념의 형성을 가능케 함으로써 가치의 차이를 인식하고 개념들을 만들어 낼 수 있는 능력을 제공한다. 개념의 형성은 개인적인 소유물이 아니고 공유 재산이기 때문이다. 우리의 생각과 정서도 그 보편적 효용성을 전제할 때만 이해가 가능하다. 아름다움에서 느끼는 기쁨도 아름다움에 대한 인식과 이해, 감정이 보편적이라는 사실에 기초하고 있다. 그에 따라 이성, 논리, 윤리학, 미학 등도 인간의 사회적 생활에 그 근원을 가지고 있고 그것들은 동시에 문명의 붕괴를 막고자 하는 개인들을 연결해 주는 수단이라는 점을 알 수 있다.

의지도 개인으로 존재하는 인간 상황의 측면들로 이해될 수 있다. 의지는 부족함을 느끼는 감정에서 만족의 감정에 이르려고 하는 하나의 충동과 다르지 않다. '의지wollen'라는 것은 이 같은 충동의 흐름을 떠올리고 느끼고 행동에 나서는 것을 의미한다. 모든 의지는 부족함, 열등함의 감정에서 출발하고 만족 상태, 신뢰, 충일감의 상황을 향해 진행하려는 강박과 경향성을 촉발한다.

4. 공동체 의식(감정)

인류의 존속을 확보해 주는 사회적 규칙들, 교육, 미신, 토템과 터부, 입법 활동 등도 공동체의 개념에 종속되어야 하고 그에 부합해야 한다는 것을 이해하게 되었다. 우리는 이미 종교에서 이 생각을 확인했고 공동체 적응이 정신기관의 가장 중요한 기능임을 발견했다. 그것은 개인이나 일반 사회에서도 마찬가지다. 정의Gerechtigkeit라고 부르는 것들, 인간 성격의 가장 귀중한 특성으로 생각되는 것들은 근본적으로 인간의 사회적 요구에서 발생하는 조건들을 충족시키는 것임에 다름 아니다. 이런 조건들은 우리의 영혼에 형태를 부여하고 활동과 방향을 결정한다. 신뢰성, 충성심, 솔직함, 진실에 대한 사랑, 그 밖의 것들은 공동생활의 보편타당한 원칙에 의해서만 설정되고 유지될 수 있는 미덕들이다. 어떤 성격이 좋다느니, 나쁘다느니 판단할 수 있는 것도 오직 사회적 관점에서만 가능하다. 성격도 학문이나 정치 혹은 예술에서의 성취와 마찬가지로 그 보편적 가치를 증명할 수 있을 때만 위대한 것이다. 우리가 한 개인을 평가할 수 있는 기준인 이상형Idealbild도 일반적으로 인류에 대한 그의 가치와 유용성에 의해 규정된다. 우리는 어떤 사람을 주위 사람들의 이상적인 모습과 비교한다. 그의 앞에 놓여 있는 과제와 어려움을 보편타당한 방법으로 극복해 낸 사람, 자신의 사회적 감정을 매우 높은 정도로까지 발전시킨 사람들이 이에 해당된다. 푸르트뮐러[2]에 따르면 그러한 사람은 "인간 사회의 게임 규칙을 잘 따르는 사람"이다. 우리의 논의 과정에서 이 사실은 더욱 분명해질 것이다. 즉 완전한 의미에서 인간은 인류애라는 깊은 감정을 고양시키지 않은 채로는, 그리고 인간 존재로서의 의무를 실천하지 못한 채로는 제대로 성장할 수 없다.

---

2 카를 푸르트뮐러(Carl Furtmüller, 1880~1951)는 아들러와 매우 가까운 친구이며 중요한 동업자였다.

제3장

아동과 사회

사회는 우리에게 다양한 의무를 요구한다. 그 의무는 우리 삶의 규범과 형식, 우리 정신의 발달에 영향을 미친다. 사회는 유기적인 기초를 갖고 있다. 인간이 남성과 여성이라는 두 개의 성으로 존재한다는 사실도 개인을 사회와 연결시키는 중요한 요소로 작용한다. 따로 고립되지 않은 하나의 공동체 안에서 인간은 생의 욕구를 만족시키고 안전을 확보하며 행복을 보장받는다. 아이의 점진적인 발달 과정을 관찰하면 보호 역할을 하는 공동체의 존재 없이는 어떤 인간의 생명도 진화할 수 없다는 사실을 확인하게 된다. 삶의 다양한 연계성은 노동의 분화Arbeitsteilung 필요성을 전제하며, 그것은 인간을 분리시키지 않고 그들의 결속을 강화한다.

모든 사람은 자신의 이웃을 도와야만 한다. 누구나 자기 주위 사람들과 연계되어 있다는 감정을 느껴야 하고 그렇게 될 때 인간의 정신 속에 요구, 도전으로 작용하는 인간 사이의 위대한 관련성이 완성된다. 우리는 아이의 존재 속에 이미 내재된 이런 연계성에 대해 좀더 자세히 논의할 것이다.

1. 유아의 상황

공동체의 도움에 의존하고 있는 모든 아이는 무언가를 주기도 하고 받기도 하며, 요구하고 충족시켜 주는 세계와 일대일로 만난다. 아이의 본능은 성취되는 과정에서 여러 장애물에 부딪히는데, 그것을 극복하고자 노력할수록 피할 수 없는 고통이 따른다. 아이의 영혼은 이처럼 유년기의 여러 가지 상황과 함께 태어난다고 말할 수 있다. 그것들은 정상적인 생활을 가능하게 하는 기능을 가진 통합기관을 필요로 한다. 정신은 각각의 상황을 평가하고 유기체를 차례로 지휘하면서 본능의 최대 만족을 추구하고 갈등의 최소화를 도모한다. 그는 생애 초기에 벌써 자신들의 욕구를 보다 완전하게 만족시킬 수 있고 살아가는 데 훨씬 준비가 잘된 다른 사람이 있다는 사실을 인지한다. 문을 열거나 무거운 물건을 들어 올리고 다른 사람에게 명령을 내리고 복종하게 만드는 어른의 키와 힘과 지위를 아이는 과대평가하게 된다. 아이의 영혼 속에서는 여러 가지 동경이 싹트게 된다. 키가 커지고 싶다는 욕망, 다른 사람과 똑같이 아니면 더 강해지고 싶다는 욕망, 자기 주위에 사람들이 몰려 들고 마치 어떤 위계 질서가 있는 것처럼 행동하면서도 아이의 연약함 앞에서는 굴복하는 사람들을 지배하고자 하는 욕망들이 움튼다. 두 가지 행동의 가능성이 아이에게 열려 있다. 한편으로 아이는 어른들이 갖고 있는 권력의 수단으로 인식되는 행동과 방법을 모방하기도 하고, 다른 한편으로는 자신의 연약함을 보여줌으로써 어른들이 어쩔 수 없이 굴복하게 만든다. 우리는 계속해서 아이들에게서 발견되는 이런 정신적 충동들의 여러 양상과 만날 것이다. 성격 유형의 형성은 바로 이런 유년기 때 시작된다. 어떤 아이들은 인정에 대한 욕구, 권력 지향, 권력 행사의 방향으로 발전해 나가고 다른 아이들은 자신의 연약함을 가늠하면서 그것을 여러 다양한 형태로 드러내려고 시도한다. 어떤 아이가 어떤 유형에 속하는지 알기 위해서는 단지 그들의 태도, 표현, 자세를 떠올려 보는 것만으로도 충분하다. 모든 유형은 그것과 주위 환경의 관계를 이해했을 때만 의미를 가진다. 그들의 움직임은 그 주변 환경에서 차용되고 그것에 맞게 형성된 것이다.

이런 간단한 조건과 더불어, 아이는 여러 가지 재능과 능력을 발전시키면서 자신의 연약함을 극복하려고 노력하는데, 그것은 그에게 교육 가능성Erziehbarkeit의 근거가 된다.

아이 개개인의 상황은 극도로 다양하다. 우리가 다루었던 한 사례에서 아이의 상황은 그에게 너무도 적대적이어서 아이는 주변의 모든 세계가 자기에게 적대적이라는 인상을 갖게 되었다. 아이의 사고 과정의 불완전함이 이런 인상을 초래했을 수도 있지만 교육을 통해 이런 오류를 바로잡지 못하면 그는 훗날 세상을 오로지 적대적으로만 바라보는 성격으로 자랄지도 모른다. 적대적인 인상은 살아가면서 정말로 커다란 어려움에 직면할 때 더욱 확대되며, 그것은 열등한 신체 구조를 갖고 있는 아이의 경우에 더 빈번하게 나타난다. 그런 아이들은 비교적 정상적인 상태로 태어난 아이들과 전혀 다른 태도로 세상을 바라본다. 신체적 열등함Organminderwertigkeit은 다양한 형태로 나타난다. 예를 들어 운동 장애나 신체기관의 결함, 허약한 저항력 등으로 나타나며, 그 때문에 수시로 질병에 노출될 수밖에 없다.

　　세상과 대면하는 데 어려움을 느끼는 것은 반드시 신체적 불완전성 때문만이 아니다. 그것은 이해가 부족한 주위 환경 속에서 아이에게 어려운 과제가 부과되거나 이런 과제를 부주의하게 제시하는 것이 원인이 될 수도 있다. 즉, 아이를 둘러싼 환경의 불리함이 아이를 곤경에 빠뜨릴 수도 있다. 자신의 주위 환경에 적응하려고 하는 아이가 갑자기 닥친 어려움을 발견하면 적응에 어려움을 겪게 된다. 특히 용기를 잃어버린, 비관주의로 가득 찬 환경에서 자랐을 때는 그 비관주의가 아이에게 더욱 쉽게 전이될 수 있다.

2. 어려움의 영향

수많은 곳에서 여러 가지 원인 때문에 몰려오는 이런저런 난관에 부닥쳤을 때 아이의 반응이 항상 적절할 수 없다는 사실은 그리 놀라운 일이 아니다. 아이는 정신적으로 성숙해지기 시작한 지 얼마 안 된 상태이며, 실제 생활 속 불변의 조건에서 어떤 어려움이 닥치면 어떻게 대응해야 할지 알지 못하기 때문이다. 아이가 범하는 일련의 여러 가지 과오Verfehlungen를 전체적으로 관찰하면 우리가 여기에서 마주하고 있는 문제가 정신생활의 발달과 성장의 문제임을 깨닫게 된다. 아이는 전 인생에 걸쳐 중단하지 않고 앞으로 전진해 가면서 더 나은 해답을 찾기 위해 지속적인 노력을 하게 된다. 우리가 특히 아이의 표현 태도에서 주목해야 하는 것은 성장하고 있는, 성숙에 가까이 다가가고 있는 인간들이 특별한 상황에서 내놓는 반응의 형태다. 그의 반응 방식이나 태도는 그의 영혼의 본성에 대한 시사점을 제공해 준다. 그러나 사회의 반응과 마찬가지로 어느 한 개인의 반응도 어떤 행동 양식의 틀에 맞춰 판단해서는 안 된다는 점을 동시에 꼭 인지하고 있어야 한다.

정신 발달 과정에서 아이가 맞서 싸워야 하는 장애물은 그의 사회적 감정의 발전을 가로막거나 왜곡하기도 한다. 그것들은 아이가 처한 문화의 결함 때문에 발생하는 것들, 즉 그의 경제적 환경에서의 불리한 조건에서 유래한 문제들과 신체 기관의 결함에서 발생한 문제들로 나뉜다. 완전하게 잘 발달된 신체 기관을 전제로 하는 세상에 대해서, 또 아이를 둘러싸고 있는 모든 문명 조건이 성숙한 신체 기관의 힘과 건강을 요하는 곳에서 중요한 신체 기관의 결함을 갖고 있는 아이는 삶의 여러 가지 요구에 제대로 대응할 수가 없다. 걸음마를 늦게 배운 아이들, 혹은 움직임에 지체를 보이는 아이들, 다른 보통 아이들보다 두뇌 발달이 느려서 말을 늦게 배우거나 오랫동안 언어가 서투른 아이들이 바로 이런 경우이다. 그런 아이들이 얼마나 숱하게 여기저기 부딪히고, 행동이 서투르고 느리며, 신체적·정신적 부담을 안고 살아가는지 우리는 잘 알고 있다. 그런 아이들이 그들을 위해서 만들어진 것이 아닌 이 세상에 대해 호감을 느끼기는 어려울 것이다. 그런 발달 장애에서 발생하는 어려움은 셀 수 없이 많다. 만일 그 사이 아이가 느끼는 정신적 고통의 쓰라림이 아이의 마음속에서 절망적 태도로 발전하지 않는다면, 또 경제적인 문제가 더해지지 않는다면, 시간이 흐르는 동안 그런 어려움은 어떤 정신적 상처도 남기지 않을 만큼 자동적으로 치유되는 경우도 많이 있다. 그러나 보통 그런 문제들은 아이의 마음속 깊숙한 곳에 심한 내상을 입히며 그 상처는 그 이후의 삶에서도 발견된다. 이처럼 결핍을 안고 있는 아이들은 인간 사회에 확립되어 있는 규칙을 쉽게 무시하는 경향이 있다. 그들은 자기 주위에서 일어나는 사건들에 대해 의심과 불신의 눈초리를 보내고 자기 자신을 고립시키고 자신의 과제를 회피하는 성향을 보인다. 그들은 삶의 적대성에 대해 특별히 날카로운 감각을 가지고 있고, 특별히 예민하게 고통스러워하며, 무의식적으로 그것을 과장한다. 삶의 쓰디쓴 고통에 대한 관심이 밝은 면에 대한 관심보다 훨씬 많다. 대부분 그들은 자신의 고통을 과대평가하며 삶에 대한 태도도 전 인생에 걸쳐 투쟁적이다. 그들은 자신에게 지극한 관심을 보여 줄 것을 요구하며 타인보다는 자신에 대한 관심이 훨씬 많다. 또 삶의 필수적인 의무들을 자극이라기보다는 어려움으로 받아들이며 전사로서 지나치게 조심스러워하며 모든 일에 접근하기 때문에 지속적으로 확대되는 심연이 그와 그의 주변 사이에 가로놓이게 된다. 진실과 현실에서 점점 더 멀어져 가며 계속 새로운 난관에 빠지게 된다.

가족의 애정이 아이에게 충분히 표현되지 않을 때도 비슷한 문제점이 발생한다. 이런 상황은 매번 아이의 발달 과정에 심각한 결과를 초래한다. 아이의 태도는 이미 너무 확고해서 아이는 사랑을 인식하지도 못하고 적절하게 사랑할 줄도 모른다. 왜냐하면 상냥함에 대한 감각이 충분히 발달되지 못했고 다른 사람의 존재에 대해서 무관심하기 때문이다. 사랑받고 있다는 감정이 가정 내에서 충분히 발달하지 못하면, 그 아이가 성인이 된 후에도 그와 같은 환경에서 자라난 다른 사람과 어떤 식으로든 애정을 교류하는 데 실패할 위험이 높아진다. 삶에 대한 그의 전반적인 태도는 회피의 몸짓이 될 것이고, 모든 사랑과 애정으로부터의 도피가 될 것이다. 생각이 없는 부모, 교육자, 혹은 다른 사람들도 그들의 처세관으로 똑같은 영향을 미칠 수 있다. 그들은 사랑과 애정이 부적절하고 우스꽝스러운 것이라고 가르친다. 상냥하고 친절한 것은 우스꽝스러운 일이라고 교육받은 아이를 발견하는 것은 어려운 일이 아니다. 이런 현상은 자주 비웃음을 받는 아이들에게서 발생한다. 남들에게 사랑을 보여 주는 성향을 유치하고 남자답지 못한 것으로 느끼기 때문에 그런 아이들은 감정이나 느낌을 드러내는 것에 두려움과 수줍음^{Gefühlsscheu}을 가진다. 마치 그것이 남에게 예속되거나 그들의 품위를 낮추는 일이라도 된다는 듯이 그들은 사람들에게 애정을 표시하는 일에 대항해 투쟁을 한다. 이들은 초기 유년기에 미래의 모든 애정 관계에 대해 이미 경계를 그어 버린 사람들이다. 모든 친절함이 억제되고 억눌린 냉정한 교육 탓에 아이는 그런 애정 충동을 내면에 가두고 주변과 화합하지 못하고 화를 내며 충격을 받은 채 그의 주변 환경에서 뒤로 물러나고, 조금씩 영혼에서 가장 중요한 사람들과의 접촉을 잃어 간다. 이따금 그 주위의 어떤 사람이 서로 마음을 통할 수 있는 기회를 제공하면 아이는 그 친구에게 매우 깊은 관계로 밀착된다. 이런 사실은 단 한 사람과의 사회적 관계만을 유지하는 개인들의 행동을 잘 설명해 주는데, 그의 사회적 성향은 결코 단 한 사람을 벗어나는 일이 없다.

다음 사례는 한 사내아이에 관한 것이다. 그는 자신의 어머니가 오직 어린 동생만 편애한다는 사실을 알아차리고 몹시 고통스러워했다. 그래서 유년기 초기부터 잃어버린 따뜻함과 애정을 찾아다니며 일생을 방황했다. 이 사내는 우리가 인생에서 겪게 될지도 모르는 여러 어려움을 드러내 준다.

그들은 아주 억압적인 교육을 받고 자라난 사람들이다.

반대 경우에도 실패가 나타날 수 있다. 지나치게 많은 애정을 받고 자라는 것 역시 사랑을 못 받고 자라는 것과 마찬가지로 교육에는 치명적일 수 있다. 한 번 지나친 애정에 중독되면 사랑에 대한 욕구가 과도해진다. 결과적으로 애정 과잉 속에 한 사람이나 몇 사람에게 완전히 매달려 그들이 자기에게서 떨어져 나가는 것을 참지 못하는 아이로 자라는 것이다. 여러 가지 잘못된 실험을 거치면서 상냥함과 친절의 가치는 더욱 확대되고 아이는 자신의 애정으로 어른들에게 일종의 의무감을 강요할 수 있다는 결론을 내리게 된다. 어른들이 "내가 너를 사랑하니까 너는 이것, 저것을 하지 않으면 안 돼"라고 말하는 것처럼 아이에게 이것은 아주 쉬운 일이며, 가족 내에서 종기가 무성하게 자라는 것과 비슷한 결과를 초래한다. 아이가 다른 사람에게서 이런 애정을 인식하게 되면 자기가 보여 주는 사랑만큼의 애정을 그들에게 요구하면서 똑같은 방법으로 다른 사람을 자기에게 의존적으로 만들려고 한다. 그러므로 가족 내에서 한 사람에게만 불타오르는 듯한 일방적인 사랑을 나타내는 것을 조심해야 한다.

편파적인 교육을 받으면 아이의 미래가 심각하게 위협받을 수 있고, 그의 삶은 다른 사람의 사랑을 붙들기 위한 힘든 싸움으로 점철된다. 아이는 이 사랑을 실현시키기 위해 대담하고 위험한 방법도 마다하지 않는다. 그때의 라이벌은 보통 형제가 되며, 아이는 그들을 깎아내리고 고자질하며 음흉하게 나쁜 행위를 조장하기도 한다. 그렇게 해서 자신만이 부모의 사랑 속에 있고 싶어 하는 것이다. 부모의 관심이 오직 자신에게만 쏠리게 하려고 명확한 압박을 가하기도 하고, 자신이 앞서기 위해, 다른 사람보다 더 중요한 대우를 받기 위해 모든 방법을 동원하는 것도 서슴지 않는다. 부모가 자기에게만 더 신경 쓰게 하려고 게으름을 피우거나 나쁜 행동을 하기도 한다. 또 어떤 아이는 다른 사람들의 관심을 일종의 보상으로 간주하기 때문에 모범적으로 행동하려 애쓴다. 아이들의 영혼 속에 하나의 방향이 정해지고 나면 모든 것이 수단이 되는 사태가 일어난다. 자신의 목표에 도달하기 위해 별로 유익하지 않은 방향으로 발전할 수도 있고,

유용한 목표를 눈앞에 둔 매우 모범적인 아이로 자랄 수도 있다. 때때로 그들 중 어떤 아이는 제멋대로 행동하면서 주목을 끌기도 하고 어떤 아이는 유달리 점잖게 행동함으로써 더 교활한 방향으로 나가기도 한다.

응석받이 유형의 아이들이 보여 주는 특징은 다음과 같다. 대개의 경우 부모가 앞에 놓인 위험들을 말끔히 제거해 주고, 그들의 독특한 행동도 너그럽게 웃어 준다. 때문에 그들은 별다른 저항에 부딪히지 않고 마음대로 행동한다. 그래서 무슨 일을 하기 위해 어떤 특별한 능력을 보일 필요가 없다. 그런 아이들에게는 책임질 어떤 기회도 없고, 미래의 삶을 위해 필요한 준비 작업을 할 모든 기회도 박탈된다. 그들은 자신들과 기꺼이 사귀고 싶어 하는 사람들이나 유년기의 문제 때문에 관계를 형성하는 데 미숙하고 서투른 사람들과도 원만한 만남을 계속하지 못한다. 그런 아이들은 어려움을 극복하는 연습이 결여되어 있기 때문에 인생에 대한 준비가 전혀 되어 있지 않은 상태다. 그들이 집이라는 따뜻한 공간에서 벗어나 밖으로 걸어 나가 사회적인 문제와 함께 현실적인 삶과 대면하면 자기들을 돌봐 주던 사람들이 보여 주었던 의무감이나 책임감은 물론, 익숙했던 만큼의 따뜻함을 주는 사람이 없기 때문에 심한 좌절감을 겪게 된다.

이런 유형의 아이들이 보여 주는 모든 현상 중에는 한 가지 공통점이 있는데, 바로 다른 아이들로부터 심하게, 혹은 은근히 고립당하는 경향이 있다는 것이다. 예를 들어 소화 계통에 이상이 있는 아이들은 음식에 대해 특이한 태도를 취하기 쉽고, 그 결과 정상적인 아이들과 전혀 다른 발달 과정을 거치게 된다. 신체 기관에 결함이 있는 아이들은 독특한 생활 습관을 갖게 되면서 점차 고립의 길을 걷게 된다. 자신들과 환경의 관계를 잘 이해하지 못하는 아이들도 실제로 환경으로부터 도피하려고 시도한다. 그런 아이들은 친구를 사귀지 못하고 친구들의 놀이로부터 거리를 두고 부러운 시선으로 친구들의 놀이를 바라보거나 그것을 경멸한다. 그들은 자신만의 놀이에 몰두하면서 조용한 혼자만의 세계에 깊이 빠져든다.

심한 압박을 느끼면서 지나치게 엄격한 교육을 받으며 성장한 아이들도 고립될 위험이 있다. 그들에게 인생은 우호적인 미소를 보여 주지 않는다. 왜냐하면 모든 사람과 모든 곳에서 나쁜 인상만 받기 때문이다. 그들은 모든 어려움에 너그러운 태도를 가져야 하고, 겸손하게 자신의 슬픔을 받아들여야 한다고 생각하거나, 언제나 적대적으로 느껴졌던 환경과 전투를 치를 준비가 된 채 전사처럼 살아간다. 그런 아이들은 삶과 그것이 주는 과제가 과도하게 어렵다고 느끼고, 대부분 자신의 경계를 지켜 내기 위해 매우 신중하게 행동하고, 분열이나 붕괴가 일어나지 않게 조심하면서 항상 미심쩍은 시선으로 주위를 바라본다. 또한 자기 영역에서 좌절을 맛보지 않기 위해 노력한다. 이처럼 과도한 신중함 때문에 경솔하게 패배의 운명을 맞이하기보다는 차라리 더 큰 어려움과 위험에서 도망치는 것이 낫다는 식의 경향을 보인다.

이런 아이들의 또 다른 공통점은 적절하게 발달되지 못한 사회적 감정의 표시로서 다른 사람에 대해서보다는 자신에 대한 관심이 훨씬 많다는 것이다. 이런 특성들로 인해 그들은 비관주의적 세계관을 발전시켜 나가게 된다. 잘못된 행동 양식에 대한 해결책을 발견하지 못하는 한 그들의 삶은 행복할 수 없고, 자신을 전체의 한 부분으로 친숙하게 느끼는 아이들에게서만 발견되는 용기도, 자기 신뢰감도 결여된 채로 살아가게 된다.

3. 사회적 존재로서의 인간

한 개인의 성격을 이해하기 위해서는 전체적인 맥락에서 그 사람을 보아야 하고, 그가 처한 상황 속에서만 그를 판단해야 한다는 것을 우리는 어느 정도 밝혀 낼 수 있었다. 이때 상황Situation이라는 단어가 의미하는 것은 우주 속에서 그의 위치, 그와 가까운 주변 환경에 대한 그의 인식, 삶의 문제들, 예를 들어 직업과 인간관계 등에 대한 도전 의식, 주변인들과의 일치감처럼 그에게만 고유한 특별한 것들을 말한다. 그로부터 우리는 유아기부터 유년기, 성년에 이르기까지 인간의 마음속에 거세게 휘몰아 닥치는 인상들이 전 생애에 걸쳐 그의 자세에 영향을 끼친다는 결론을 내릴 수 있었다.

탄생 후 몇 개월 이내에 아이가 삶과 어떤 관계에 놓일 것인지 예측할 수 있다. 생후 몇 개월 지난 두 아기의 행동은 이미 너무 뚜렷해서 혼동하기가 불가능할 정도다. 아이들은 벌써 잘 조형된 행동 양식들을 보여 주는데, 그것들은 성장해 감에 따라 확연해지며 방향이 달라지는 일조차 없다.

아이의 심리적 활동은 그의 사회적 관계에 의해 점점 더 영향을 받으며 발달한다. 내재된 공동체 의식의 첫 번째 증거는 신체적으로 이미 결정되어 있는 애정을 활짝 꽃피우기 위해 사랑을 갈구하며 어른과 가까워지려 노력하는 그의 초기 행동에서 발견된다. 여기서 바로 아이의 애정 욕구는 타인을 향한 것임을 확인할 수 있다. 사랑에 대한 욕구는 그 강도와 표현에 있어서 사람마다, 단계마다 다르다. 이런 차이는 두 살이 조금 지난 아이들의 언어 속에서 이미 보이기 시작한다. 소속감과 공동체 의식은 이 시기 모든 아이의 영혼 속에 굳건히 자리 잡은 것으로서, 매우 심각한 정신적 퇴행 상태에 있을 경우에만 발견되지 않는다. 이런 공동체 의식은 어떤 경우에는 일반적으로 아이의 전 생애를 통해 유지되며 변화하고, 제한되기도 하고, 가족을 넘어 그의 동료, 민족, 마지막으로 인류로까지 외연이 확장된다. 이 감정은 이런 경계를 넘어 동물이나 식물, 생명이 없는 존재들, 온 우주에 이르기까지 확대될 수도 있다.

우리 연구의 핵심적인 결론은 사회적 존재로서의 인간을 다루어야만 하는 필요성을 이해하는 것이다. 우리는 이 사실을 파악함으로써 인간 행동의 이해에 이르는 중요한 단서를 확보하게 되었다.

제4장
외부 세계의 인상들

1. 일반적인 세계상

모든 인간은 자신의 환경에 적응해야 하기 때문에 그의 심리적 메커니즘은 바깥세상으로부터 다양한 인상을 받아들이는 능력을 타고난다. 그런 능력과 언제나 하나의 목표만을 추구해 가는 심리적 메커니즘의 특이성은 사람들이 갖고 있는 세계상과 이상적인 행동 패턴die ideale Leitlinie이 유년기 초기에 이미 아이의 영혼 속에서 싹텄을 것이라는 추측을 낳게 한다. 이 세계상이나 이상적 목표에 대해 분명하고 정확한 용어로 설명할 수는 없지만, 어쩐지 천체 위에 떠 있는 듯한 몽롱한 느낌, 잘 알 듯하고 이해할 수 있을 것 같은 느낌, 불충분하다는 감정과 확실히 대비되는 것으로 그것을 묘사할 수 있다.

심리적 움직임은 내재적 목표가 있을 때만 발생한다. 목표를 구성하는 데는 우리가 아는 바와 같이 정신적 활동의 가능성과 자유가 전제되어야 한다. 우리의 활동이 자유롭기 때문에 정신적으로도 풍요로워지는 것이며 그 효과는 결코 평가절하되어선 안 된다. 생애 처음 두 발로 땅에 설 수 있게 된 어린아이는 새로운 세계를 만나게 되며, 바로 그 순간 어쩐지 적대적인 듯한 분위기를 감지한다. 다리로 몸을 일으키려고 하는 그 힘 속에서 미래에 대한 희망을 강화시킬 수도 있지만, 걸음마를 떼는 첫 움직임에서 여러 가지 단계의 어려움을 경험할 수도 있고 또 전혀 어려움을 느끼지 않을 수도 있다. 어른들이 별로 중요하지 않게 생각하거나 평범한 것으로 여기는 인상들도 어린아이의 영혼에는 심대한 영향을 줄 수 있고, 그의 세계상에 대한 전체적인 인상을 결정지을 수 있다.

한편 활동하는 데 불편함이 있는 어린이들은 자신의 이상적인 모습으로 격렬하고 민첩한 활동과 연관된 어떤 것을 떠올린다. 아이들에게 어떤 게임을 좋아하는지, 어떤 직업을 갖고 싶은지 등과 같은 질문을 해보면 그들이 품고 있는 이상적인 모습을 엿볼 수 있다. 그런 아이들은 보통 운전자나 기관사가 되고 싶다든가 그와 비슷한 것이 되고 싶다고 대답한다. 그 속에는 이처럼 자기 활동의 자유를 제약하는 모든 어려움을 극복하고 싶은 동경이 분명하게 나타나는 것이다. 그들 삶의 목표는 자신의 열등감과 장애의 감정이 완전히 제거된, 온전한 활동의 자유를 쟁취하는 것이다. 그런 장애의 감정은 발달이 지체됐던 아이나 자라면서 질병에 걸린 적이 많았던 아이들의 경우에

유난히 많다. 비슷한 경우로 눈에 장애를 갖고 있어서 세계를 시각적으로 잘 경험할 수 없는 아이들도 모든 세계를 훨씬 강한 시각적 개념으로 인식하는 경향이 있다. 청각적 결함이 있는 아이들도 좀 더 유쾌하게 들리는 어떤 음색에 대해 강한 관심과 이해와 애호를 보여 준다. 한마디로, 음악적이 되는 것이다(베토벤).[3]

아이는 모든 신체·감각기관을 통해 이 세상을 이해하려고 시도하며, 자신이 살고 있는 세상과의 핵심적 관계를 규정하는 감각기관을 가장 중요하게 여긴다. 아이들은 감각기관을 통해서 자신의 세계를 구성한다. 무엇보다 환경과 직접 대면할 수 있는 것은 눈이다. 모든 사람에게 주의를 기울이게 하고, 아이에게 경험의 주요 자료를 모아 주는 것은 거의 대부분 시각적 세계das visuelle Weltbild다. 우리가 살고 있는 세계의 시각적 그림은 비교할 수조차 없이 의미가 큰 것으로, 그것들은 불변의 지속적인 대상들을 갖고 있다. 그것과 달리 다른 감각기관들, 즉 귀, 코, 혀나 피부 들은 단지 일시적인 자극들에만 민감하다. 또 청각이 지배적인 기관 역할을 하는 개인들도 있는데, 이 경우에 정신은 청각적으로 우세한 구성을 갖고 있다고 말할 수 있다. 드물게 운동성이 뛰어난 개인들도 있다. 또 다른 유형으로 후각이나 미각적 자극에 유별나게 관심이 많은 사람들도 있는데, 그들 중 첫 번째 유형은 냄새에 예민한 사람들이며 문명 속에서 상대적으로 불리한 평가를 받아 왔다. 운동기관이 두드러진 역할을 하는 아이들도

---

3 열등한 신체기관의 보상 성향은 다윈의 적자생존과 거리가 있다.

많다. 이 유형은 잠시도 쉬지 않는 특징을 보이고, 어릴 때도 끊임없이 움직이고 성장한 후에도 활발한 활동성을 유지한다. 그런 사람들은 근육을 많이 쓰는 활동에만 관심이 있다. 그들은 수면 중에도 이리저리 움직이거나 침대 위에서 쉬지 않고 뒤척인다. 그러면 어머니의 상냥하고 걱정 어린 관심을 받을 수 있기 때문이다. 안달하는 아이들도 이 유형에 속하며 그들의 불안정함은 종종 나쁜 행동으로 간주되기도 한다. 감각기관이 되었든 운동기관이 되었든 일반적으로 아이는 어떤 한 기관이나 기관계통에 대한 특별한 관심을 갖고 세상과 접촉하게 되며, 그렇지 않은 아이는 별로 없다고 말할 수 있다. 좀더 예민한 기관에서 모은 세상에 대한 인상과 가능성을 가지고 아이는 세계상을 만들어 낸다. 그러므로 그가 어떤 사람인지 알기 위해서는 그가 어떤 감각기관이나 기관 계통으로 세상을 경험하는지 알아야 한다. 감각기관에서 얻어진 그의 모든 관계는 유년기의 세계상 형성에 그리고 그 이후의 발달 과정에 영향을 미치고 의미를 갖기 때문이다.

2. 세계상의 발전 과정 요소들

세계상의 형성과 의미에 기여하는 정신기관의 특별한 능력들과 우리의 활동 방향을 결정짓는, 항존하는 목표는 특정한 심리적 능력의 선택과 강도, 활동에 영향을 준다. 이것은 우리 각자가 삶이나 특정한 사건, 혹은 우리가 살고 있는 전체 세계의 아주 특별한 단면들만을 경험한다는 사실을 설명해 준다. 우리는 자신의 목표에 부합하는 것들에만 가치를 둔다.

그가 추구하는 비밀스러운 목표에 대한 명확한 해석 없이는 어떤 사람의 행동을 진정으로 이해할 수 없다. 그의 전체 행동이 바로 이 목표에 의해 영향을 받는다는 것을 알기 전에는 그의 행동에서 보이는 모든 단면을 평가할 수 없다.

외부 세계에서 받은 인상들과 자극은 감각기관을 통해 뇌에 전달되고, 그중 일부 흔적들은 사라지지 않고 그대로 남는다. 그 흔적들 위에서 표상의 세계Vorstellungswelt와 기억의 세계die Welt der Erinnerung가 형성된다. 그러나 인지는 사진을 찍는 것과 다른 행위다. 왜냐하면 인지하는 사람의 특정한 개인적인 능력 중에서 어떤 것이 그 영상과 불가분하게 결부되어 있기 때문이다. 사람이 무언가를 본다고 해서 그것을 다 인지하는 것은 아니다. 똑같은 그림에 대해서도 두 사람이 완전히 똑같은 방식으로 반응하지 않는다. 무엇을 보았는지 질문해 보면 각기 다른 대답을 내 놓는다. 아이는 자신의 환경 속에서 이전에 다양한 이유에 따라 형성된 자기의 인식 패턴에 들어맞는 것만을 인지한다. 시각적 욕망이 특히 발달한 아이의 인지는 시각적 성격이 우세하게 나타난다. 인류의 대부분은 시각적 성향을 갖는 것 같다. 또 다른 사람은 자기가 만든 세계상을 주로 청각적 이미지로 채울 수 있다. 이미 언급했듯이 이 인지 내용들이 현실과 엄격하게 일치하지는 않는다. 모든 사람에게는 자기의 생활 패턴에 맞게 외부 세계와 접촉한 내용을 변형시키고 재구성할 수 있는 능력이 있다. 인간의 개별성과 독창성은 그가 무엇을 어떻게 인지하느냐에 의해 구성된다. 인지는 단순한 물리적 현상, 그 이상이다. 그것은 인간의 내면생활과 관련하여 가장 심오한 결론을 이끌어 낼 수 있는 심리적 기능이다.

인간의 근본 토대 속에 내재된 정신기관의 발달 능력은 신체기관의 활동성과 인지된 사실들과 밀접한 관련이 있다는 것을 확인할 수 있다. 정신기관은 합목적적으로 하나의 목표로 향하는 경향에 따라 신체의 활동 능력Bewegungsfähigkeit과 내적으로 관련이 있다. 인간은 세상으로부터 받는 자극과 관계들을 자신의 정신기관 속에서 모으고 정리할 필요가 있다. 그리고 적응 기관으로서 영혼은 자신의 안전을 위해 또 생존 유지를 위해 필요한 모든 능력을 발전시켜야만 한다.

삶의 문제에 대한 정신의 개별적인 반응들이 다시 또 정신의 발전에 흔적을 남긴다는 사실은 이제 분명하다. 기억과 판단의 기능은 적응의 필요성에 의해 주도되며, 기억이 없다면 미래를 위해 무언가를 준비한다는 것이 불가능할 것이다. 모든 회상은 그것 자체로 무의식적인 목적을 갖고 있다고 추론할 수 있다. 그것은 결코 우연한 현상이 아니며 분명한 경고나 격려의 말을 하고 있는 것이다. 무심하거나 터무니없는 회상은 있을 수 없고 밑바닥에 깔린 어떤 목표나 목적이 명확할 때만 사람들은 비로소 기억의 의미를 평가한다. 어떤 것은 기억을 잘하는데 다른 것은 왜 잊어버리는가 하는 질문은 중요하다. 회상했을 때 특정한 심리적 경향성에 중요한 의미를 지닌 사건들은 기억이 잘된다. 이 기억들이 그 기저에 깔린 중요한 움직임을 촉진하기 때문이다. 그러나 망각이 유리할 때는 곧 잊어버린다. 기억도 마찬가지로 목적하는 바의 적응 활동에 종속된 것임을 알 수 있다. 종종 일방적인 편견으로 윤색되곤 하는 유년기의 기억들처럼 오래 지속되는 기억들은 (비록 그 기억이 틀린 것이라 하더라도) 그것이 추구하는 바의 목적을 유지하기 위해 필요할 때 의식의 영역에서 벗어나 태도, 느낌, 철학적 관점 등의 형태로 이행될 수 있다.

상상하는 행위보다 더 확연하게 인간의 특성을 보여 주는 것은 없을 것이다. 표상^{Vorstellung}이라는 것의 의미는 그 대상이 눈앞에 없어도 그 느낌과 인지를 재생산하는 것을 말한다. 다른 말로 하면 표상이란 재생된 지각이며 생각 속에서 다시 소환된 지각이다. 그것은 인간 정신의 창조적인 능력의 또 다른 증거라고 볼 수 있다. 표상의 산물은 정신의 창조적인 힘에 의한 지각의 복제가 아니라, 그 자체로서 이미 개인의 독특한 개성에 따라 다시 만들어진 그 자신만의 예술작품이다. 즉 그러므로 반응 작용이 아니라 창조적인 예술작품인 것이다.

일반적인 표상보다 초점이 더욱 예리한 것도 있다. 그것은 눈앞에 존재하지 않는데도 실제로 존재하는 것처럼 너무 뚜렷하게 보이기 때문에 표상이 아닌 것처럼 느껴진다. 표상이 마치 실제로 존재하는 자극의 결과처럼 나타나는 것이 환각^{Halluzination}이다. 환각이 나타나는 조건은 환상적인 낮 꿈이 나타나는 조건과 다르지 않다. 환각도 특정한 개인의 목표와 목적에 맞게 만들어지고 조합된 정신의 예술적 창작물이다. 이 사실을 분명히 밝혀 주는 예를 하나 들어 보자.

지적이고 젊은 여자가 부모의 충고를 거스르며 결혼했다. 그녀의 부모는 딸의 잘못된 결혼에 너무 화난 나머지 그녀와 관계를 끊어 버렸다. 그녀는 시간이 흐르면서 부모가 자신을 너무 심하게 대접했다고 확신했다. 화해의 모든 시도는 양쪽의 자존심과 고집 때문에 좌절되었다. 명망 있는 유복한 집안 출신이었던 젊은 여인은 결혼과 함께 매우 가난한 처지에 놓이게 되었다. 그러나 외부적으로는 누구도 그 결혼 생활의 불행의 신호를 알아채지 못했다. 얼마 전부터 그녀의 생활에 매우 특이한 현상이 나타나지 않았더라면 사람들은 그녀가 결혼 생활에 잘 적응하고 있다고 믿으며 안심했을 것이다.

그녀는 아버지가 매우 사랑하던 딸이었다. 둘의 관계가 매우 친밀했기에 현재의 단절이 눈에 더 띌 수밖에 없었다. 그러나 그녀의 결혼을 계기로 아버지는 딸을 매우 심하게 대했고 그들의 불화는 매우 깊어졌다. 아이가 태어났을 때도 부모는 딸을 방문하러 올 수 없었고 아기를 볼 수도 없었다. 자존심이 강한 그녀는 부모의 가혹한 대우를 점점 더 마음속에 담았고, 자기가 옳고 부모가 옳지 않다는 생각에 절망에 가까운 충격을 받았다.

우리는 이 젊은 여자의 기분이 자존심에 완전히 지배되었음을 기억해야만 한다. 부모와의 갈등이 왜 그렇게 그녀의 마음에 깊은 충격을 주었는지 그 이유를 통찰하게 해 주는 것이 바로 이 성격적 특성이다. 그녀의 어머니는 공정하고 매우 좋은 성품을 가진 사람이었지만 딸을 매우 엄하게 다루었다. 적어도 외관상으로는 남편에게 순종하는 듯 보였지만 자신의 위치를 절대로 포기하는 법이 없었다. 그녀는 남편에게 순종하기를 강조하며 거기에 약간의 자부심을 갖거나 명예롭게 생각하는 듯했다. 이 가족에 또 아들이 태어났는데, 그는 훌륭한 조상의 피를 이어 받아 가문의 이름을 이어 갈 사람으로 인식되었다. 그래서 그 젊은 여인보다 더 귀한 대접을 받았다. 바로 이 사실이 그녀의 자존심에 큰 상처를 줄 수밖에 없었다. 이 젊은 여인은 결혼과 더불어 경험하게 된 어려움과 가난으로 말미암아, 부모로부터 받았던 학대에 대해 끊임없이 생각했고, 부모에 대한 원망이 더욱 커져 갔다.

어느 날 밤 그녀가 막 잠들기 시작했을 때 갑자기 문이 열리더니 성모 마리아가 그녀의 침대로 걸어 와서 말했다.

"내가 너를 몹시 사랑하므로 너에게 말해 줄 수밖에 없구나. 너는 12월 중순쯤 죽게 될 것이다. 나는 네가 아무런 준비 없이 죽게 내버려 둘 수 없었단다."

그녀는 이에 대해 전혀 놀라지 않았고 남편을 깨워 모든 것을 말했다. 다음 날 그녀는 의사에게 갔고 어젯밤에 있었던 일을 이야기했다. 그것은 환각이었다. 그녀는 자기가 성모 마리아를 분명히 보았고 모든 것을 매우 또렷하게 들었다는 주장을 굽히지 않았다. 언뜻 보면 이 사건은 이해하기 어렵다. 그러나 우리가 알고 있는 지식의 열쇠를 적용하면 쉽게 이해할 수 있다. 자존심이 아주 센 젊은 여자가 있는데, 우리의 연구를 통해 살펴본 바에 의하면 그녀는 모든 사람보다 우월해야만 직성이 풀리는 성향이고, 부모와 사이가 벌어진 채 가난한 상황에 처해 있었다. 자기가 살고 있는 현실 세계를 뛰어 넘고 싶은 강한 욕망을 가진 사람이 신에게 다가가 이야기를 나눈다는 것은 충분히 이해할 만하다. 만일 성모 마리아가 상상 속의 인물로 남는다면 (기도할 때처럼) 이 사건에서 눈에 띄게 이상한 점은 없었을 것이다. 그러나 이 젊은 여인은 더 강한 논거가 필요했다. 정신이 어떤 트릭까지도 만들어 낼 수 있는지를 이해하면 이 현상은 모든 신비로움을 잃게 될 것이다. 비슷한 상황에서 모든 사람이 그런 꿈을 꾸지 않는가? 정말로 차이가 나는 것은 오직, 그녀가 깨어 있는 동안에 꿈을 꾸었다는 것이다. 우리가 추가해야 할 또 한 가지 사실은 그녀가 굴욕감을 느끼는 상태에서 그녀의 야망이 엄청난 압박 속에 놓여 있었다는 점이다.

이제 우리는 실제로 다른 어머니가 그녀에게 왔다는 사실을 알게 된다. 일반적인 개념 속에서 성모 마리아는 모든 어머니 중 가장 위대한 어머니다. 여기서 두 어머니는 서로 대비를 이룬다. 신의 어머니는 그녀의 친어머니가 오지 않았기 때문에 나타난 것이다. 성모의 현현은 다름 아닌 자기 어머니에 대한, 그녀의 불충분한 사랑에 대한 비난인 것이다. 그 젊은 여인은 자기 부모가 틀렸음을 증명해 줄 어떤 다른 방법을 찾고자 한 것이다. 12월 중순이라는 시점도 그저 무의미한 것이 아니다. 인간들의 삶에서 1년 중 아주 중요한 시간으로, 사람들 사이에 친밀한 관계가 형성되고 서로에게 따뜻한 마음으로 다가가고 선물을 주고받는 때이다. 그리고 또 화해의 가능성이 더 커지는 때이기도 하다. 그러므로 그 시점은 곤경에 처해 있는 그녀에게도 특별한 관련성이 있다.

이 환각 현상이 갖고 있는 단 한 가지 이상한 점은 신의 어머니의 친절한 현현이 그 젊은 여인의 다가올 죽음을 알리는 슬픈 소식과 동반되었다는 것이다. 그녀가 남편에게 거의 행복한 목소리로 이 환상에 대해 말했다는 사실 또한 전혀 의미 없는 내용이 아니다. 이 예언은 그녀 가족의 좁은 울타리를 넘어 빠르게 퍼져 나갔고, 의사는 바로 다음 날 그 사실을 알게 되었다. 그리고 그 결과 그녀의 어머니가 그녀를 방문하게 되었다. 며칠 지나 성모 마리아가 두 번째로 나타나 똑같은 말을 했다. 우리가 그녀에게 어머니와 만난 일은 어떻게 되었느냐고 묻자, 그녀의 어머니가 자기 잘못을 인정하지 않았다는 대답을 들려 주었다. 그러므로 여기서 오래된 주제가 불쑥 등장한다. 어머니를 지배하고 말겠다는 그녀의 욕망은 아직도 성취되지 않은 것이다. 그 시점에서 사람들이 그녀의 부모에게 딸의 상황이 어떤지 알려 주었다. 결과적으로 그 젊은 여인과 아버지의 만남이 이루어졌다. 감동적인 장면이 벌어졌다. 그러나 그녀는 아직 만족할 수 없었다. 왜냐하면 아버지의 행동에 무언가 연극적인 것이 있다고 생각했기 때문이다. 그녀는 아버지가 그녀를 너무 오랫동안 기다리게 했다고 불평했다. 이와 같은 승리의 순간에도 그녀는 다른 사람은 모두 틀렸고, 자기 혼자만 승리의 영광 속에 있음을 증명하고 싶어 하는 성향을 버릴 수 없었던 것이다.

앞에서의 논의로부터 우리는 다음과 같은 결론을 내리게 된다. 환각은 심리적 긴장이 가장 극대화되는 순간에, 자신의 목표를 획득하는 것이 불가능할지도 모른다는 공포 속에 있을 때 출현한다는 것이다. 또한 환각이 오래전 과거에서나 문명 발달의 속도가 다소 늦었던 곳에서 의미 있는 영향력을 갖는다는 것은 의문의 여지가 없다. 여행자들의 기록 속에 환각에 대한 묘사가 많다는 것은 잘 알려진 사실이다. 사막 여행자들이 보았다고 하는 환각은 아주 훌륭한 예가 될 수 있다. 그들이 어려움에 빠졌을 때, 배고픔과 갈증, 피로 등의 극심한 고통 속에서 발생하는 긴장은 고통받는 이의 상상력을 자극해 그 자신을 위한 맑고 신선한 상황을 창조할 수밖에 없게 만든다. 그것은 현 상황의 불유쾌한 압박으로부터 도망치기 위한 몸부림인 것이다. 환각은 새로운 상황을 상정한다. 그것은 피로에 지친 사람들에게 용기를 주고, 결단력을 상실하고 추락하는 사람들에게 힘을 북돋우고, 여행자를 강하거나 둔감하게 만들어 줄 수 있다. 그것은 마치 향유나 마취제처럼 공포의 비참함으로부터 구출해 주는 역할을 한다.

환각은 우리에게 절대로 새로운 것이 아니다. 왜냐하면 우리는 이미 지각, 기억, 상상 등의 정신 현상 속에서 유사한 것을 보았기 때문이다. 또 꿈에서도 이런 똑같은 과정을 다시 발견하게 될 것이다. 상상력을 확대함으로써 또는 더 높은 기제의 비판적 기능을 떨어뜨림으로써 우리는 쉽게 환각 현상을 만들어 낼 수 있다. 그리고 특이한 종류의 상황들이 항상 환각 현상을 유발한다는 것을 알 수 있다. 결핍과 위험의 상황에서, 자신의 권위가 위협받는 상황에서 사람들은 이 메커니즘에 의해 나약한 느낌을 모면하거나 극복하고자 분투한다. 긴장이 더 커질수록 비판적 사고 능력은 더 약화된다. 그런 상황에서 "할 수 있는 한 스스로 노력하라"라는 교훈에 따라 정신기관의 마지막 에너지까지 동원해서 그의 상상력은 환각 속에 자신을 투사하도록 만드는 것이다.

환상과 환각은 밀접하게 관련되어 있다. 단 한 가지 차이는 환상에는 외적 접촉 부분이 남아 있다는 것이다. 그러나 그것도 괴테의 「마왕Erlkönig」(한밤중에 아버지가 병든 아이를 안고 말을 타고 달려가는 도중에 아이는 자기를 죽음으로 유혹하는 마왕의 환각을 보게 된다)처럼 잘못 해석되기도 한다. 나머지 그 아래에 놓여 있는 토대, 정신적 위기의 상황은 동일하다.

다음 사례는 정신의 창조적인 힘이 필요에 따라 환상이나 환각을 어떻게 훌륭하게 만들어 내는지 잘 보여 준다.

훌륭한 가문의 한 남자가 학교 성적이 좋지 않아서, 하는 일마다 제대로 성취하지 못하고 말단 서기로 일하고 있었다. 그는 명예로운 지위를 향한 모든 희망을 포기하고 있었다. 무기력이 그를 너무 짓누르고, 친구들의 비난으로 인해 심리적 압박 또한 증가하고 있었다. 이런 상황에서 그는 술을 마셨고, 술은 한순간에 그를 달콤한 망각 상태로 끌고 갔으며 그의 실패에 대한 변명을 제공해 주었다. 어느 정도 시간이 흐른 후 그는 진전 섬망증Delirium이라는 병명으로 병원에 입원했다. 본질적으로 섬망증은 환각과 밀접하게 관련된 것으로, 알코올 의존성 섬망증에서는 눈앞에 작은 동물들, 쥐, 혹은 검은색 동물들이 빈번하게 나타난다. 환자의 직업과 관련된 다른 종류의 섬망증도 종종 나타난다.

우리의 환자는 알코올을 엄격하게 금지하는 내과 의사의 손으로 넘겨졌다. 사람들은 그에게 혹독한 알코올 의존증 치료를 받게 했으며 그는 완전히 중독에서 벗어날 수 있었다. 그는 다 나아서 병원을 떠났고 3년 동안 술을 입에 대지 않았다. 그런데 그는 새로운 증상 때문에 다시 병원을 찾게 되었다. 그는 일용직 노동자로 일하고 있었는데, 자기가 일하는 것을 계속 지켜보면서 눈을 흘기고 심술궂게 웃고 있는 남자를 보았다고 말했다. 한번은 이 남자가 자기를 조롱하는 것에 미친 듯이 화가 나 연장을 집어서 그에게 던졌다. 그가 진짜 사람인지 아니면 유령인지 알아내려고 그런 것이었다. 그 남자는 날아오는 무기를 피하더니 바로 그에게 달려와 주먹으로 마구 두들겨 팼다.

이 경우에 우리는 더 이상 유령에 대해 말할 수가 없다. 왜냐하면 그 환각이 진짜 주먹을 갖고 있었기 때문이다. 이에 대한 설명은 어렵지 않다. 환각 상태에 빠지는 것은 그의 습관이었고, 그는 진짜로 사람에게 실험을 해본 것이다. 이것은 그가 알코올 의존증 상태에서는 벗어났지만, 사실은 병원에서 해방된 이후 더욱더 나쁜 상태에 있었다는 사실을 분명히 보여 준다. 그는 직업을 잃었고 집에서도 쫓겨났다. 그리고 일용직 노동자로 먹고살아야 했다. 그것은 그에게나 그의 친구들에게나 가장 비천하게 여겨지는 일이었다. 그의 삶 속에서 느꼈던 심리적 긴장은 절대로 완화되지 않았다. 그는 알코올 의존증에서는 해방되었지만 병의 회복으로 인한 수많은 이점에도 불구하고 실제로는 위로받을 데가 없어진 것이다. 그가 술에 의지해 첫 직업에 종사하고 있을 때는 그럭저럭 일을 할 수 있었다. 그러나 아무 일도 제대로 못한다는 이유로 집에서 많은 비난을 받자 직업을 갖지 못한 것보다 알코올 의존증이라는 변명이 훨씬 덜 수치스러운 것으로 생각되었다.

그러나 알코올 의존증에서 회복된 뒤 다시 현실과 마주하자 이전 상황보다 결코 나을 것이 없는 압박 속에 놓인 것이다. 이번에도 실패하면 자신을 위로할 것이 아무것도 없고 알코올이라는 변명도 없어지는 것이다. 이런 심리적 위험 상황에서 환각이 다시 찾아온 것이다.

이렇게 되자 그는 자신을 이전 상황에 일치시켜 마치 아직도 술 주정뱅이인 것처럼 행동했다. 그러고는 자기가 인생 전체를 망가뜨렸으며 더 이상 아무것도 할 수 없노라고 말했다. 환자가 됨으로써 그는 스스로 아무런 결정을 내릴 필요도 없이 멸시받고 불유쾌하기 짝이 없는 잡역부라는 자기 직업으로부터 벗어나기를 원했던 것이다. 위에 언급한 환각 상태는 오랜 기간 지속되었고 그는 다시 병원에 입원하게 되었다.

이제 그는 알코올 의존증이라는 불운이 인생을 망가뜨리지 않았다면 자신이 훨씬 더 많은 것을 성취할 수 있었을 것이라는 생각에 위로받음으로써 자존심을 추스를 수 있었다. 자신은 구렁텅이에 빠지지 않고 불운을 겪지 않았더라면 훨씬 더 훌륭한 일에 적합한 인간이었을 것이라는 확신을 지탱시켜 주는 생각이 일 자체보다 훨씬 중요한 것이었다. 그를 그의 역학 관계에서 지탱시켜 주고, 다른 사람도 그보다 나을 것이 없다고 느끼게 해 주고, 자기 길에는 넘을 수 없는 장애물이 놓여 있었을 뿐이라고 생각하게 만드는 것은 바로 이 환각이었다. 위로가 되어 주는 알리바이를 찾고자 하는 그 생각은 비웃고 있는 남자라는 환영을 만들어 냈고, 그 유령은 그의 자부심을 위한 구세주와 같은 것이었다.

3. 환상

환상Fantasie은 정신의 또 다른 창조적 능력이다. 이 활동의 흔적들은 우리가 앞에서 언급했던 여러 다양한 현상 속에서 발견된다. 어떤 특정한 기억이 의식의 전면에 떠오르거나 상상이 기이한 사건을 만들어 내는 것처럼 환상은 정신의 창조적 활동의 한 부분으로 간주되어야 한다. 움직이고 활동하는 유기체의 본질적 능력인 예감이나 선입견은 환상에서 특별하고 중요한 요소를 구성한다. 환상은 인간 유기체의 활동성과 관련되어 있고 예감과 예지, 통찰 방식 이외에 다른 것이 아니다. 아이들과 어른들의 환상들은—종종 백일몽이라고 불리는— 항상 미래와 관련 있는 상상들이다. 그들이 상상한 '하늘에 떠 있는 성'은 그들이 꿈꾸고 있는 활동들의 목표며 예지의 한 방식이고 자기들이 만들어 낸 허구적 구성체다.

　　어린이들의 환상을 연구한 결과 권력 게임이 지배적인 역할을 한다는 것이 밝혀졌다. 거기에 반영되어 있는 것은 언제나 명예욕Ehrgeiz이다. 그들의 환상 대부분은 '내가 어른이 되면'이라는 말이나 그 비슷한 말로 시작된다. 어른들 중에도 아직 더 성장해야 한다고 생각하는 사람이 많다. 권력에 대한 욕구가 그렇게 강하다는 것은 정신생활이란 오직 어떤 목표가 자리 잡고 있어야만 발전할 수 있다는 사실을 또다시 입증하는 것이다. 우리 문명 속에서 이 목표는 다름 아닌 사회적 인정과 중요성의 추구로 나타난다. 어떤 사람도 오랫동안 중립적 목표만으로 만족하지는 않는다. 사람들과의 사회 활동에는 끊임없는 자기 평가가 동반되며, 그것은 우월성에 대한 욕망을 불러일으키고, 경쟁 속에서 승리하고자 하는 희망을 갖게 만든다.

어린아이의 환상 세계에 뚜렷하게 존재하는 예감에는 거의 빠짐없이 그들의 권력 추구 욕망이 실현되고 있다. 그것은 다름 아닌 권력에 대한 상상Machtvorstellungen이다.

그러나 여기서 우리가 이런 사실들을 일반화할 수는 없다. 왜냐하면 환상의 정도나 상상력의 범위에 관한 법칙을 도출하는 것이 불가능하기 때문이다. 많은 경우 우리가 이전에 말했던 내용들이 유효하지만 적용하기 곤란한 경우도 있다. 현실 세상을 적대적인 시선으로 바라보는 아이들은 자신의 환상적 힘을 꽤 높은 정도까지 발전시킨다. 그런 태도를 취하면 조심성이 꽤 높은 긴장 상태로까지 자극되기 때문이다. 그래서 인생이 항상 유쾌하지만은 않은 약한 아이들은 환상 능력을 많이 발달시켜 이런 유형의 활동에만 특별히 몰두하는 경향을 보인다. 성장 단계에서 그런 경향이 지나치면 상상력은 현실에서 회피하는 기제로, 실제 삶을 저주하는 양상으로까지 작용하게 된다. 그런 경우 일종의 권력 중독 현상이 나타나는데, 이는 상상력이라는 허구의 지렛대를 이용해 일상의 하찮음을 넘어서려는 것이다.

사람들의 환상 속에서 권력 욕구만 발견되는 것이 아니라 공동체 의식도 중요한 역할을 한다는 것을 알 수 있다. 아이의 환상 속에도 이런 힘을 자신의 권력욕뿐 아니라 다른 사람을 위해서도 사용하려는 의도가 포함되어 있다. 구원자가 되거나 좋은 기사가 되고 인간을 괴롭히는 나쁜 세력이나 괴물을 물리치는 승리자가 되는 것에 집착하는 어린아이의 환상 속에서 우리는 이런 특성을 뚜렷이 발견하게 된다.

자기들이 다른 집안 출신일 거라는 환상도 종종 일어난다. 많은 아이들은 자기가 실제로는 다른 가문 출신이며 언젠가는 모든 사실이 밝혀져 진짜 아버지(명성과 지위를 가진 인물)가 자기를 데리러 올 것이라는 환상을 품는다. 특히 열등감이 심하거나, 매우 심한 빈곤 상태에서 고통받고 있거나, 가족 내에서 구석으로 밀려나 사랑과 애정을 듬뿍 받지 못한 아이들에게서 이런 경우가 흔히 발생한다.

이미 다 큰 것처럼 행동하는 아이들이 외부로 나타내는 태도에서도 이런 과대망상을 엿볼 수 있다. 이런 환상이 거의 병적인 양상으로 나타나는 아이들도 있다. 예를 들어 창이 높은 모자만 쓰려고 하는 아이들, 성인 남자처럼 보이고 싶어서 담배꽁초를 줍는 아이들, 혹은 남자처럼 행동하고 남자아이에게 어울리는 옷만 입으려는, 남자가 되고 싶어 하는 어린 여자아이들도 이런 경우에 속한다.

상상력이 빈곤하다고 생각되는 아이들도 있다. 그러나 그것은 절대적으로 잘못된 생각이다. 그 아이들은 자신을 그런 식으로 표현하지 않을 뿐이거나 다른 이유 때문에 환상을 품는 따위의 행동을 하지 않으려는 것일 뿐이다. 또한 상상력을 억누름으로써 어떤 승리감을 느끼고 싶어 하는 것일 수도 있다. 현실에 적응하려는 치열하고 격렬한 노력 속에서 이런 아이들은 환상이란 남자답지 못하고 유치한 것이라고 믿으면서 환상에 빠지는 것을 거부한다. 또 이런 생각이 너무 강해 그들의 상상력이 완전히 고갈된 것처럼 보일 수도 있다.

4. 꿈(일반적 고찰)

위에서 기술한 백일몽에 덧붙여 잠자는 동안 일어나는 중요하고 의미심장한 활동에 대해서도 연구해 보자. 일반적으로 밤에 꾸는 꿈도 백일몽에서 진행되는 똑같은 과정의 복제라고 말할 수 있다. 나이 많고 경험 많은 심리학자들은 사람의 성격은 그의 꿈으로부터 쉽게 알아낼 수 있다는 사실을 지적해 왔다.

역사가 시작된 이래 실제로 꿈은 인간들의 생각을 지배해 왔다. 수면 중의 꿈은 백일몽에서처럼 유기체의 활동과 관계가 있다. 그것은 미래를 예측하고자 하는 행위이며 미래를 위한 길을 개척하고 동시에 안전을 확보하고자 하는 노력이라고 볼 수 있다. 가장 눈에 띄는 차이는 백일몽은 비교적 이해하기 쉬운 반면, 수면 중의 꿈은 좀처럼 이해하기 어렵다는 것이다.

꿈을 이해하는 것은 매우 어렵다. 그것은 특이하고 이상한 현상이다. 우리는 그 사실이 꿈은 불필요하고 무의미한 것이라는 점을 시사하는 것으로 받아들인다. 그러나 여기서는 미래에 대비하고 어떤 문제와 대면해서 그것을 극복하려고 나름대로 분투하는 한 개인의 권력 욕구가 꿈속에 그대로 반영된다는 점이 중요하다. 꿈은 우리에게 정신생활의 문제를 파악하는 데 중요한 단서를 제공한다.

5. 감정이입

우리의 정신은 현실 세계에 실제로 무엇이 존재하는지 인식하는 능력
뿐 아니라 미래에 무슨 일이 일어날지, 그리고 다른 사람의 마음에서
무슨 일이 진행되고 있는지 감지하고 추측하는 능력 또한 가지고 있
다. 이 능력은 움직일 수 있는 유기체에게 필수적인, 무언가를 예측해
야 할 때도 매우 도움이 된다. 왜냐하면 그런 유기체들은 끊임없이 적
응이라는 문제, 또 미래의 문제에 직면하기 때문이다. 우리는 이런 과
정을 감정이입Einfühlung이라고 지칭한다. 인간은 이 능력이 극도로 잘
발달해 있다. 그것의 외연은 너무 넓어 정신생활 곳곳에서 그것을 발
견하게 된다.

예측은 유기체의 생존을 위한 첫 번째 중요한 조건이다. 어떤 특
정한 사건이 일어날 만한 상황에서 우리가 어떻게 행동해야 할지 미
리 예견하고 예측하고 상상할 필요성이 있는 것처럼, 예측은 아직 발
생하지 않았지만 일어날 수도 있는 상황에 대한 여러 가지 감정을 고
려한 뒤 가치 있는 판단을 하기 위해서도 중요한 사항이다. 겪어 내야
만 할 상황에 대한 사고와 감정과 느낌을 종합한 후에야 특정한 지점
에서 좀 더 치열하게 노력할 것인지, 아니면 매우 조심하면서 그것을
피할 것인지에 대한 관점이 비로소 생겨나기 때문이다.

감정이입은 인간이 다른 사람과 이야기하는 그 순간에 일어난
다. 다른 사람의 처지에 대한 공감이 없다면 다른 개인을 이해하기가
불가능하다. 연극은 이런 감정이입이 예술적으로 형상화된 표현 양식

이다. 감정이입의 또 다른 예는 다른 사람이 위험에 빠진 것을 알아챘을 때 왠지 모를 특이하고 이상한 감정을 느끼는 것과 같은 경우이다. 이 감정이입 상태가 너무 강하면 자신에게 아무런 위험이 없는데 부지불식간에 방어적 자세를 취하기도 한다. 우리는 누군가가 유리잔을 떨어뜨렸을 때 흠칫 놀라는 몸짓을 잘 알고 있다. 어떤 선수가 볼링을 치는 줄에서 자기 몸으로 바꿔 보기라도 할 듯이 공의 코스를 따라가는 경우를 볼 때가 있다. 누군가가 유리창을 닦고 있는 고층빌딩 옆을 지나갈 때면 근육이 오그라드는 느낌이 들고, 어떤 연사가 침착성을 잃고 연설을 더 진행하지 못할 때도 압박감과 불편함을 느낀다. 특히 우리는 극장에서 연극을 관람할 때 연기자들과 감정이입을 느끼며 마음속에서 다양한 역할을 해보기도 한다. 우리의 전체 생활은 감정이입의 능력과 내적으로 긴밀하게 관련되어 있다.

우리가 마치 다른 사람인 듯 행동하고 느끼는 이 능력의 원천은 우리에게 내재된 공동체 의식의 존재에서 찾을 수 있을 것이다. 이것은 사실상 우주적 감정이며 우리 안에 살고 있는 전 우주와 우리가 연결되어 있음을 반영하는 것이다. 그것은 인간 존재의 피할 수 없는 특성이다. 그것은 우리에게 자신을 몸 바깥에 있는 사물들과 일치시킬 수 있는 능력을 선사한다.

공동체 의식의 정도가 여러 단계인 것처럼 감정이입의 강도도 다양하다. 이 사실은 심지어 유년기에서도 관찰된다. 마치 살아 있는 사람을 대하듯 인형과의 놀이에 몰두하는 아이들이 있는가 하면, 인형 안에 무엇이 있는지에 더 많은 관심을 기울이는 아이들도 있다. 우리

인간으로부터 무가치하거나 생명이 없는 대상에 공동체적 관계를 전
이시키면 개인의 발달 과정은 거기에서 멈춘다.

어린아이에게서 종종 발견되는 동물에 대한 잔인성은 자기 자신
을 살아 있는 다른 존재와 일치시키는 능력과 사회적 감정이 완전히
부재하거나, 다른 존재의 불안과 고통에 대한 감정이입 능력이 부재
할 때만 가능하다. 이 감정이 결여된 아이들은 사회적 인간으로 발달
하기 위해 필요한 관심과 별로 상관없는 무가치하거나 무의미한 물건
에 대한 관심을 발달시킨다. 그들은 오직 자기 자신만 생각할 뿐 다
른 사람들의 기쁨이나 슬픔에 대해서는 아무 관심도 없다. 이런 현상
들은 감정이입의 능력이 충분히 발달하지 못한 것과 밀접하게 관련되
어 있다. 결론적으로 감정이입 능력의 결여는 다른 사람과의 협력까
지도 불가능하게 만들 수 있다.

6. 최면과 암시

개인심리학은 "어떻게 다른 사람에게 영향을 미치는 것이 가능할까?"
라는 질문에 다음과 같이 대답한다. 여기에서도 중요한 것은 상호 관
련 현상이다. 우리의 전체적 삶은 이런 상호 영향력을 전제로 할 때만
가능해진다. 이런 상호 영향력은 선생님과 학생 사이, 부모와 자식
사이, 남편과 부인 사이의 관계에서 훨씬 더 뚜렷하게 촉진될 수 있
다. 공동체 의식의 영향을 받아 우리는 다른 사람의 영향을 어느 정

도 수용할 수 있다. 그 영향을 어느 정도까지 받을 수 있는가 하는 가능성 정도는 영향을 주는 사람이 영향을 받는 사람의 권리를 어느 정도까지 고려하느냐에 달려 있다.

어떤 사람에게 해를 끼치면서 그 사람에 대한 지속적인 영향력을 행사하는 것은 불가능하다. 누군가에게 최대한의 영향력을 미치기 위해서는 그 영향력 아래 있는 사람이 자신의 권리가 제대로 보장된다고 느낄 수 있어야 한다. 이것은 교육학에서 매우 중요한 관점이다. 다른 형태의 교육 방법은 가능하지 않으며 실천하는 것 또한 불가능하다. 이런 관점을 최대한 고려하는 교육 체계야말로 가장 효과적인 것이 될 것이다. 왜냐하면 그 관점은 인간 감정의 가장 원초적인 것, 즉 사람들과의 연대감과 관련 있기 때문이다.

사회의 영향으로부터 의도적으로 도피하려는 사람일 경우에는 이런 교육 방법이 실패할 수도 있다. 그런 회피는 우연히 일어나는 것이 아니다. 아마도 지속적인 투쟁이 있었을 것이고, 그러는 동안 조금씩 세상과의 연결이 풀어져 버려 공동체 의식과 정반대 입장에 서게 된 것이다. 그의 행동에 어떤 영향을 미치는 것도 이젠 더욱 어려워지고 불가능해졌다. 그에게 영향을 주려는 어떤 시도에도 그는 무조건 반대하고 저항하면서 드라마틱한 연극을 연출하게 될 것이다(그것은 확실히 반항심 이외에 다른 아무것도 아니다).

자신의 환경으로 인해 심한 압박을 받고 있다고 느끼는 아이들은 그들을 교육하는 사람의 영향력을 받아들이기가 쉽지 않을 것이다. 외부적 압박이 너무 강해져 모든 장애물을 제거해 버리고 권위적인 영향력이 그대로 지속되어 그에 굴복하는 결과가 일어날 수도 있다. 그러나 이런 굴종Gehorsam은 무익한 것임을 금방 확인할 수 있다. 때때로 그런 영향은 굴복하는 개인을 삶에 무능한 사람으로 만들어 버리는 그로테스크한 형태로 귀결된다. 비굴한 굴종의 결과로 그런 사람들은 다른 사람의 적절한 명령 없이는 어떤 독립적인 행동이나 생각을 할 수 없게 된다. 이런 지나친 굴종의 커다란 위험은 이런 아이들이 어른이 된 후에도 누군가의 불합리하고 폭력적인 명령에 복종하고, 심지어 명령에 따라 범죄까지도 저지를 수 있다는 사실로 평가될 수 있다.

갱단의 모습에서 재미있는 예를 발견할 수 있다. 갱단의 명령을 수행하는 사람들은 그런 부류이며, 갱단의 두목은 보통 범죄 현장에서 멀리 떨어진 곳에 있다. 거의 모든 중요한 범죄 사건에서 그런 비굴한 사람들은 앞잡이 역할을 한다. 그들은 믿을 수 없을 만큼 맹목적으로 복종하며, 어떤 사람들은 심지어 자신의 충성심을 자랑스러워하고 자신의 야망을 만족시키는 방법이라고 생각하기도 한다.

상호 영향에 대한 정상적인 경우만으로 제한해 보면 자신을 잘 이해시키고 이성적, 논리적으로 상대할 수 있는 사람일수록 남의 영향을 잘 수용하며 왜곡되지 않은 공동체 의식을 가진다. 반면에 우월감에 목말라 있고 남을 지배하려는 욕구에 가득 차 있는 사람에게는 상호 영향을 미치기가 매우 어렵다. 잘 관찰해 보면 이 사실을 매일매일 확인할 수 있다.

아이가 말을 너무 잘 들어서 부모가 불평하는 일은 거의 없다.

부모의 불평은 아이가 반항적일 때 가장 많이 발생한다. 조사해 보면 그런 아이들은 주위 환경보다 우위에 서고 싶은 욕망에 사로잡혀 있고, 자신의 작은 삶 속에 있는 여러 가지 규범을 무너뜨리려 분투한다는 것을 알 수 있다. 잘못된 가정교육 탓에 그들은 교육의 영향을 받지 않는다. 극단적인 권력 추구는 교육을 받을 수 있는 가능성과 반비례한다. 이런 사실에도 불구하고 우리의 가정교육은 대부분 아이의 야망을 부추기고 그의 마음속에 과대망상을 불러일으킨다. 이런 일이 일어나는 것은 우리가 분별이 없어서가 아니라, 우리의 전체 문화가 유사한 과대망상에 사로 잡혀 있기 때문이다. 또한 우리의 문화 속에서든 가족 내에서든 누가 인생의 찬란한 영광 속에 서 있는지에만 관심을 쏟고, 또한 가능한 한 다른 모든 사람을 어떤 식으로든 능가하는 것에만 가치를 두기 때문이다. 우리는 「성격론」의 제2장, 허영심과 관련된 장에서 이와 같은 야망을 위한 교육 방법이 공동체적 삶에 얼마나 많은 부적응을 초래하는지, 야망이 부과하는 어려움 때문에 아이의 정신 발달이 얼마나 방해를 받는지 살펴 볼 것이다.

모든 피최면자Medium도 같은 상태에 있다. 다른 사람의 영향을 잘 받는 일반 사람들과 마찬가지로 무조건적인 복종 성향으로 인해 그들은 주변 사람들의 요구에 일일이 복종하는 데 익숙하다. 이들은 다른 사람의 요구에 그저 따르기만 하면 되는 것으로 생각한다. 최면 처치도 이와 비슷한 과정으로 진행된다. 최면Hypnose에 걸리고 싶다고 누군가가 말하거나 그렇게 믿지만 심리적 준비가 안 되어 있는 경우도 있다. 또한 겉으로는 완강하게 거부 의사를 나타내지만 마음속으로는 최면에 걸리고 싶어 하는 경우도 있다. 최면 처치에서는 피최면자의 심리적 태도가 가장 중요하다. 그가 말하는 것, 믿는 것은 중요하지 않다. 이에 대한 혼란 등이 최면과 관련해 잘못된 오해를 확대해 왔다. 왜냐하면 최면 과정에서 우리는 최면에 거부감을 갖는 듯하지만 결국에는 최면술사의 명령에 고분고분 복종하는 사람들을 상대하고 있기 때문이다. 최면에 대한 마음의 준비는 개인마다 그 정도가 다르기 때문에 최면의 결과도 각각 다르다. 그러나 어떤 경우에도 최면에 대한 준비성 정도가 최면술사의 의지에 달려 있는 경우는 없다. 그것은 전적으로 피최면자의 심리적 태도에 의해 결정된다.

　그 본질에 있어서, 최면은 수면과 어느 정도 비슷하다. 신비로운 점은 이렇게 잠으로 빠져드는 것이 다른 사람의 명령에 따라 인위적으로 유도된다는 것뿐이다. 명령은 오로지 그것을 받아들이겠다는 의지를 가진 사람에게만 효과적이다. 보통 피최면자의 본성과 인격 발달 정도가 결정적인 요인으로 작용한다. 비판적 태도를 버리고 다른 사람의 요구에 응하겠다는 의지를 가진 사람에게만 이처럼 특이한 최면성 수면이 가능하다. 운동 능력은 제한되면서 운동중추는 최면술사의 조종을 받는다는 점에서 최면은 평범한 수면 그 이상이다. 정상적인 수면을 하고 나면 우리는 몽롱한 의식 상태가 된다. 그러나 최면에 걸린 사람은 최면술사가 기억해도 좋다고 허락한 것들만 기억할 수 있다. 최면 상태에서 가장 중요한 사실은 최면 중 정신의 가장 훌륭한 능력이라고 할 수 있는 비판 기능이 완전히 마비된다는 것이다. 피최면자는 최면술사^{Hypnotiseur}의 명령에 따라 움직이는 기관, 즉

길어진 손이 되어 버린다.

다른 사람에게 영향을 끼치는 것을 좋아하는 성향의 사람들은 이 능력을 내심 자신에게만 있는 특별하고 신비로운 능력으로 생각한다. 이러한 생각은 어마어마한 해악과 비행으로 이어질 수 있는데, 특히 텔레파시 능력자나 최면술사의 치명적인 활동에서 그런 일들이 발견된다. 그들은 범죄 목적에 맞기만 하면 어떤 도구라도 사용할 수 있기 때문에 인간의 존엄성에 상처를 입히는 끔찍한 범죄까지도 자행할 수 있다. 그러나 그들의 모든 행위가 사기, 사취라는 것은 아니다. 불행하게도 인간은 그런 유혹에 쉽게 넘어가고 특별한 힘을 갖고 있다고 자처하는 어느 누구에게나 잘 속으며 사기꾼의 희생양이 되기 쉽다.

너무 많은 사람이 의심해 보지도 않고 복종하고 권위를 인정해 버리는 습관을 갖고 있다는 것이 문제다. 대중은 바보가 되기를 원하며 합리적으로 따져 보지도 않은 채 허세에 속고 기만당한다. 그런 행동은 결코 인간들의 공동체 삶에 질서를 가져다 주지 않으며 계속적으로 굴종했던 사람들의 반란을 불러 일으킬 뿐이다.

텔레파시 능력자나 최면술사의 실험들이 성공해서 오랜 기간 동안 이어진 적은 없다. 그들은 자기들이 가치를 둔 모든 것에서 그들을 바보로 만들어 버리는 피최면자와 매우 빈번하게 만난다.

자신의 힘을 피험자에게 과시하려는 과학자들의 경험에서도 비슷한 경우가 발생한다. 거짓과 진실이 교묘하게 뒤섞여 있는 경우도 있다. 소위 말하는 속임을 당하는 사기꾼의 경우다. 피최면자는 어떤 부분에서 최면술사를 속이지만 한편으로 최면술사의 의지에 복종하고 기만당한다. 여기서 작용하는 힘은 결코 최면술사의 힘이 아니며 언제나 자신을 종속시키고 굴복하는 피최면자의 자발성이다. 피최면자에게 영향을 주는 마법의 힘은 존재하지 않는다. 기껏해야 최면술사의 속임술이 있을 뿐이다. 합리적으로 사는 것에 익숙한 사람들은 결정을 스스로 내리며 무비판적으로 다른 사람의 말에 속아 넘어 가지도 않는다. 따라서 최면에 걸리지 않는다. 그러므로 그들이 텔레파시 능력을 보여 주는 경우는 절대로 없다. 최면과 텔레파시란 오로지 비굴한 복종과 정신적 무력감 때문에 드러난 현상일 뿐이다.

이런 관련성 속에서 우리는 암시Suggestion에 대해서도 언급하려고 한다. 암시의 본질은 인상이라는 개념 속에서 함께 고찰할 때 가장 잘 이해될 수 있다. 어떤 사람도 그저 때에 따라 우연히 자극되지는 않는다. 우리 모두는 끊임없이 바깥 세계에서 들어오는 수많은 인상의 영향 아래 놓여 있다. 무의미한 지각은 결코 일어나지 않는다. 그것은 지속적인 영향을 행사하게 된다. 이 인상들이 다른 사람의 요구, 설득, 간청, 논쟁의 성격을 띨 때 우리는 그것을 암시라고 부른다. 그것은 그 암시가 대상으로 하는 사람이 이미 가지고 있는 관점을 변형하려는 것이거나 강화하려는 시도라고 볼 수 있다. 그러나 더 어려운 문제는 모든 사람이 외부 세계로부터 오는 자극에 다양하게 반응한다는 사실이다. 한 사람이 어느 정도로 영향을 받는지는 그의 독립성과 밀접한 관련이 있다.

두 가지 유형의 사람이 눈에 띈다. 첫 번째 유형은 다른 동료의 의견을 항상 과대평가하고, 자기 자신의 의견은 틀렸든 맞았든 가볍게 여기는 사람들이다. 그들은 다른 사람의 가치를 높이 평가하고 기쁘게 그의 의견에 동조한다. 이 사람들은 예외적일 정도로 암시나 최면에 약하다. 또 다른 유형은 모든 자극이나 암시를 모욕으로 간주한다. 이 사람들은 무조건 자기 의견이 맞다고 생각하며 실제로 그것이 옳은지 틀린지 전혀 신경 쓰지 않는다. 그들은 다른 사람의 의견은 무엇이든 무시해 버린다. 두 유형 모두 허약한 주관을 지니고 있다. 두 번째 유형의 사람은 다른 사람으로부터 아무것도 받아 들일 수 없다는 약점을 보여 준다. 이 사람들은 다른 사람과 쉽게 갈등 관계에 빠지며 스스로는 타인의 암시를 쉽게 수용하는 사람인 것처럼 생각한다. 그러나 매우 적대적인 사람들이며 오로지 자기의 평소 생각을 강화할 뿐이다. 실제로 그들은 접근하기가 매우 힘들어 같이 무언가를 도모하기가 어렵다.

제5장

열등감과 인정 욕구

1. 초기 유아기의 상황

우리는 이제 주위 환경에 의해 의붓자식 취급을 받아 온 아이들이 유아기 때부터 존재의 기쁨을 충분히 누려 온 아이들에 비해 세상과 주위 사람들에게 전혀 다른 태도를 취한다는 사실을 확실히 인정할 준비가 되어 있다. 열등한 신체기관mit minderwertigen Organen을 안고 세상에 나오는 아이는 어릴 때부터 존재를 위한 쓰디쓴 투쟁에 휘말리며, 그 결과 공동체 의식이 심각하게 위축된다는 것을 기본 법칙으로 삼을 수 있을 정도다. 그래서 그들은 사람들과의 적응에 관심을 쏟기보다는 끊임없이 자신만의 문제에 사로 잡혀 있고, 자기가 이 세상에 어떤 인상을 주고 있는지만을 골똘히 생각하는 행동 양식을 취한다. 신체적 결함을 갖고 산다는 것은 외부적 영향과 마찬가지로 또 하나의 부담으로 작용해 세상에 대해 적대적인 자세를 취하게 만든다. 결정적인 성향은 매우 어릴 때 나타난다. 두 살 무렵부터 그런 아이들은 또래들과 달리 자신이 열등한 조건을 갖고 태어났다고 여기며, 자신에게 남들과 동등하고 똑같은 권리가 있다고 생각하지 못한다. 그래서 같이 어울려 놀겠다는 생각을 하지 못하고 함께하기 힘들다는 감정을 느끼기 쉽다. 여러 가지 결함 때문에 위축되어 있으며 다른 아이들보다 훨씬 많은 기대감을 갖고 많은 요구를 표출한다.

모든 아이는 삶에서 열등한 위치를 차지하고 있음을 기억해야만 한다. 가족의 공동체 의식에 의한 엄청난 뒷받침이 없었다면 아이는 독립적인 생존이 불가능했을 것이다. 모든 아기는 연약하고 무력하며 그 상태가 오래 지속된다는 것을 고려할 때, 그들에게 삶이란 무한한 어려움 그 자체라는 생각을 하게 된다. 그리고 모든 정신적 삶은 다소 차이가 있지만 심한 열등감Minderwertigkeitsgefühl과 함께 시작된다는 사실을 직시할 수밖에 없다. 이런 열등감은 생을 추진하는 힘이 되며, 모든 노력이 시작하는 출발점이고 목표를 추구하게 만드는 힘이다. 아이는 이 목표를 통해 미래를 위한 삶을 준비하고, 평화와 안전을 도모하며, 그것에 도달하기 위해 어떤 길을 가야 할지 결정하게 된다.

아이를 교육할 수 있는 가능성은 이런 특별한 상황에 달려 있고, 그것은 그의 신체적 잠재력과 밀접하게 관련되어 있으며 그 영향을 받는다. 그런데 이 교육 가능성은, 모든 아이에게 열등감의 존재가 당연한 것이라 해도, 두 가지 요소에 의해 심하게 동요될 수 있다. 그중 하나는 과장되고 강화되고 오래 지속되는(풀리지 않은) 열등감이고, 또 하나는 안전과 평화와 동등한 가치를 보장해 주는 목표다. 그 목표는 또 권력 욕구를 발전시키는데, 그것은 세상에 대한 우월성을 확인하기 위한 것이다. 이런 과정에 있는 아이들은 언제든 쉽게 발견된다. 그들은 모든 상황에서 항상 뒤처져 있다고 느끼고 주위 환경으로부터, 또 사람들로부터 등한시되고 차별받고 있다고—그것이 사실이든 아니든—인식하기 때문에 그들을 교육하는 것은 점점 힘들어진다. 이런 점들을 면밀히 살펴보면, 이 모든 요소로 인해 아이의 발달은 어쩔 도리 없이 굴절되고 부적합한 것이 되며, 오류로 점철될 수밖에 없다.

사실 아이들은 이런 위험에 모두 노출되어 있다. 왜냐하면 아이들은 모두 그와 비슷한 환경에서 자라기 때문이다. 모든 아이들은 성인들의 환경에서 자라나기 때문에 자기 자신을 작고 약한 존재로 인식하며 부족하고 열등한 존재로 평가할 수밖에 없다. 이런 정서 상태에서 자기 자신을 신뢰하고, 충분히 할 수 있을 것이라고 판단되는 과제가 주어진다고 하더라도 그것을 매끄럽게 오류 없이 해낼 것이라고 자신감을 갖는 것은 어려운 일이다. 교육에서의 오류는 대부분 바로 여기서 시작된다. 아이에게 실제 능력보다 더 많은 것을 요구함으로써 아이는 무력감에 내던져진다. 심지어 어떤 아이들은 의도적으로 작고 보잘것없고 무력하다고 느끼도록 만들어지기도 한다. 또 어떤 아이들은 장난감 공이나 웃음거리로 이용되기도 하고, 다른 아이들은 조심스럽게 지켜 줘야 하는 귀중품처럼 취급받기도 하며, 어떤 아이들은 스스로를 쓸모없는 짐 덩어리로 느낄 수밖에 없는 상황으로 내몰린다. 이 모든 것이 합쳐져 어떤 때는 아이가 이쪽 면을, 어떤 때는 저쪽 면을 주의하도록 강요받기도 한다. 이렇게 부모와 어른들의 혼란스러운 태도는 아이들로 하여금 자신들이 나이 먹은 사람들에게 기쁨이 되거나 불쾌감을 유발하는 두 가지 가능성으로만 존재하는 것처럼 믿게 만든다. 이런 식으로 아이들에게 심어진 극심한 열등감은 우리 문화의 독특한 분위기로 인해 더욱 강화되기도 한다. 아이들을 그렇게 심각하지 않게 여기는 습관이 이 범주에 속한다. 아이들은 아무것도 아니고 아무 권리도 없으며 어른들 뒤에 물러서 있어야 하고 조용히 있어야 한다는 등의 암시 혹은 지시를 받는다. 그러나 아무리 진실된 것이라고 할지라도, 아주 거칠고 세련되지 못한 방법으로 제시된다면 아이들은 반발할 수밖에 없다. 수많은 아이가 자기들이 하는 행위로 인해 조롱당할지도 모른다는 두려움 속에서 성장한다. 아이를 조롱하는 것은 거의 범죄에 가깝다. 조롱당할지도 모른다는 공포는 아이의 영혼 속에 깊이 뿌리 내리면서 세월이 많이 흐른 뒤까지도 따라다닌다. 어른이 된 후에도 이 공포로부터 놓여나지 못한 사람들을 발견할 수 있다. 아이들을 진지하게 대하지 않는 행위나 그들에게 쓸데없는 거짓말을 하는 습관 역시 심각하게 유해하다. 그렇게 되면 그들은 자기 주변 사람들이나 삶의 진지함에 대해서도 의문을 갖게 된다. 학교에 처음 다니기 시작한 아이들 중 어떤 아이는 웃으며 의자에 앉아 있기만 하다가 학교에서 이루어지는 일이 전부 부모의 농담이나 마찬가지이며 심각하게 여길 만한 가치가 없는 것으로 생각했다는 사례도 있다.

2. 열등감에 대한 보상: 인정과 우월감을 위한 노력

열등감, 불안, 불충분함 등의 감정들은 삶에 목표를 세우게 하며 그 것이 구체화되도록 도와준다. 관심을 받고 싶어 하는 경향과 부모의 주의를 끄는 행위는 생후 최초 며칠 동안에도 나타난다. 아이가 주위 환경에 대해 우위를 차지하고 싶어 하는 목표를 갖게 된다는 것은 열 등감을 느끼기 시작하면서 발달하는 인정 욕구의 조짐이라고 볼 수 있다.

남을 지배하고자 하는 욕구는 그가 갖고 있는 공동체 의식의 크 기에 의해 결정된다. 아이가 되었든 어른이 되었든 다른 사람들보다 우위에 서고자 하는 권력욕을 향한 그의 노력과 공동체 의식을 비교 하지 않고는 한 인간을 제대로 판단할 수 없다. 목표는 그것을 달성했 을 때 우월감을 주거나 삶을 살아갈 만한 가치가 있는 것으로 여기는 정도까지 인격을 고양시키는 역할을 한다. 이 목표는 또한 우리의 감 정에 가치를 부여하고 우리의 지각을 조정하고 그것에 영향을 미친 다. 또 우리의 상상력을 지휘해 우리가 무엇을 기억하고 무엇을 잊어 버려야 할지 결정하는 등 이 모든 것을 담당하는 것이 바로 목표이다. 우리의 느낌도 절대적인 것이 아니고 마찬가지로 정신적 삶을 채워 주는 목표를 추구하는 행위에 의해 영향을 받는다는 것을 기억해야 한다. 더 나아가 우리의 지각도 특정한 비밀스러운 의도에 따라 언제 나 선택적으로 이루어진다는 것, 상상력도 절대적 가치를 가진 것이 아니라 이 목표에 의해 영향을 받는 것이고 모든 체험에서 우리에게 적합해 보이는 측면만 따로 찾아내며 우리의 목표를 계속 주시한다는 것을 생각하면, 이 모든 것이 상대적이며, 확실하고 안심할 수 있는 가치의 허상만 남는다는 것을 이해하게 될 것이다.

우리는 현실에 존재하지 않는 고정되어 있는 점을 임의로 가정해야 할 경우가 있다. 그것은 허구Fiktion이며 우리가 편의적으로 만들어낸 현실적인 창조의 힘의 결과라고 할 수 있다. 인간 정신의 한계 때문에 어쩔 수 없이 발생하는 이런 가정은 과학과 인간 삶의 수많은 실험에서도 이용되고 있다. 예를 들어 실제로 존재하지는 않지만 매우 유용한 가치를 가진 자오선이 여기에 해당되는데, 그것은 허구적으로 지구를 둘로 나눈다. 모든 심리적 허구의 경우에도 우리는 다음과 같은 현상을 보게 된다. 우리는 하나의 고정된 지점을 가정한다. 그러나 자세히 관찰해 보면 그것은 이 세상 어디에도 존재하지 않는 것이다. 이런 가정을 하는 목적은 단순히 존재의 혼돈 속에서 우리의 방향을 잡기 위한 것이며, 그렇게 해서 우리는 상대적 가치의 어떤 통각(의식 안에서 행해지는 개개의 지각 대상물의 선험적 종합)에 다다를 수 있다. 그렇게 하면 우리가 느끼는 모든 감각과 지각이 계산될 수 있는 영역으로 옮겨 가고 손쉽게 다룰 수 있는 대상이 된다. 이런 작업의 이점은 우리가 고정된 목표를 가정함으로써 인간의 정신생활을 보다 용이하게 관찰할 수 있다는 것이다.

개인심리학은 그러므로 상상력의 범위 안에서 발견술heuristische Methode의 체계와 방법을 창조했다. 예를 들어 인간의 정신생활을, 인간이 갖고 있는 타고난 잠재력이 목표 설정의 영향력 아래에서 특정한 소질로 형성되는 과정으로 바라보고 이해하려는 것이다. 그러나 우리의 경험과 이제까지의 인상으로 보면 이런 발견술의 방법은 단순하게 편리한 허구, 그 이상의 것임이 분명하다. 부분적으로는 의식적으로 체험되기도 하고, 또 부분적으로는 무의식으로부터 추론될 수 있는 정신적 발전 과정들이 그 근본에 있어서 실제 사실들과 대체로 일치한다는 점이다. 목표를 추구하는 것, 목표에 도달하고자 하는 심리적 노력은 철학적으로 중요한 관점일 뿐만 아니라 정신 속에 실제로 존재하는 근본 사실이다.

어떻게 하면 우리 문명에서 가장 죄악시되어 온 이런 권력 욕구의 발달을 가장 유리하게 이용할 수 있을까, 어떻게 하면 그에 대항할 수 있을까라고 물을 때, 우리는 상당한 어려움에 직면하게 된다. 왜냐하면 이 노력은 의사소통이 힘든 매우 어린 아이들을 상대로 진행되기 때문이다. 사람들은 훨씬 나중에 분명한 인식에 이르게 되고 잘못된 발달을 개선하려는 시도를 시작하게 된다. 그러나 이 시기의 아이들과 살아가면 아이들의 공동체 의식을 발전시킬 기회를 제공함으로써 권력 욕구가 너무 과도하게 발전하는 것을 방지할 수 있다.

또 다른 어려움은 아이들이 자기의 권력 욕구를 공개적으로 표현하지 않는다는 것이다. 그들은 그것을 선량함과 상냥함의 변장 밑에 감추고 베일 뒤에서 자기 욕구를 추구한다. 자신의 의도가 노출될까 봐 극도로 부끄러워하면서 회피해 나간다. 자신의 힘을 확대시키고자 하는, 거리낌 없는 과도한 권력욕은 오히려 아이의 정신에 이상 발달을 가져올 수도 있다. 그래서 안전과 권력에 이르려는 극단적인 욕구는 용기를 파렴치로, 순종을 비겁함으로 만들 수 있고, 상냥함은 다른 사람을 굴복시키고 복종하게 하며 굴종하게 만드는 간계로 바뀔 수 있다. 겉으로 드러나는 모든 자연적인 감정이나 표현 이외에도 모든 성격에는 우월성을 향한 교활한 욕망이 덧붙는다.

아이들에게 영향을 주는 학교 교육은 의식적 혹은 무의식적인 필요에 의해 아이들을 그들의 불안정성으로부터 빠져나올 수 있게 도와주고, 그들이 살아가는 데 필요한 숙련성과 지식, 이해력, 다른 사람에 대한 관심을 갖출 수 있도록 도움을 준다. 이 모든 조치는 그것의 원천이 어디냐에 관계없이 자라나는 아이들이 불안정감이나 열등감에서 해방될 수 있게 하고, 그 감정을 참을 만한 것으로 만들어주는 새로운 길을 제시하는 시도로 이해되어야 한다. 어린아이의 영혼 속에서 일어나는 일들은 점차 성격적 특성으로 발전하고 이것들이 주위 환경과 관계를 맺을 때 그의 정신 속에 나타나는 변화의 표현으로 이해될 수 있다.

아이가 불안정감과 열등감을 느끼는 강도는 아이가 자신의 상황을 어떻게 해석하느냐에 따라 판이하게 다르다. 열등감의 객관적 강도는 매우 중요하며 아이도 그것을 느낄 수 있다. 그러나 어떤 아이가 특정 상황에서 자기 자신을 올바로 평가하리라고 기대할 수는 없다. 어른에게도 그것을 기대하기 어렵다. 바로 이런 이유에서 인식의 어려움이 빠르게 확대된다. 어떤 아이는 너무나 복잡한 환경에서 성장해 자신의 열등감과 불안정성의 강도를 잘못 평가할 수밖에 없다. 또 다른 아이는 자신의 상황을 좀 더 잘 판단할 수 있을 것이다. 그러나 아이가 자신의 열등감에 대해 평가한다고 하더라도 그것은 날마다 변하므로, 그것이 마지막에 자기 평가Selbsteinschätzung로 표현되기까지 전체적으로 아이의 감정을 잘 관찰해야 한다. 이 평가가 어떻게 내려지느냐에 따라 자신의 열등감에 대한 조정, 보상Kompensation 행위가 나타나며, 그에 의해 목표 설정도 다시 변한다.

아이의 정신은 괴롭고 힘든 열등감을 극복하기 위한 시도를 하게 되며, 이때 작용하는 메커니즘은 보상을 위한 노력으로 간주된다. 유기체의 세계에도 이와 유사한 것이 있다. 살아가기 위해 꼭 필요한 우리 신체기관은 그 기능이 저하될 때 이미 알고 있는 사실처럼 과잉 성장, 과잉 기능 등의 활동을 시작한다. 순환기관에 장애가 생기면 심장은 온몸으로부터 새로운 힘을 끌어들여 작동함으로써 정상적인 심장보다 더 강해질 때까지 커지고 확대된다. 이와 비슷하게 정신도 열등감의 압박을 느끼거나 자기가 작고 무력하다는 생각에 괴로워지면 모든 힘을 기울여 이런 열등감 콤플렉스를 극복하고 없애기 위해 극도의 노력을 하게 된다.

열등감이 너무 심해져 미래의 삶을 제대로 준비할 수 없으리라는 공포로 변하면 보상을 추구하는 노력 속에 위험이 자라게 된다. 단순한 보상으로는 만족하지 못하고 과잉 보상Überkompensation을 추구하게 되는 것이다. 권력과 우월을 추구하려는 노력이 과장되고 극심해지면 병적인 상태가 된다. 이런 일이 일어나면 정상적인 삶의 관계는 결코 만족스럽지 못하게 되며 남보다 높은 목표를 세우고 그에 따라 거창하고 눈에 띄는 행동을 하게 된다. 그들은 엄청나게 조급해하며, 주위 사람들을 전혀 신경 쓰지 않고 정상적인 범위를 훨씬 넘어서는 강한 힘으로 자기 위치를 확보하기 위해 분투한다. 이런 식으로 그들은 사람들의 눈에 띄는 행동을 하고, 타인의 삶에 쓸데없이 간섭하고, 그에 따라 자연히 자기를 방어해야만 하는 상황에 놓이게 된다. 그들은 세상에 대해 적대적이 되고 세상은 그에게 적대적이 된다. 그러나 모든 것이 반드시 최악의 상황으로 치닫는 것은 아니다. 밖에서 보기에는 오랫동안 정상적인 궤도를 따라가는 듯 행동하는 아이도 있다. 권력 추구를 표현하는 방법이 온건해서 사회와 곧바로 갈등이 야기될 정도는 아니기 때문에 그들의 야망이 전혀 비정상적으로 보이지 않는 경우도 있다. 그러나 그들의 활동을 면밀히 살펴보면 그들의 행동은 아무에게도 진정한 기쁨이 되지 못하며 사회에도 별로 이익이 되지 못하는 경우가 대부분이다. 왜냐하면 그들은 우리 문화가 받아들이기 어려운 방법을 택하기 때문이다. 그들의 야망은 어린 시절보다 더 유익한 방향으로 조정되거나 조작되지 못하고 오히려 더 높아지기만 해 언제나 다른 사람의 길에 방해가 될 수밖에 없다. 이후에 그들이 보여 주는 다른 특질도 사회적 유기체, 다시 말해 인간 사회의 틀 속에서 점차 적대성^{Feindseligkeit}을 띠게 된다. 무엇보다 허영심, 교만, 그리고 어떤 대가를 치르더라도 모든 사람을 압도하고 말겠다는 정복욕이 거기에 속한다. 그리고 그 목표는 어떤 식으로 표현되든 더 이상 높이 추구할 수 없게 되고 다른 사람이 추락하는 것을 보는 것으로 만족할 수밖에 없다. 그렇게 되면 그와 다른 사람들 사이의 커다란 차이, 즉 거리가 중요해진다. 그러나 삶에 대한 이런 태도는 주위 환경에만 불편한 것이 아니라 그 자신에게도 불편하다. 왜냐하면 그것은 끊임없이 삶의 어두운 부분으로만 채워질 뿐 아니라 그로 하여금 인생에서 어떤 기쁨도 경험할 수 없게 만들기 때문이다.

다른 사람들보다 훨씬 우월해지고 싶어 하는 과도한 권력 추구는 모든 사람이 해야만 하는 공동 과제에 대해서 거부감을 갖게 만든다. 사회적으로 이상적인 행동을 하는 사람과 권력에 대한 갈망으로 몹시 애쓰는 사람들을 비교해 보면 공동체 의식에서 현저한 차이가 나는 것을 알 수 있다. 인간의 본성을 잘 아는 사람들이 그런 사람의 육체적·심리적 결함에 대해 매우 조심스럽게 판단하더라도, 그런 성격 특성은 그 사람의 정신 발달 과정에서 선행된 어려움이 분명히 있었기 때문일 것이라고 추론할 수밖에 없다. 적절한 정신의 발달 과정에서 일어날 수 있는 여러 가지 어려움의 중요성을 인정하면서 그것을 의식하면, 우리의 공동체 의식이 완전히 발달되는 한 우리의 노력은 이 사회에 전혀 해가 되지 않을 것이며 도움이 될 수 있을 것이라고 말할 수 있다.

정신적 결함이 있는 사람이나 받아들이기 힘든 성격의 소유자에 대해 그의 본질을 탓하면 안 된다. 그가 분개할 수 있는 권리를 마지막 한계까지 인정하고 그렇게 될 수밖에 없었던 상황에 대한 공동 책임의 한 부분을 져야 한다는 사실을 의식하고 있어야 한다. 그런 점에 대해 사전에 충분히 대비하지 못하고 그런 성격을 만들어 낸 사회적 참상에 우리도 함께 참여하고 있었으니 그 탓은 우리에게 있다. 우리가 이런 관점을 유지하면 점진적으로 그 상황을 개선시킬 수 있을 것이다. 또 그런 사람에 대해서 쓰레기를 보듯이, 인류의 퇴행물을 마주하는 듯 행동하지 않게 될 것이다. 이런 인식을 가지고 그에게 더 자유롭게 성장할 수 있는 분위기를 먼저 조성해 주어야 한다. 그 안에서 그는 자신과 주위 환경의 관계에서 자신을 똑같이 동등하게 평가하게 될 것이다.

신체기관이나 몸에 선천적 결함이 있어서 눈에 띄는 사람들을 보았을 때 우리가 얼마나 불편한 감정을 느꼈는지 기억해 보면 공동체 의식의 절대적 진리와 조화를 이루기 위해 우리가 얼마나 많은 교육적 작업을 우리 자신에게 수행해야 하는지 가늠해 볼 수 있을 것이다. 그리고 또 우리의 문화가 이런 사람들에게 얼마나 많이 빚지고 있는지도 알게 될 것이다. 신체적 결함을 갖고 태어난 사람들이 다른 사람들은 치르지 않아도 될 생존을 위한 추가적인 부담을 안게 되리라는 것은 자명하다. 그 결과 그들은 비관적인 세계관을 갖게 될 수밖에 없다. 비록 신체적 결함이 눈에 띄지 않을 만큼 사소한 것일지라도 무슨 이유에서 열등감을 갖게 된 아이들도 이와 비슷한 상황에 처해 있다. 특별한 상황에서, 예를 들어 엄격한 교육 방식 때문에 열등감이 심해진 경우에도, 그 결과는 심한 불구로 태어난 아이들의 상황과 정확하게 일치한다. 생존을 시작한 지 얼마 안 된 매우 어린 시절에 몸에 박힌 이 가시는 절대로 뽑히지 않는다. 그들이 경험했던 냉대는 주변 사람들에게 다가갈 수 없게 만들며 그들은 공통의 접점이 없는, 사랑과 애정이 결여된 세계에 살고 있다고 믿게 된다.

사례를 하나 들어 보자. 끊임없이 자기를 누르고 있는 부담 때문인 듯 눈에 띄는 걸음걸이로 찾아 온 환자가 있었다. 그는 대단한 의무감과 자신이 하는 일의 중요성에 대해 강조하느라 여념이 없었다. 사실 그는 부인과의 관계가 극심하게 나빴다. 두 사람은 하나하나 사소한 것까지 상대에 대한 우위를 목적에 두고 행동했다. 그 결과는 불화와 싸움으로 나타났고, 상대에 대한 비난이 점점 더 날카로워져서 둘을 묶어 주던 끈은 끊어졌다. 이제 둘 사이는 회복 불가능할 정도로 멀어졌다. 그가 어느 정도나마 공동체 의식을 갖고 있는 것은 확실해 보였다. 그러나 적어도 자기 부인이나 친구, 주변 사람들에 관한 한 우위에 서고 싶다는 욕망으로 인해 공동체 의식은 거의 고갈된 상태였다.

우리는 그의 이야기로부터 다음과 같은 사실을 알 수 있었다. 그는 사실상 열일곱 살 때까지 신체적으로 발육부진 상태에 있었다. 그의 목소리는 어린 사내아이의 목소리와 같았고 턱에 수염도 없었으며 학교에서 키가 작은 축에 속했다. 현재 그는 서른여섯 살이다. 그의 외모에서 남성적이 아니라고 할 만한 것은 아무것도 없었으며 겉으로는 나무랄 데 없는 모습이었다. 열일곱 살 때까지 유보해 두었던 모든 발달을 시간이 보상해 준 듯했다. 그러나 그는 8년 동안이나 발육부진으로 고통받았고, 그때까지만 해도 그것이 자연적으로 상쇄되리라고는 생각할 수 없었다. 이 기간 동안 그는 자신이 영원히 '어린아이'로 남게 될지도 모른다는 불안감에 괴로워했다. 그 당시부터 현재 그의 성격적 특성으로 형성된 것들의 싹이 보이기 시작했다. 그는 누군가와 만나기만 하면 끊임없이 자기가 어린아이처럼 보일지 몰라도 어린아이가 아니라는 것을 확실히 보여 주기 위해 노력했다. 그는 자기가 아주 중요한 인물인 것처럼, 자기의 모든 행위가 지극히 의미 있는 것처럼 생각되도록 행동했으며, 남들의 주목을 끌기 위해 할 수 있는 모든 표현 방법을 동원했다. 오늘날 그에게서 볼 수 있는 모든 성격 특성은 그때 형성된 것이었다.

　결혼 후 그는 부인이 생각하는 것보다 자신이 훨씬 더 크고 중요한 사람이라는 인상을 주기 위해 모든 노력을 아끼지 않았다. 그러나 부인도 남편이 생각하는 것보다 남편은 실제로 훨씬 작다는 주장을 멈추지 않았다. 약혼 기간에도 붕괴 조짐을 보였던 둘의 관계는 이런 상황에서 평탄할 리 없었고, 마침내 대재앙으로 끝나고 말았다. 결혼 생활의 파탄은 이미 망가진 자의식을 더욱 붕괴시키는 역할을 했기 때문에 더 이상 버틸 수 없었던 그는 의사를 찾아 왔다. 그는 난생처음으로 자신이 삶에서 어떤 과오를 범했는지 이해하기 위해 인간이해에 관해 의사로부터 많은 것을 배우게 되었다. 자기의 열등감에 대한 잘못된 평가가 그의 평생을 지배해 온 것이었다.

3. 기본 노선과 세계상

이와 같은 연구를 함에 있어서는 유년기 때 받은 인상들로부터 시작해 현재까지의 사실들을 관통하는 하나의 선, 즉 관련성을 찾아보는 것이 매우 유익하다. 많은 사례에서 이런 방식으로 한 사람을 이제까지 움직여 온 정신적 노선을 긋는 데 성공할 수 있었다. 유년기로부터 시작해 일정한 행동 양식을 보여 주면서 한 사람의 삶을 계속 이끌어 온 것은 행동 노선Bewegungslinie이다. 어쩌면 사람들은 사실을 너무 단순화시킴으로써 인간의 운명을 하찮게 다루려는 시도라고 여길지도 모른다. 자신의 숙명을 스스로 만들어 가려는 인간의 자유 의지를 부정하려는 경향으로 생각할 수도 있다. 후자의 경우 이 반박은 맞는 말이다. 실제로 한 사람의 행동 양식은 다소 수정을 거치면서 마지막 형태에 이르는데, 그 주요한 형태나 리듬, 에너지, 의미는 유년기 때부터 단단하게 변하지 않은 채 유지된다. 아이는 원래 주변 환경과 관련성을 갖지만 그 관련성은 인간 사회라는 더 큰 주위 환경으로 확대된다. 그렇기 때문에 우리는 항상 유아기로 거슬러 올라가 한 사람의 역사를 관찰해야만 한다. 왜냐하면 유아기 때 받았던 인상들이 아이가 어떤 방향으로 나아갈 것인지, 삶의 질문들에 대해 어떻게 응답해 나갈 것인지 방향을 미리 가리키기 때문이다. 아이는 삶의 문제에 응답하기 위해 그때까지 발달된 모든 정신적 가능성을 이용할 것이며, 유아기 때부터 받아 온 압박은 삶에 대한 태도를 결정하고, 그의 인생관과 세계상의 형성에 원시적인 방법으로라도 영향을 미치게 될 것이다.

그들의 의견이나 입장이 이전과 많이 달라 보인다고 하더라도 삶을 대하는 자세에서 사람들이 유아기 이래 거의 변하지 않는다는 사실은 별로 놀라운 것이 아니다. 그러므로 아이들이 잘못된 인생관을 갖지 않도록 유리한 환경에서 자라나게 하는 것이 중요하다. 여기서 결정적인 것은 무엇보다 그의 유기체적인 신체의 힘과 지속력, 아이의 사회적 상황과 그를 교육하는 사람의 교육자적 자질이다. 처음에는 아이의 응답이 자동적이고 반사적으로 따라오지만 점차 합목적적으로 바뀌게 된다. 더 이상 궁핍함이나 풍족함의 외적 요인이 고통과 행복을 결정하지 못하고 이후에는 자기 스스로 이런 요인들의 압박에서 벗어날 수 있다. 그사이 명예욕을 가진 아이들은 교육자의 압박을 뿌리치며 그의 적수가 되고 자기주장을 펴려고 시도한다. 이런 현상은 자기 발견Ichfindung 시기에 일어나며, 대체로 아이가 자기 자신을 '나'라는 1인칭Ich-Form으로 말하기 시작할 때 나타난다. 이 시기에 아이는 자기가 주위 환경과 확고한 관계에 놓여 있음을 자각하게 되는데, 그 환경은 아이에게 절대로 중립적인 것이 아니며 아이에게 특정한 입장을 강요한다. 또한 아이는 자신의 세계상에 맞는 편안함이 조성될 수 있게 그 환경을 바꾸어 나가려고 노력한다.

우리가 인간의 정신활동에서 목적 추구에 대해 말해 온 것을 재확인하게 되면 이런 행동 노선이 파괴할 수 없는 통일성을 갖고 있다는 사실을 알 수 있다. 이것은 우리에게 인간을 통일적 인격으로 이해할 것을 요구한다. 그러나 이 경우에 특이하고 중요한 점은 어떤 사람이 서로 모순되어 보이는 행동을 나타낼 때다. 어떤 아이들은 학교에서의 행동과 집에서의 행동이 판이하게 다를 수 있다. 또 우리는 각각의 상황에서 성격이 너무 다르고 모순되어 그 사람의 진정한 본질이 무엇인지 몹시 혼란스럽게 느껴지는 사람을 만나기도 한다. 마찬가지로 두 사람의 행동이 외적으로는 완전히 똑같은데 더 면밀히 관찰해 보면 그 근저에 깔린 행동 노선이 서로 달라 두 가지 행동이 서로 완전히 정반대인 경우를 보게 된다. 두 사람이 똑같은 행동을 한다고 해도 그 내용은 완전히 다를 수 있으며, 두 사람이 서로 다른 행동을 해도 그것이 같을 수 있다.

여기서 중요한 것은 정신생활의 현상들이 그 다의성으로 인해 각각 서로 고립되어 있는 것으로 간주되어서는 안 되고, 그 반대로 하나의 관련성 속에서 모든 것이 동일하게 공동 목적을 향하는 것으로 바라봐야 한다는 것이다. 중요한 것은 삶의 전체적인 연관성 속에서 하나의 현상이 그에게 무슨 의미를 갖고 있는가 하는 점이다. 그에게 하나의 현상으로 나타나는 모든 것이 통일된 방향으로 모아질 수 있다는 그 사실이 그의 정신생활을 이해하기 위한 우리의 길을 평탄하게 만들어 주고 있다.

인간의 사고와 행위에는 목적 추구 행동이 자리 잡고 있고, 목적론적final이며 방향성이 있다는 것을 이해하면 커다란 착오의 가능성이 어디에 있는지도 파악할 수 있다. 인간은 모든 승리와 삶의 많은 이점을 다시금 자신의 특성으로 간주하고 개인적인 행동 양식, 즉 자신의 근본적인 행동 패턴을 견고하게 만들기 위해 그것들을 이용한다는 것을 알 수 있다. 이 모든 오류가 일어나는 원인은 그가 모든 것을 검증 없이 그대로 놔두고 의식과 무의식의 혼돈 속에서 그것을 받아들이고 관리하기 때문이다. 과학은 비로소 여기에 빛을 비추고 우리로 하여금 그 전체 과정을 파악하고 이해하고 결국 변화시키게 해준다.

우리는 하나의 예를 들면서 이 점에 관한 우리의 논의를 마치고

자 한다. 그것은 지금까지 확인된 개인심리학의 인식의 도움으로 모든 현상을 분석하고 해명하는 시도를 하려는 것이다.

어느 젊은 여자 환자가 찾아와서 자신은 수많은 종류의 집안 일로 하루 종일 쉬지 않고 일해야 하기 때문에 참을 수 없이 괴로운 상태에 있노라고 하소연했다. 우리는 그녀의 외적 상태를 통해 그녀의 조급한 성질을 확인할 수 있었다. 그녀의 눈은 쉬지 않고 불안하게 움직였다. 또 그녀는 자기가 어딘가로 길을 떠나야 할 때나 어떤 일에 착수하려고 할 때 엄습하는 엄청난 불안에 대해 호소했다. 그녀의 주위 사람들의 말에 의하면 그녀는 모든 것을 아주 힘들게 받아들이고 일에 대한 중압감에 눌려 무너질 것처럼 보인다는 것이었다. 그녀에게서 받은 일반적인 인상은 그녀가 모든 것을 너무 심각하게 받아들이는 사람들 중 하나라는 것이고, 그것은 수많은 사람이 갖고 있는 현상이었다. 매우 놀랍게도 그녀의 주변 사람들 중 어떤 사람은 "그녀는 항상 별것 아닌 일로 야단법석을 떨고 있다"고 말했다.

우리는 자기에게 부과된 일을 특별히 힘들고 의미심장하게 받아들이는 그녀의 성향에 대해 조사해 보았다. 그런 행동이 사람들에게, 특히 결혼 생활에서 어떤 의미를 가질 것인지 감안했을 때, 자기는 이미 해야 할 산더미 같은 일들로 인해 감당할 수 없을 지경이니 자기에게 더 이상 부담을 지우지 말라는 호소에 가깝다는 인상을 받았다.

우리가 지금까지 그녀에 대해 알게 된 사실로는 아직 충분하지 않았다. 우리는 그녀가 더 많은 이야기를 해주기를 재촉했다. 그런 조사에서는 그에 알맞은 매우 세심한 방법으로 다가가야 했다. 우리가 스스로를 과시Selbstüberhebung 하는 행동을 보이면 안 된다는 것이다. 왜냐하면 그 즉시 환자와의 투쟁 상태로 변질되기 때문이다. 차라리 추측하듯이 질문을 이어가야 한다. 그녀와 어느 정도 대화가 가능해지자 그녀의 본질적 태도와 행동을 통해 우리가 천천히 그녀에게 암시해 줄 수 있었던 사실은 그녀가 다른 사람에게—이 경우에는 남편이 되겠지만—자신이 더 이상 부담을 견뎌 낼 수 없다는 것을 이해받고 싶어 한다는 것이었다. 그녀는 자신을 매우 조심스럽게 대해 주길 원하고, 또한 상냥함을 필요로 한다는 것을 알 수 있었다. 우리는 어딘가에서 무엇이 잘못되었고, 계속 그것이 어떻게 진행되어 왔는지 암시해 줄 수 있었다. 그녀는 결국 몇 년 전 얼마 동안 남편의 불친절 때문에 몹시 괴로워했다는 사실을 확인해 주었다. 그렇게 해서 우리는 그녀의 행동을 훨씬 더 잘 이해하게 되었다. 즉 그녀는 자신을 배려해 주기를 원했던 것이고, 따뜻함을 갈망하는 그녀의 요구가 배신당하는 상황을 피하고자 했던 것이다.

우리가 발견한 사실은 다른 이야기들을 통해 더 확인될 수 있었다. 그녀는 자기의 여자 친구 이야기를 해 주었는데, 그 친구는 여러 가지 면에서 그녀와 정반대 삶을 살고 있었다. 친구는 불행한 결혼 생활을 하고 있었고 그 결혼에서 도망치고 싶어 했다. 언젠가 그녀가 그 친구를 만났는데, 그때 친구는 마침 손에 책을 들고 자기 남편에게 지겨운 듯한 말투로 오늘 점심 식사를 언제 준비할 수 있을지 모르겠다고 말하자 그 남편이 몹시 흥분해서 그녀에게 미친 듯이 비난을 퍼부었다고 했다. 그러면서 그녀는 이렇게 덧붙였다.

"그 일을 곰곰이 생각해 보니 내가 하고 있는 방법이 훨씬 나은 것 같아요. 나는 아침 일찍부터 저녁 늦게까지 일에 파묻혀 살기 때문에 아무도 나에게 그런 비난을 할 수가 없어요. 만일 내가 점심 식사를 제때 차릴 수 없게 된다고 하더라도 그 시간 동안 정신없이 바쁘고 끊임없는 긴장 속에서 살기 때문에 아무도 나를 비난하지 못할 거예요. 이런 방법을 포기할 이유가 없는 것 같아요."

우리는 그녀의 정신적 삶 속에서 무슨 일이 일어나고 있는지 알 수 있었다. 그녀는 비교적 나쁘지 않은 방법으로 우월성을 차지하기 위해 노력하고 있었던 것이다. 모든 비난에서 벗어나고 항상 따뜻한 대접을 받고 싶어 하며 사랑스러운 존재로 인정받고 싶어 하는 것이다. 그녀의 이런 노력이 거의 대부분 충족되었기 때문에 왜 그것으로부터 거리를 두고 싶어 하고 불만을 호소하는지 잘 이해하기 어려웠다. 그런 행동 뒤에는 무언가 다른 것이 숨어 있음이 분명했다.

다정함에 대한 호소는 결국 다른 사람에 대해 우월감을 느끼고자 하는 것으로서, 절대로 쉽게 충족될 수 있는 것들이 아니다. 그리고 그 속에는 어떤 다양한 모순 같은 것들이 섞여 있었다. 그녀의 집에서는 어떤 물건을 잃어 버리거나 그것을 찾지 못하면 어김없이 소동이 벌어졌다. 긴장의 연속으로 그녀에게는 항상 두통이 떠나질 않았고 밤에도 편안히 잠을 잘 수 없었다. 그녀는 항상 상황을 너무 과장되게 생각하면서 수많은 걱정에 둘러싸여 있었다. 그러나 그것은 오로지 자신이 이만큼 노력하고 있다는 것을 드러내고 싶어 하는 욕망과 다름없었다. 그녀는 초대받는 일도 힘들어 했고, 그것에 응하려면 엄청난 준비가 필요했다. 아주 조그마한 일도 그녀에게는 감당하기 힘들 정도로 커 보였다. 그래서 어느 집에 손님으로 방문하는 일도 몇 시간 혹은 며칠 동안 준비해야 하는 번거로운 일이 되어 버렸다. 그 경우에는 그녀가 초대를 거절하거나 좀 늦게 도착하리라고 확실히 예측할 수 있다. 그런 사람의 생활에서 사교 행위는 일정한 범위를 넘어서는 일이 거의 없기 때문이다.

두 사람의 관계, 부부 사이에서는 수많은 관계가 애정과 다정함을 구하는 호소로 말미암아 특별한 의미를 갖게 된다. 남편이 직업적으로 집에 없을 수도 있고, 그가 친구 모임을 가질 수도 있고, 혼자 누구를 방문하거나 그가 속해 있는 어떤 협회의 회의에 참석할 수도 있다. 만일 그 경우에 그가 부인을 집에 혼자 있게 둔다면 애정과 배려에 목말라 있는 부인은 상처를 받을 수밖에 없을 것이다. 처음에는 아마도―실제로 매우 빈번한 경우지만―결혼하면 다른 상대방을 집에 묶어 두는 것이 정당하다고 생각할 수도 있다. 이런 요구를 한편으로는 아주 호의적으로 받아들일 수도 있지만, 실제로는 그것이 직업을 갖고 있는 사람에게는 극복할 수 없는 엄청난 어려움을 의미할 수 있다. 그렇게 되면 불화를 피할 수 없고, 우리의 사례에서처럼 남편이 밤늦게 현관문을 조심스럽게 열고 얌전하게 침대에 올라가려고 할 때 부인이 잠을 자지 않고 기다렸다가 비난에 가득 찬 표정으로 맞이하면 놀랄 수밖에 없지 않겠는가? 그런 종류의, 익히 잘 알려진 상황에 대해 여기서 더 묘사할 필요는 없을 것이다. 이때는 부인의 사소한 잘못만이 문제가 아니라 남편도 똑같이 책임이 있다는 것을 간과하면 안 된다.

여기서 다시 문제가 되는 것은 특별한 애정에 대한 요구는 때때로 다른 식으로 전개되기도 한다는 것이다. 이 사례에서는 다음과 같이 진행된다. 하루는 남편이 저녁시간을 밖에서 보내야 하는 일이 생겼다. 아내는 그가 모임에 참석하는 것이 아주 드문 일이어서 오늘은 빨리 집에 오지 않아도 된다고 말했다. 그녀는 겉으로 이렇게 말했지만 그녀의 말속에는 매우 진지한 핵심이 담겨 있었다. 그것은 외관상 여태까지의 인상과 상반되는 것이었다. 그러나 자세히 관찰해 보면 그녀의 성향과 일치하는 것임을 알 수 있었다. 그녀는 매우 영리하게도—의식하지는 않았지만—그렇게 강경하게 행동하지 않았다. 그녀는 겉으로 모든 관계에서 매우 지극히 사랑스러운 모습을 보여 주었다. 그녀의 사례는 평범해 보일 수도 있지만 심리학적 관점에서 매우 중요하다. 그녀가 남편에게 한 말의 핵심적 의미는 명령을 내린 사람이 바로 그녀였다는 사실이다. 그녀가 나중에 인정한 사실이지만, 만일 남편이 자기 멋대로 그렇게 했다면 그녀가 상당히 모욕감을 느꼈으리라는 것이다. 그녀의 말은 전체적인 맥락을 교묘히 은폐하는 역할을 했다. 그녀는 지금 사태를 주도하는 입장이고, 남편은 비록 사교적인 모임의 의무를 이행하지만 부인의 소원과 의지에 종속적인 입장에 서게 된 것이다.

특별한 애정을 바라는 그녀의 요구와 우리가 발견한 새로운 인식, 즉 그녀는 스스로 명령하는 상황만을 참아 낼 수 있다는 사실을 연결해 보면 그녀의 전 생애가 두 번째 자리는 절대로 용납할 수 없고 다른 사람보다 항상 우월한 지위에 있어야 하는 끊임없는 욕망으로 이어져 왔을 것이라는 생각을 하지 않을 수 없다. 그녀는 절대로 자신의 행동으로 인해 비난받을 일이 생겨서는 안 되고, 자기의 작은 주변 환경에서 항상 중심이 되어야만 직성이 풀리는 성격이었다. 우리는 이런 성격 패턴을 그녀의 행동 곳곳에서 볼 수 있었다. 그녀가 자신의 하녀를 바꿔야 했을 때도 마찬가지였다. 그녀는 자기가 예전의 하녀에게 행사했던 그 우월적 지위를 새로운 하녀에게 제대로 행사할 수 있을지 잔뜩 걱정되어 안절부절못했다. 마치 밖에 나가기 위해서 무장해야 하는 사람처럼 행동한 것이다. 그녀에게는 자기의 우월적 지위가 확실하게 확보되는 집 안이라는 우주에 사는 것과 밖으로 외출하는 것에는 엄청난 차이가 있었다. '낯선 곳'으로 가는 것은 자기 의지에 따라 움직여지지 않으며, 모든 자동차를 비켜 다녀야 하고, 그 속에서 오직 작은 역할밖에 할 수 없는 '거리에 나가는 것'을 의미했다. 집 안에서 그녀가 얼마나 많은 권력을 행사했는지 생각해 보면 그녀가 고통받고 있는 원인과 의미가 무엇인지 분명했다.

이와 같은 우호적인 행동 양식 속에 그런 성격들이 나타나는 일은 종종 있는 일이다. 처음에는 그런 사람이 고통받고 있다는 사실을 상상하기 어렵다. 그 고통은 꽤 높은 정도까지 심해질 수 있는데, 이 경우에서처럼 긴장이 극도로 높아진 상황을 상상해 보면 알 수 있다. 사람들 중에는 전차나 열차를 타는 것에 공포를 느끼는 사람도 있는데, 그 상황에서는 자신의 의지가 작용할 여지가 전혀 없기 때문이다. 이 상태는 결국 광장공포증처럼 집을 절대로 떠나지 못하는 지경에까지 이를 수 있다.

우리의 사례는 한 사람의 영혼 속에 있는 어린 시절의 기억이 계속적으로 얼마만큼 영향을 미치는지 밝혀 줄 매우 교훈적인 예가 되고 있다. 그녀의 관점에서 볼 때 그녀가 옳다는 것을 부정할 수는 없다. 누군가가 극도의 따뜻함과 존중과 상냥함을 바라는 태도를 가지고 자기의 삶을 꾸려 나갈 때 항상 과도한 부담을 지고 있어서 괴로운 듯한, 흥분하는 듯한 태도를 보이는 방법은 그리 나쁘지 않을 수 있다. 왜냐하면 그렇게 함으로써 모든 비난을 피해 갈 뿐만 아니라 주위 사람들로 하여금 언제나 부드럽게 경고하고, 기꺼이 도와주고, 그 사람의 정신적 균형감이 깨지는 일이 없도록 모든 것을 조심하는 상황을 불러오기 때문이다.

우리는 환자의 과거 시간으로 돌아 가 이야기를 더 들어 보았다. 그녀는 초등학교 때부터 과제를 풀지 못하면 엄청난 흥분 상태에 빠져 소동을 벌이는 바람에 선생님들도 자신을 아주 부드럽고 조심스럽게 다루어야만 했다고 했다. 그리고 형제 중 맏이로서 밑으로 남동생과 또 그 밑에 여동생이 있다고 덧붙였다. 남동생과는 항상 싸움의 연속이었다. 남동생은 부모의 사랑을 많이 받았다. 부모가 남동생의 학교 성적에만 깊은 관심을 보인다는 사실에 그녀는 화가 나 있었다. 반면 그녀는 처음에 좋은 학생으로서 좋은 성적을 거뒀음에도 부모의 특별한 관심을 받지 못하자 참을 수가 없었다. 계속해서 그녀는 왜 서로 다른 척도가 적용되는지 곰곰이 생각했다.

우리는 그녀가 동등함^{Parität}을 추구하고 있다는 것과 어린 시절부터 커다란 열등감에 시달렸을 것이라고 이해할 수 있었다. 그 열등감은 차이를 없애고 싶다는 열망에 다름 아니었다. 그녀는 학교에서 그것을 나쁜 학생이 되는 방법으로 달성했다. 즉, 낮은 성적을 받아 남동생을 이기고 싶었는데, 그것은 높은 도덕적 의미에서가 아니라 어린아이다운 발상이었다. 그렇게라도 해서 부모의 관심을 자기에게 쏠리게 하기 위한 것이었다. 그녀는 이 과정에서 그 사실을 어느 정도 의식하고 있었음이 분명하다. 왜냐하면 자기가 나쁜 학생이 되고 싶었다고 또렷하게 말했기 때문이다. 그러나 그녀가 낮은 성적을 받아와도 부모는 전혀 관심이 없었다. 그러다 재미있는 일이 벌어졌다. 그녀가 다시 좋은 성적을 보여 준 것이다.

그런데 그녀의 막냇동생인 여동생이 전혀 생각지도 못했던 방법으로 등장했다. 여동생도 똑같이 낮은 성적을 받자 부모는 남동생에게 하는 것처럼 여동생에게 신경을 많이 썼다. 그러나 그 이유는 매우 독특했다. 우리의 환자는 단지 학교 성적만 나빴던 데 반해 여동생은 품행도 아주 나빴던 것이다. 이 방법으로 여동생은 부모의 주의를 확 끌어 당겼다. 품행이 나쁘다는 것은 완전히 다른 차원의 일이었기 때문이다. 그것은 부모가 여동생에 대해 좀 더 많이 신경 쓰지 않으면 안 되는 특별한 조치들과 관련되어 있었다.

동등한 지위를 향한 그녀의 노력은 일시적으로 실패하고 말았다. 동등함을 위한 싸움이 좌절되었다고 해도 이 과정에 휴식 기간이 찾아오지는 않는다. 어떤 사람도 그런 상황을 견디지 못한다. 거기서부터 또 끊임없는 움직임과 새로운 노력이 더해져 그녀의 성격을 형성하게 된다. 우리는 이제 남들에게 항상 압박을 받고 있는 것처럼, 무거운 짐을 지고 있는 것처럼 보이려는 그녀의 심리 상태, 조급함, 노력을 좀 더 잘 이해하게 되었다. 원래 그것들은 모두 어머니에게로 향한 것이었다. 그것은 부모가 다른 형제들과 똑같이 그녀에게도 관심을 보여 줄 것을 강요하는 것이었고, 동시에 그녀를 다른 형제들보다 소홀하게 대우해 준 것에 대한 비난이었다. 그때 형성된 그녀의 근본 정서가 오늘날까지 그대로 지속된 것이었다.

우리는 계속해서 그녀의 삶을 추적해 나갔다. 그녀는 특별히 인상 깊은 체험에 대해서 이야기해 주었다. 그녀가 세 살 무렵에 갓 태어난 남동생을 나무 막대기로 때리려고 했다는 것이다. 어머니가 재빨리 대처하지 않았더라면 남동생은 커다란 상처를 입을 뻔했다. 그녀는 놀라우리만치 섬세한 직감으로 그 당시에 이미 그 모든 일의 원인을 알아낼 수 있었다. 그녀가 뒤로 물리쳐지고 하찮은 평가를 받는 것은 그녀가 여자이기 때문이고, 남동생으로부터 왕좌를 빼앗겼기 때문이라고 나름대로 생각했던 것이다. 그녀는 남자가 되었으면 좋겠다는 소원을 수도 없이 입에 올렸다는 것을 또렷하게 기억하고 있었다. 그녀는 남동생이 태어나면서 따뜻한 둥지에서 쫓겨났을 뿐만 아니라, 동생이 남자였기 때문에 자신보다 훨씬 좋은 대접을 받는다는 생각에 특히 우울해졌다. 이런 결핍을 보상해 보려는 노력 속에서 그녀는 항상 힘들어 하는 모습을 보여 주는 방법을 선택했던 것이다.

한 사람의 행동 노선이 그 사람의 정신생활 속에 얼마나 깊이 뿌리박혀 있는지 다음의 꿈이 잘 드러내 준다. 그녀는 집에서 남편과 함께 대화하는 꿈을 꾸었다. 그런데 남편은 전혀 남자처럼 보이지 않고 어쩐지 여자의 모습을 하고 있었다. 이 섬세한 그림은 그녀가 자신의 체험과 관계에 다가가는 행동 양식을 상징처럼 보여 준다. 그 꿈은 그녀가 남자와 동등함을 갖게 되었다는 의미였다. 그는 더 이상 그녀의 남동생처럼 우월한 지위를 차지하고 있는 남자가 아니었다. 그는 거의 여자와 다름없었다. 두 사람 사이에는 더 이상 지위의 차이가 없었다. 그녀는 꿈속에서 그녀가 어린 시절부터 오랫동안 소망해 왔던 동등함을 이루어 낸 것이다.

우리는 한 사람의 정신생활 속의 두 지점을 연결함으로써 그의 인생 노선, 기본 패턴을 발견하고 그에 대해 통일적인 그림을 그릴 수 있게 되었다. 그것은 종합적으로 다음과 같이 묘사될 수 있다. 우리 앞에는 비난할 수 없는 방법으로 우월적 지위를 차지하고자 하는 욕망을 갖고, 모든 방법을 총동원하고 있는 사랑스러운 한 사람이 있는 것이다.

제6장

삶에 대한 준비

개인심리학의 법칙은 다음과 같다.

"정신생활의 모든 현상은 앞에서 움직이는 목표를 향한 준비라고 정의할 수 있다 Alle Erscheinungen des Seelenlebens sind als Vorbereitungen für ein vorschwebendes Ziel aufzufassen ."

지금까지 서술한 정신생활의 모습은 미래를 위한 준비를 의미하며, 개인의 소원이 성취되는 상황을 그리고 있다. 이것은 일반적으로 모든 인간이 거쳐 가는 과정이며 살아가면서 누구나 겪는 현상이다. 고대의 신화, 전설, 설화 들은 언젠가 오게 될, 아니면 이미 한 번 존재했던, 우리 모두가 열광하는 이상향에 대해 이야기하고 있다. 모든 민족이 확신하고 있는 '낙원의 상실'도 여기에 속한다. 그 외에 인류의 오래된 동경을 담은 종교에서는 모든 어려움이 극복되는 행복한 미래가 그려지고 있다. 종교는 행복의 암시, 영원한 회귀, 혹은 영혼은 언제나 다시 새로이 형성된다는 믿음 등을 우리에게 약속해 준다. 또한 모든 동화는 행복한 미래에 대한 희망이 인류 속에서 영원히 사라지지 않았음을 이야기하고 있다.

1. 놀이

어린아이의 삶에도 미래에 대한 준비를 뚜렷하게 보여 주는 현상이 하나 있다. 놀이가 그것이다. 그것은 부모나 교육자들의 변덕스러운 발상에서 나온 것이 아니고 정신, 환상, 능숙함을 발달시키기 위한 자극이나 교육의 보조수단으로 볼 수 있다. 어린이들의 놀이에는 언제나 미래를 위한 준비가 포함되어 있다. 놀이를 하는 방법이나 그것을 선택함에 있어서, 혹은 그것이 전달하는 의미에 있어서 그러하다. 놀이는 아이와 그 주변 환경의 관계가 어떻게 형성되는지 보여 주고 아이가 자기와 같은 인간에게 어떤 태도를 보이는지, 친절한지 불친절한지, 특히 지배하려는 성향이 특별히 강한지 등을 알 수 있게 해 준다. 아이들이 노는 모습을 관찰하면 아이가 삶에 대해 어떤 태도를 갖고 있는지도 파악할 수 있다. 교육학자인 그로스Gross는 아이의 놀이를 미래를 위한 준비로 이해해야 한다고 말했다. 그는 또한 동물들의 놀이에도 그 기저에 그런 경향이 깔려 있다고 주장한 바 있다.

그러나 이것으로 놀이를 바라보는 모든 관점이 끝난 것은 아니다. 무엇보다 놀이는 공동체 의식을 발달시켜 주는 활동이며, 그것은 아이에게 매우 크게 의식되기 때문에 어떤 상황에서도 아이는 놀이에서 자신의 만족을 추구하며 그것에 강력하게 끌린다. 놀이를 피하는 아이에게는 어딘가 잘못된 점이 있을 가능성이 크다. 그런 아이들은 뒤로 물러나기를 잘하며 억지로 다른 아이들과 놀게 해도 언제나 놀이를 망쳐 버리곤 한다. 마음속에 숨겨진 교만, 부족한 자존감, 그에 따라 자기가 그 역할을 제대로 하지 못할지도 모른다는 공포 등이 주요 이유이다. 일반적으로 그들이 하는 놀이를 보면서 아이가 갖고 있는 공동체 의식의 정도를 매우 확실하게 확인할 수 있다.

놀이에서 매우 뚜렷하게 나타나는 또 다른 중요한 요소는 다른 아이들에 비해 우월감을 느끼고 싶어 하는 목표로서, 그것들은 명령하고 지배하려는 성향에서 드러난다. 아이가 얼마나 앞에 나서려고 하는지, 자기의 성향을 만족시켜 주고 지배적 역할을 할 수 있는 놀이를 얼마나 좋아하는지 등을 관찰함으로써 아이의 성향을 짐작해 볼 수 있다. 삶을 위한 준비, 공동체 의식, 지배욕 중 적어도 한 가지 요소라도 포함하지 않은 놀이는 거의 없다.

놀이가 갖고 있는 또 하나 중요한 요소가 있다. 그것은 아이가 놀이 속에서 유희적으로 활동할 수 있는 가능성이 마련된다는 것이다. 놀이에서 아이는 자기 자신에게 다소 집중하는 경향이 있지만 놀이를 통해 다른 아이들과의 관련성 속에서 자기 능력을 보여 주지 않으면 안 된다. 창조적인 활약이 전면에 나타나는 놀이가 셀 수 없이 많으며 아이들에게 그들의 창조적 성향을 드러낼 수 있는 활동의 장을 보장해 주는 놀이들은 미래의 직업에 중요한 요소를 포함하고 있다. 많은 사람의 인생 이야기 중에는 어려서 인형 옷을 만들다가 나중에 성인들의 옷을 만드는 디자이너가 되었다는 사례가 많다.

놀이는 아이의 정신 발달과 뗄 수 없는 관계에 놓여 있다. 그것은 소위 말해서 그들의 직업적 활동이며 그렇게 이해되어야 한다. 그러므로 놀이를 하고 있는 아이들을 방해하는 것은 매우 좋지 않은 일이다. 놀이가 빈둥거리며 노는 시간 죽이기로 이해되어서는 안 된다. 미래를 위한 준비라는 목표와 관련해 아이들의 행동 속에는 이미 언젠가 나타날 어른의 모습이 숨겨져 있다. 그러므로 한 사람을 판단할 때 그의 어린 시절에 대해 알게 되면 우리의 작업이 좀 더 손쉽게 진행될 수 있다.

2. 주의와 산만

인간의 수행 능력 전면에 있는 정신기관의 중요한 능력 중 하나는 주의력이다. 우리 인간의 내부와 외부에서 일어나는 일들과 감각기관을 관련 지어 보면 주의력은 신체의 전부가 아니고 특정한 감각기관과 연결되어 있다. 예를 들어 눈의 경우, 자극이 있으면 눈에 특별한 긴장이 느껴진다. 우리는 이때 무언가가 준비되고 있다는 느낌을 갖게 된다. 눈의 축이 움직이면서 이런 특별한 긴장감이 전달되는데, 그때 문제가 되는 것은 눈 근육의 운동 과정이다.

주의력이 정신기관의 어느 특정한 곳에서 혹은 운동 메커니즘에서 긴장을 불러일으키면 다른 긴장은 즉시 차단된다. 우리가 어떤 일에 정신을 집중하려면 다른 방해물은 모두 치워버려야 하는 상황과 같은 것이다. 그러므로 주의력은 어떤 결정적 사실에 대한 정신기관의 준비 태세와 같은 것으로서 현실적 사태와 개인 간의 연결로 볼 수 있다. 그것은 새로운 특별한 상황이나 긴급 상황에서 일어나는 공격이나 방어 기능을 위한 준비인 것이다. 그런 상황에서는 그와 같은 특별한 목적에 쓰이기 위해 모든 힘이 투입되어야만 한다.

주의력은 아프거나 정신박약 상태일 때를 제외하고 모든 인간이 갖고 있는 능력이다. 그런데 어떤 사람에게는 이 주의력이 매우 부족한 경우가 있다. 여기에는 수많은 이유가 있을 수 있다. 우선 피곤과 질병은 주의력을 떨어뜨리는 요소이다. 그 외에도 관심 대상이 자신의 인생관이나 행동 노선에 맞지 않아 신경 쓰고 싶지 않기 때문에 주의력 결핍 현상이 생기기도 한다. 그에 반해 자신의 인생 노선과 연관 있는 사건일 경우에는 주의력이 즉시 활성화된다.

주의력이 부족하게 되는 또 다른 이유는 반대를 좋아하는 성향 때문일 수도 있다. 아이들은 반대하는 것을 매우 좋아한다. 그런 아이들은 사람들이 제시하는 모든 자극에 대해 "아니요"라고 대답하는 경우가 흔하다. 반대 이유를 공개적으로 밝히지도 않는다. 그것은 교육 방법이나 교육자의 전략 문제로 환원될 수 있다. 그 경우 교육자는 학습 대상과 아이의 무의식적인 인생 계획, 행동 양식에 연관된 내용을 이용할 필요가 있다. 다시 말해 그것들과 화해하도록 만들어 주어야 한다(유약한 아이Verzärtelte Kinder의 경우).

　보통 사람들은 보고 듣고, 모든 현상과 변화를 감지할 수 있다. 그런데 사람들 중에는 시각기관만을 갖고 살아가는 사람과 청각기관만을 갖고 살아가는 사람도 있다. 후자의 경우 그들은 아무것도 보지 못하고, 아무것도 눈치채지 못하고, 눈으로 볼 수 있는 것에 관한 한 아무것도 받아들일 수 없다. 이 사실은 주의력이 요구될 때 주의를 제대로 쏟지 못하는 현상에 대한 이유가 될 수 있다.

　주의력을 환기시키는 데 가장 중요한 요인은 세상에 대한 열렬한 관심이다. 그것은 주의력보다 훨씬 더 깊은 정신의 단층에 있다. 일단 관심이 있으면 주의력은 자명하게 따라온다. 교육이 영향을 미칠 필요도 없다. 그것은 단지 사람들이 관심을 갖고 있는 분야에 특별한 목적을 갖고 공략하기 위한 수단이다. 한 사람의 발달은 오류 없이 이루어질 수 없으며 다소 잘못된 길로 빠질 수도 있다. 이런 인간의 잘못된 발달에는 말할 것도 없이 그의 관심이 함께 작용했을 것이다. 그리하여 삶을 위한 더 나은 준비를 해야 하는 상황에서 그것과 관련 없는, 별로 중요하지 않은 일들에 관심이 쏠렸을 것이다. 예를 들어 어떤 사람의 관심이 오로지 자기 자신에게만 향해 있다든지, 특히 자기가 갖고 있는 개인적인 권력에만 쏠려 있을 때는 자기의 권력이 관계되는 곳이면 어디든, 즉 무언가를 얻을 수 있다든지 자기의 권력이 위협받고 있다든지 하는 경우에 많은 주의를 기울이게 될 것이다. 그렇지 않고 그의 권력에 대한 관심 대신 다른 관심이 나타나기 전에는 그의 주의력이 그렇게 오랫동안 지속되지 않는다. 아이들의 경우 인정받을 수 있는 일이 생기면 즉시 주의력이 집중되는 현상을 똑똑하게 볼 수 있다. 그러나 그 인정과 관련해 아무것도 얻을 것이 없을 때는 그 주의력이 즉시 사라져 버린다. 여기에서 다양한 연관성과 놀라운 일이 일어날 수 있다.

주의력 부족 현상은 주의력이 요구되는 어떤 일을 애써 회피해 버리고 싶다는 마음 이외에 아무것도 아니다. 또한 단순히 다른 것으로 관심이 바뀌면서 주의력 결핍이 나타날 수도 있다. 그러므로 어떤 사람이 "집중하지 못한다"고 말하는 경우 그것은 부당한 일이다. 그는 단지 다른 일에 주의를 더 잘 집중할 수 있을 뿐이다. 누군가가 주의력이 부족한데도 어떤 일을 아주 잘한다는 사실이 밝혀질 수도 있다. 그러나 그것은 다른 일을 그렇게 한다는 뜻이다. 의지 결핍 혹은 에너지 결핍 현상도 집중력 부족Konzentrationsmangel의 경우와 비슷한 상태를 뜻한다. 여기서도 대부분 굽힐 수 없는 의지와 그와 비슷한 에너지를 보게 되는데, 단지 사람들이 기대하는 것과 방향이 다를 뿐이다.

그런 경우들을 다루는 일은 쉽지 않다. 그런 사람들의 전체 인생 계획을 발견함으로써만 그에 대처할 수 있다. 그 경우에 그런 부족 현상은 다른 어떤 것을 추구하기 때문에, 또 문제되는 사항에 관심이 없기 때문에 발생한 것이라고 추정할 수 있다.

주의력 결핍은 많은 사람에게 있어서 지속적인 성격 특성이 되기도 한다. 어떤 일을 하게 됐지만 웬일인지 그것을 거부하거나 제대로 해내지 못하는 사람들도 많은데, 그런 사람들은 다른 사람에게 부담이 되곤 한다. 주의력 결핍은 그 사람의 지속적인 성격으로 굳어져 누군가의 요구대로 어떤 일을 스스로 해야만 할 때 그대로 나타난다. 이 현상은 계속 유약함을 유지하고 싶어 하는 유약한 아이의 경우에 자주 만나게 된다.

3. 태만과 건망증

어떤 사람이 안전이나 건강에 제대로 신경 쓰지 않거나 주의하지 않아서 그것들이 위협받는 경우, 우리는 보통 태만^{Fahrlässigkeit}에 그 원인을 돌리곤 한다. 태만은 다른 사람에 대한 주의력 결핍이나 관심 부족 상황에서 생기는 현상이다. 주의력 결핍은 동료 인간^{Mitmensch}에 대한 관심 부족이 원인이다. 부주의의 특징들은 어린아이들이 놀고 있을 때 확인하기 쉬우며, 아이가 자신에게만 관심을 쏟는지 아니면 다른 사람에게도 충분한 관심을 가지고 있는지에 의해 구별된다. 이런 종류의 현상들은 한 사람의 공동 정신이나 공동체 의식을 감별하는 아주 확실한 척도다. 공동체 의식이 제대로 발달하지 않은 사람은 심지어 벌을 받게 된다 하더라도 다른 사람에 대한 관심을 억지로 나타낼 뿐이다. 반면에 공동체 의식이 잘 발달된 사람은 그런 관심을 힘들이지 않고 표출하거나 그것이 이미 존재하거나 자동으로 표출되곤 한다.

따라서 부주의란 공동체 의식의 결핍을 의미한다. 그렇다고 해서 그에 대해 지나치게 엄격하게 굴 필요는 없다. 그러므로 어떤 사람에게서 우리가 충분히 기대해 볼 만한데도 왜^{warum} 관심을 나타내지 않는지 그 이유에 대한 계속적인 연구가 필요하다.

주의력이 제한되어 있으므로 건망증도 생기고, 더 나아가 중요한 물건들을 잃어버리기도 한다. 이 경우에도 좀 더 깊은 주의력이나 관심을 보일 가능성은 있지만 충분하지 않을 때, 혹은 오히려 무관심 때문에 주의력이 감소해 분실이나 망각을 이끌어 내거나 촉진시킬 때 그런 상황이 만들어진다. 예를 들어 어린아이들이 책을 잃어버리는 경우가 그렇다. 사람들은 아이가 학교생활에 아직 제대로 적응하지 못했다고 결론을 내릴 것이다. 또 어떤 부인은 집 열쇠를 끊임없이 다른 곳에 놓거나 잃어버린다. 여기서도 사람들은 그녀가 가정주부로서의 자기 위치를 전혀 달가워하지 않는 사람일 것이라고 추측하게 된다.

건망증이 심한 사람들은 겉으로 반란을 일으키지 않지만 건망증을 통해 자신들의 일에 대한 불충분한 관심을 드러내거나 마음속에 있는 염오를 표출하는 사람들이라고 할 수 있다.

4. 무의식

앞에서 다룬 사례에서 보듯이 사람들이 거의 알 수 없는 심리적 과정이나 현상이 있다는 것은 주지의 사실이다. 주의력이 아무리 뛰어난 사람들이라도 자신이 보는 것을 모두 설명할 수는 없다. 어쨌든 의식의 영역에는 존재하지 않는 정신기관의 능력이 있다. 주의력을 어느 정도까지는 의식적으로 이끌어 낼 수 있지만 주의력을 높이는 자극은 의식 속에 있는 것이 아니고 관심에 있으며 그 관심 또한 대부분은 무의식das Unbewusste의 영역에 있다. 이것은 전체적으로 정신기관의 한 능력이며 동시에 정신생활을 움직이는 가장 강력한 요인이다. 거기에서 한 사람의 행동 노선과 무의식적인 인생 계획을 형성하는 힘들을 발견할 수 있다.

의식 속에는 그저 그 힘의 잔영이나 심지어 그 반대처럼 보이는 것들이 있을 뿐이다. 예를 들어 허영심이 많은 사람이라고 하더라도 대부분 자기 자신은 자신의 허영심에 대해 전혀 모르거나 다른 사람들의 눈에는 반대로 몹시 겸손한 사람으로 비칠 수 있다. 허영심이 있는 사람으로서는 자신의 그런 심리 상태에 대해 알 필요도, 의식할 필요도 없는 일이기 때문이다. 그렇다. 그 사람의 목적을 위해서는 그것이 좋은 일도 아니다. 그렇지 않으면 그가 그렇게 행동하지 않을 것이기 때문이다. 자신의 허영심에 대해서는 아무것도 보지 않고 주의를 다른 곳으로 돌리는 행위를 통해서만 자신의 연극적인 안정감을 지킬 수 있기 때문이다. 그러므로 그 전체 과정은 어둠 속에서 진행된다. 그의 그런 행동에 대해 이야기해 보려고 해도 그 대화는 매우 힘들게 진행될 뿐이다. 왜냐하면 그는 그 대화를 돌려 버리고 잘라 버리고, 결국은 방해받고 싶지 않다는 성향을 드러낼 것이기 때문이다. 그러나 그 모든 것은 우리의 인식을 더 강화시켜 줄 뿐이다. 그는 자신의 연극을 계속하려 할 것이고, 누군가가 베일을 들춰 올리려고 하면 방해꾼으로 여겨 방어에 나설 것이다.

우리는 사람들을 이런 행동 방식에 따라 자기 내부에서 일어나는 일을 평균적인 사람보다 더 많이 알고 있는 사람과 덜 알고 있는 사람으로 나눌 수 있다. 즉 의식 범위가 큰 사람과 작은 사람으로 분류할 수 있다. 대부분의 경우 한쪽의 사람들은 인생의 작은 영역에 집중하고, 다른 사람들은 여러 방면으로 관계를 맺으며 보다 큰 삶의 영역과 세계사적 사건들에 관심을 갖고 있다. 압박에 시달리며 괴로움을 느끼는 사람들은 삶의 작은 단면들에 관심이 제한되어 있고 삶에서 외면당했다고 느끼며, 삶에 잘 적응하고 사회의 룰을 잘 지키는 다른 사람들^{die gute Mitspieler}보다 삶의 문제를 명확하게 잘 들여다보려고 하지 않는다. 그들의 관심은 제한되어 있어서 섬세하거나 예민한 것들을 이해할 수 없으며 인생의 문제들 중에서 오직 작은 부분만 보고 전체적인 그림을 꿰뚫어 볼 수 없다. 왜냐하면 그쪽 방향으로 자신의 힘을 돌리는 것을 피하기 때문이다.

삶의 각각의 현상들과 관련해서 살펴보면 그들은 삶에 필요한 자신의 능력에 대해 아무것도 알지 못하고 그것들을 과소평가하며 자신이 저지르는 잘못에 대해 충분히 깨닫지도 못한다. 실제로는 매우 이기적임에도 불구하고 자신을 괜찮은 사람으로 여기거나 거꾸로 자신을 이기주의자로 평가하기도 한다. 그러나 그를 가까이서 관찰해 보면 같이 지내기에 썩 괜찮은 사람이라는 것을 알 수 있다. 자기 스스로를 어떻게 생각하는지 남들이 그를 어떻게 생각하는지의 문제는 여기서 중요하지 않고 사회 속에서 그의 전체적 입장이 중요하다. 그 입장에 따라 그가 이 세상에서 무엇을 원하는지 또 무엇에 관심을 갖는지 등 모든 것이 규정되고 유도되기 때문이다.

여기서 우리는 두 가지 유형의 사람들과 만나게 된다. 한쪽 사람들은 의식적으로 살아가며 삶의 문제들에 객관적으로 마주하고 편협한 시선으로 세상을 바라보지 않는다. 다른 쪽 사람들은 선입견을 가지고 인생과 세상의 작은 부분만 바라보며 늘 핑계를 대고 항상 무의식적으로 행동하고 살아간다. 그러므로 이 두 유형의 사람들이 함께 생활하게 되면 한 사람이 항상 다른 사람의 반대편에 서게 되므로 어려움이 발생하며 이것은 결코 드문 경우가 아니다. 두 사람이 각자 자기 입장을 내세우며 서로에게 반대하는 경우가 빈도 면에서 훨씬 높을 것이다. 당사자들은 이 사실을 전혀 의식하지 못하고 오히려 자신들은 평화를 옹호하는 입장이며 사람들 간의 융화 협조에 높은 가치를 두고 있다고 믿거나 그렇게 반론을 편다. 그러나 사실은 그것과 반대이며, 실제로는 한 사람이 무슨 말을 꺼내기 무섭게 다른 사람이 옆을 치고 들어와 겉보기에는 아닌 척하면서 눈에 띄지 않는 교활한 방법으로 상대방의 말에 반론을 펴는 경우를 자주 볼 수 있다. 자세히 관찰해 보면 그들은 적대적이고 호전적인 생각으로 가득 차 있음을 알 수 있다.

많은 사람이 자기도 의식하지 못한 채 내면에 어떤 힘을 가지고 있다. 이렇게 무의식 안에 있는 힘들은 사람들의 삶에 영향을 주고 만일 이 힘을 파악하지 못하면 중대한 결과를 초래할 수 있다. 도스토옙스키는 자신의 소설 『백치』에서 그런 경우를 심리학자의 경탄을 불러일으킬 정도로 놀랍도록 아름답게 묘사한 바 있다. 한 사교 모임에서 어떤 귀부인이 이 소설의 주인공인 백작에게 가까이 있는 값비싼 중국 화병을 깨뜨리지 않게 조심하라고 빈정대는 듯한 어조로 말했다. 백작은 조심하겠노라 대답했다. 그러나 몇 분 뒤 그 화병은 깨진 채 바닥에 나뒹굴었다. 그 모임에 참석했던 어느 누구도 그것을 우연이라고 믿는 사람은 없었고, 그 여인의 말에 모욕을 느낀 백작의 지극히 논리적인 행동이라고 생각했다.

사람의 성격을 판단할 때 우리는 단순히 그의 의식적인 행동과 진술에만 의존해서 결론을 이끌어 내지 않는다. 그의 의식에서 비켜나간 생각과 행동의 작은 디테일에서 훨씬 더 정확하고 확실한 결론을 추론할 수 있다. 예를 들어 손톱을 물어뜯거나 콧구멍 쑤시기 등과 같은 나쁜 버릇을 가진 사람들은 그런 습관들이 자기들이 반항적 인간이라는 사실을 드러낸다는 사실을 전혀 모른다. 왜냐하면 그들은 그런 행동을 불러온 그 연관성에 대해 아무것도 모르기 때문이다. 어떤 아이가 반복해서 그런 나쁜 습관 때문에 지적을 받고도 그 버릇을 고치지 못한다면 아주 고집 센 아이일 가능성이 높다. 우리가 이런 추론에 좀 더 능숙해지면 한 사람의 행동에서 더 많은 단서를 찾아내 더 확실한 내용을 추론할 수 있을 것이다. 왜냐하면 이런 사소한 일에도 그의 모든 성격이 감추어져 있기 때문이다. 다음 두 사례는 무의식 속에 어떤 것이 가라앉아 있고, 그렇게 숨겨져 있는 것이 어떤 의미를 갖고 있는지 확인시켜 줄 것이다. 인간의 정신은 의식을 다루는 능력을 갖고 있다. 즉 만일 어떤 것이 정신 활동의 관점에서 필요한 것일 때는 그것을 의식하게 만드는 능력을 갖고 있고, 반대로 그것이 같은 목적에 의해 필요하다고 생각될 때는 무의식 속에 눌러 놓을 수 있는 능력, 즉 무의식으로 만들 수 있는 능력을 갖고 있다.

첫 번째 사례는 어떤 청년에 관한 이야기이다. 그는 누이동생을 둔 맏이였는데 열 살 때 어머니가 돌아가셨다. 그때부터 아버지가 그의 교육을 책임졌다. 아버지는 매우 지적이고 선량하고 매우 높은 윤리적 기준을 갖고 있는 사람이었으며, 아들의 야망을 자극하고 북돋워 주는 데 남달리 열심이었다. 아들 역시 어떤 일에서든 선두에 서고자 노력했으며 매우 훌륭하게 성장했다. 그의 윤리적 자질이나 학습 능력 또한 또래들 중에서 언제나 최고를 달릴 정도로 바르게 컸다. 그것은 아버지에게 커다란 기쁨이었고, 아버지는 아들이 언젠가 매우 큰 일을 하게 될 것이라고 일찍부터 확신하고 있었다.

그러나 삶을 바라보는 그 젊은이의 행동에는 아버지가 보기에 근심스러울 만한 것이 많았다. 아버지는 그것을 고쳐 주려고 노력했다. 하나뿐인 여동생은 점점 고집 센 그의 라이벌이 되어 갔다. 그녀 역시 훌륭하게 자라났지만 약자라는 무기로 항상 오빠를 이기려 하고 오빠를 희생양으로 해서 자신의 명예욕을 더 확대시키려고 애썼다. 그녀는 집안일에서 주도권을 확보했지만 그 청년에겐 그 일이 고역일 뿐이었다. 친구들보다 언제나 앞서 나갔기 때문에 친구들 사이에서 손쉽게 확보할 수 있었던 존경이나 명예심, 복종이 여동생에겐 통하지 않았다. 사춘기에 들어설 무렵부터 아버지는 그가 사교적인 생활에서 특별한 기질을 보여 주고 있음을 눈치챘다. 그는 좀처럼 사교적이지 못했고, 아는 사람들이나 낯선 사람들에 대해 싫은 기색을 보였으며, 여자아이들과 관계된 일에서는 더욱더 그 자리에서 도망쳐 버리려고 했다. 처음에는 아버지도 그 일을 별로 크게 문제 삼지 않았다. 그러나 이 현상은 점점 더 다른 차원의 문제로 확대되었다. 청년은 거의 집 밖으로 나가려 하지 않았고 늦은 밤을 제외하곤 산책하는 것조차 싫어했다. 그럼에도 학교나 아버지에게 보여 주는 태도는 대체로 나무랄 데가 없었고, 언제나 그의 자질은 높게 평가받았다.

드디어 그가 아무데도 나가지 않으려는 상황에까지 이르자 아버지는 그를 데리고 의사에게 찾아갔다. 여러 번의 상담 끝에 다음과 같은 사실이 확인되었다. 청년은 자기가 너무 작은 귀를 갖고 있기 때문에 사람들이 자신을 못생겼다고 여긴다고 생각했다. 그러나 그것은 사실이 아니었다. 그의 말은 틀렸으며 그것은 단지 사람들과의 교류를 피하고 싶어 하는 변명에 불과하다는 반박에 대해 그는 다시금 자기의 치아와 머리도 볼품이 없다고 주장했다. 그러나 그것도 사실이 아니었다. 상담 결과 그는 극도로 높은 야망에 가득 차 있다는 사실이 밝혀졌다. 그는 그 사실을 자각하고 있었고, 아버지가 항상 그에게 노력해야 하며 인생에서 높은 지위를 얻어야 한다는 사실을 주입했기 때문에 그렇게 된 것이라고 주장했다. 그의 미래 계획은 훌륭한 학자가 되는 것이었다. 그 계획이 모임이나 사교 활동을 회피하려는 그의 집착과 연관되어 있지 않았다면 그것은 별로 문제 될 것이 없었다. 그는 어째서 그런 어린아이 같은 생각에 이르게 된 것일까? 그의 생각이 맞다면 조심성과 불안감을 갖고 삶에 접근해 가는 그의 태도가 정당화될 수 있을 것이다. 그렇다고는 해도 못생긴 외모를 갖

고 있다는 것이 우리 문화에서 그렇게 치명적인 고통을 의미하는 것
은 아니다.

잇따른 조사 결과, 그 청년은 조급한 야망과 함께 남달리 원대한
목표를 갖고 있었다. 그는 여태까지 늘 일등이었고 계속 그 자리에 있
어야만 했다. 이 목표를 이루기 위해서는 헌신과 집중, 열정과 같은 것
들이 필요했다. 그러나 그는 그런 면에서 스스로 자질이 충분하다고
느끼지 못했다. 그래서 그는 자신의 목적에 좀 더 쉽게 다가가기 위해
그에게 불필요하게 느껴지는 모든 것을 자기 삶에서 배제시키기 위해
노력했다. 그는 의식적이고 명시적으로 이렇게 말할 수 있었을 것이다.

"나는 유명해지고 싶기 때문에 나의 학문적인 작업에 온전히 헌
신해야 해. 그러려면 모든 사교 관계를 끊어 버려야만 해."

그는 그러나 그렇게 말하지도 않았고 그렇게 생각하지도 않았
다. 단지 그는 그 목적을 위해 자신의 자질구레한 외모의 불만족을
핑계로 내세우는 등의, 내심 원하는 것을 허용해 줄 수 있다고 믿는
이런 사소한 일을 들추어내 이유를 만든 것이다. 자기의 은폐된 목적
을 이루기 위해 잘못된 사실을 말하고 과장된 이유를 말하느라 필요
한 작은 수고를 하면 되는 것이었다. 그가 만일 "일등이 되려면 나는
금욕주의자처럼 살지 않을 수 없어"라고 말한다면 모든 사람이 그의
유약함을 알아채고 말았을 것이다. 자신이 일등이 되어야만 한다는
생각은 갖고 있지만 그의 의식 속에서는 그와 관련된 것을 찾을 수
없었다. 이 목표를 위해서 그 밖의 다른 모든 것을 버릴 수 있다고 생
각한 것은 아니다. 그리고 거기에 도달하기 위한 직선적인 길을 가기

엔 자신이 약하다고 느낀 것도 아니다. 만일 그가 자기 목표를 제외한 모든 것을 희생해야 한다고 의식적으로 생각했다면 자신은 못생긴 사람이므로 사교 모임에 가서는 안 된다는 핑계를 대면서 그것을 회피하는 행동을 그렇게 오랫동안 지켜 가지 못했을 것이다. 만일 누군가가 자기는 일등이 되어야 하며, 그래서 모든 인간관계를 포기할 수밖에 없다고 공개적으로 말한다면 그는 주위 사람들의 웃음거리가 될 것이고 그 또한 자신의 생각에 놀랄 것이다. 그 생각은 그 자체로서 불가능한 것이다. 어떤 생각들은 다른 사람이나 자기 자신 때문이라도 명확해지기 어려운 것이 있다. 그러므로 그 생각도, 관련성도 그의 무의식에 머물러 있을 수밖에 없었던 것이다.

자기 행동을 유지하기 위해 그 자신은 명확히 파악하고 싶어 하지 않는 내밀한 주요 욕구의 동기를 그에게 제시해 주면 그들의 심리적 메커니즘은 위협을 받게 된다. 그것은 생각조차 할 수 없었던, 명확히 의식 속에 떠오르지 못하도록 억눌러 왔던, 그것을 의식한다는 것은 곧 자신의 계획에 방해가 될 뿐인 그 생각이 자기 눈앞에 똑똑히 떠오르게 된다는 것을 의미한다. 모든 사람이 자신의 태도를 정당화시켜 주는 생각에는 열심히 매달리지만 자신의 행동에 방해가 될지도 모르는 생각이나 아이디어는 거부하는 것이 일반적이고 인간적인 현상이다. 왜냐하면 모든 사람은 자기 생각이나 입장을 지지해 주는 것들은 자기 것으로 받아들이기 때문이다. 즉 본인에게 도움이 되는 것은 의식되지만 그에 반대되고 방해가 되는 것들은 무의식에 머무르게 된다. 그러므로 이 사례에서 "나는 못생겼다"라고 자신에게 유리한 생각에 몰두하게 하고 그것을 강조하는 것이다. 그것은 모두 진실과 의기소침에 대한 통찰을 방해한다.

　두 번째 사례는 매우 유능한 소년에 관한 것이다. 그의 아버지는 교사로서 아들에게 항상 일등이 될 것을 매우 심하게 강조했다. 소년은 동급생들보다 훨씬 뛰어났다. 그는 어디서나 일등이었고, 친구들 사이에서도 가장 인기 있는 사람 중 하나였으며, 친구도 여러 명 있었다.

　그런데 그가 거의 열여덟 살이 될 무렵 커다란 변화가 일어났다. 그는 모든 대인관계에서 뒤로 물러났고, 무슨 일에도 기뻐하지 않았으며, 짜증을 내며 우울해했다. 어쩌다 친구를 사귀어도 이내 사이가 틀어져 버렸다. 모든 사람, 심지어 아버지까지도 그와 충돌했다. 아버지는 사람들과의 교류가 없는 아들의 외로운 삶이 오히려 공부하는 데 도움이 될 것이라고 은근히 좋아하기까지 했다.

　상담 결과 그는 아버지가 자기 인생을 망쳐 버렸으며, 그렇기에 자기는 자신에 대한 신뢰감을 상실했고, 살아갈 용기도 없으며, 남은 생을 고독 속에서 우울하게 살아갈 일만 남았다고 불만을 토로했다. 공부에도 진척이 없고 대학 시험에도 실패했다. 그가 그렇게 된 것은 언젠가 모임에서 현대문학에 대한 너무 짧은 지식 때문에 사람들한테 비웃음을 당한 이후부터라고 했다. 그런 일이 몇 번 반복되자 그는 사람들을 멀리하고 모든 교우관계에 거리를 두게 되었다. 그리고 이렇게 된 것은 모두 아버지 탓이라는 생각이 그를 지배하고 있었다. 두 사람의 관계는 악화일로를 걸었다.

　이 두 가지 사례는 많은 점에서 유사하다. 첫 번째 사례는 여동생의 저항에 부딪혀 좌초됐고, 두 번째 사례에선 아버지와의 전투적 관계가 문제 됐다. 모두 원인은 아버지였다. 두 사람은 모두 자신의 행동 노선으로 영웅적 이상형Heldenideal을 갖고 있었다. 영웅적 도취감에서 깨어난 순간 그들은 낙담해서 모든 희망을 버렸고 사회적 관계를 회피하며 좌절에 빠진 것이다. 그 소년이 언젠가 "다른 사람들이 나보다 우월하기 때문에 나는 영웅적 존재감을 더는 영위할 수 없어요. 그래서 나는 뒤로 물러설 수밖에 없고 평생 비탄에 빠져 살 수밖에 없어요"라고 말했을 것이라고 추측한다면 우리 상담은 실패할 것이다.

그의 아버지에게 잘못이 있고 그의 교육 방법이 나빴다는 것은 확실하다. 그러나 그가 아버지의 잘못된 교육에만 책임을 돌리고 그 얘기만 계속한다는 것은 왠지 좀 이상하다. 그는 그런 입장을 내세우고 아버지의 잘못된 교육만 강조함으로써 자기가 세상과 등진 것에 대한 자기 정당화를 꾀했음이 분명하다. 그렇게 함으로써 자기의 실패에 대해 스스로 고통스러워하지 않아도 되고, 그의 불운에 대한 책임을 아버지에게 전가할 수 있었던 것이다. 그렇게 되면 자의식의 일부분과 자신의 명예를 조금이나마 지킬 수 있게 되는 것이다. 그는 어쨌든 찬란한 과거를 가진 사람이고 그가 계속 이 영광을 지킬 수 없었던 것은 아버지의 잘못된 교육이 그의 성장을 가로막았기 때문이라는 것이다. 그러나 그는 아버지의 잘못이 그 스스로 잘못된 길로 빠져들었던 그때까지만 계속되었다는 점을 간과하고 있었다.

그러므로 그의 무의식 속에는 아마도 다음과 같은 생각이 남아 있을 것이다.

'나는 지금 인생의 전선에 점점 가까이 다가가고 있다. 일등을 한다는 것은 이제 더 이상 쉬운 일이 아니다. 차라리 어려운 결정에서 도망치기 위해서라면 아버지에게 모든 탓을 돌리는 편이 낫다.'

이런 생각은 절대 하기 쉬운 것이 아니다. 어느 누구도 자신에게 그렇게 말하지 못할 것이다. 그러나 그가 그런 생각을 계획적으로 한 것처럼 그런 식으로 행동할 수도 있을 것이다. 다른 논거를 찾아냄으로써 그는 그렇게 할 수 있을 것이다. 아버지의 교육적 잘못에 계속 집착함으로써 그는 사회와 인생의 결단으로부터 도망칠 수 있었다. 위에 기술된 올바른 생각을 의식에 떠올리면 그의 은밀한 계획을 망치기 때문에 그것은 무의식으로 머물러 있어야만 하는 것이다.

그는 스스로에게 무능력한 사람이라고 말할 수 없었다. 왜냐하면 그는 영광스러운 과거를 갖고 있고 그의 자존심이 그것을 허락하지 않았기 때문이다. 만일 이제 앞으로 그가 성공하지 못한다면 그것은 그의 잘못이 아니라는 것이다. 그래서 그는 자기의 행동을 통해 아버지의 잘못된 교육의 증거를 내보일 기회를 만든 것이다. 그는 심판이었고 원고였으며 피고였다. 이렇게 유리한 위치를 그가 포기할 수 있었을까? 그러나 아버지의 잘못은 아들이 손에 기구를 들고 그것을 사용하려고 했을 때까지만 잘못이 있다는 점을 그는 간과하고 있었다.

5. 꿈

많은 사람이 꿈^{Träum}을 통해 인간의 정신생활을 추론해 낼 수 있다고 오랫동안 주장해 왔다. 괴테와 동시대인인 리히텐베르크^{Lichtenberg}는 사람의 본질과 성격은 그의 말이나 행동보다는 그의 꿈을 통해서 훨씬 잘 유추해 낼 수 있다고 말한 적이 있다. 그 말은 좀 과장된 것이라고 할 만하다. 개별적인 심리 현상은 정말 조심스럽게 해석되어야 하며 다른 현상과의 관련성 속에서만 비로소 해석될 수 있다는 것이 우리의 관점이다. 그리고 한 사람의 꿈으로부터 그의 성격을 추론할 수 있지만 그것은 다른 곳에서 우리가 꿈에서 얻어 낸 견해를 뒷받침할 수 있는 증거를 찾아냈을 때만 가능하다.

꿈에 대한 관심은 오랜 역사를 가지고 있다. 문화의 발전 과정에 서 있었던 여러 가지 사건들과 기록들, 특히 신화와 전설 속에 등장하는 기록들은 옛날 사람들이 꿈과 관련된 작업을 오늘날보다 훨씬 더 많이 해왔을 것이라고 추측하게 해준다. 꿈을 더 잘 이해한 것은 그 시대였을지도 모른다. 예를 들어 고대 그리스에서는 꿈이 엄청나게 큰 역할을 했던 것을 기억한다. 성서에도 꿈에 관한 이야기가 자주 등장하고 매우 영리하게 해석되었으며, 키케로^{Cicero}는 꿈에 관한 책을 쓰기도 했다. 하나의 꿈을 사람들에게 들려주면 모든 사람이 즉각 그 의미를 이해했다(예를 들어 요셉이 자기 형제들에게 볏단에 대해 말한 꿈). 전혀 다른 문화적 풍토를 갖고 있는 독일의 니벨룽겐^{Nibelungen}의 전설에서도 꿈을 증거 능력과 예언적 의미를 가진 것으로 이해했다는 것을 알 수 있다.

우리가 꿈에서 인간의 마음을 이해하기 위한 실마리를 얻으려 한다 해도 그것은 꿈 해석(꿈속에서 어떤 초월적인 힘을 알아내고자 하는)이라는 일반적이고 환상적인 방향과 완전히 다른 것이다. 우리는 오로지 경험적 사실에 의한 확증된 길을 걸을 뿐이며 우리가 꿈을 통해 발견한 사실들이 다른 관찰 결과에서도 입증되고 확인될 때만 그것을 받아들일 것이다.

꿈에서 미래와 관련된 어떤 특별한 의미를 찾고자 하는 경향이 오늘날까지도 유지되고 있다는 것은 어쨌든 특이한 사실이다. 모든 생활에서 자기의 꿈에 이끌려 다닐 정도로 멀리 나간 몽상가들도 있다. 우리의 환자 중 한 사람은 직업을 포기하고 오직 주식 투자에만 빠져 들었다. 그는 그가 꾼 꿈에 따라 주식을 사고팔았다. 그는 자기 꿈을 좇아서 하지 않았을 때 손실을 볼 뻔했던 상황을 증거로 삼으면서 자신의 꿈을 신봉하고 있었다.

그는 아마도 깨어 있는 상태에서 끊임없이 자신의 주목 대상이었던 것 외에는 꿈을 꾸지 않았을 것이다. 그렇게 해서 어느 정도 자기가 정통한 것에 대해 어떤 신호를 꿈에서 받을 수도 있다. 그리고 그는 자기가 꾼 꿈 때문에 오랫동안 많은 돈을 벌었다고 주장할 수 있었다.

오랜 시간이 지난 후 그는 이제 자기 꿈에 아무런 의미도 부여하지 않고 있다고 말했다. 그는 모든 돈을 날려 버렸는데, 꿈이 아니었더라도 그렇게 되었을 것이다. 우리가 기적을 믿어야 할 근거는 아무것도 없다. 집중적으로 어떤 일에 몰두하고 있는 사람은 밤에도 그 문제를 풀기 위해 마음이 안정되지 못한다. 어떤 사람은 그것을 생각하느라 아예 잠을 못 자고, 어떤 사람은 잠을 자기는 하지만 꿈속에서도 그 문제들에 둘러싸여 있는 경우도 있다.

잠을 자는 동안 우리의 머릿속에서 그렇게 신기한 일이 벌어지는 것은 꿈이 전날과 그다음 날을 이어 주는 다리이기 때문이다. 꿈을 미래에 연결된 다리로 인식하는 관점을 갖고 한 사람의 삶에 대한 태도를 알면 그가 꿈속에서 짓는 특이한 다리 건설에 대해 이해할 수 있고 무언가를 추론하게 될 것이다. 꿈의 근저에 놓인 것은 다름 아닌 삶에 대한 태도$^{Stellungnahme zum Leben}$이기 때문이다.

어떤 젊은 여인이 다음과 같은 꿈 얘기를 들려 주었다. 남편이 결혼기념일을 잊어 버린 것 같아서 남편에게 비난을 퍼부었다는 것이다. 이 꿈은 그 자체로 다음과 같은 사실을 말해 준다. 그런 꿈을 꿀 수 있다는 현상 자체가 그녀의 결혼 생활이 안고 있는 어려움을 보여 주는 것이고, 그녀가 느끼는 위축감을 상징적으로 보여 주고 있었다. 그녀는 또 자신도 기념일을 잊고 있었노라고 말했다. 그러나 그녀는 곧 그것을 기억해 냈지만 남편은 그녀가 말해 주고 나서야 겨우 기억했다고 설명했다. 그러므로 그녀는 더 착하고 성실한 사람인 것이다. 그녀는, 실제로 그런 일이 전혀 없었고 남편은 항상 결혼기념일을 잘 기억하곤 했다고 덧붙였다. 꿈은 그러니까 여기서 미래에 일어날 수 있는 일에 대한 두려움으로 작용한 것이다. 우리는 그녀가 비난할 거리를 찾고 있었고 남편에게 뭔가 탓하고 싶은 자기도 모르는 욕구를 느끼고 있었다고 결론 내릴 수 있었다. 그녀는 어쩌면 한 번이라도 남편에 대해 불쾌감을 느끼는 일이 생길지도 모른다고 생각한 것이다.

만일 우리의 결론을 강화시켜 주는 다른 증거들을 손에 넣지 못했다면 우리는 우리의 추론을 확신하지 못했을지도 모른다. 우리는 그녀의 어린 시절 이야기 중 그녀의 기억 속에 아직도 남아 있는 한 사건에 대해 듣게 되었다.

그녀는 세 살 때쯤 숙모로부터 예쁜 장식이 새겨진 나무 숟가락을 선물로 받았는데, 그것은 그녀의 마음을 완전히 사로잡았다. 그녀는 그것을 가지고 놀다가 시냇물에 빠뜨렸고, 그것은 물결에 휩쓸려 떠내려가고 말았다. 그녀가 며칠 동안 그 일로 얼마나 슬퍼했던지 다른 가족들까지 마음 아파 했다.

그녀의 꿈과 관련해서 눈에 띄는 것은, 그녀가 이제 사라져 없어져 버릴지도 모르는 결혼 생활에 대한 두려움 때문에 그런 꿈을 꾸었다는 사실이다. 혹시 남편이 결혼기념일을 잊어버릴지도 모른다는 두려움은 곧 결혼 생활에 대한 두려움이었다.

한번은 남편이 그녀를 고층 건물로 데리고 올라가는 꿈을 꾸었다. 계단이 끝없이 이어졌고, 그녀는 너무 높은 곳까지 올라갔다고 생각하다가 어지러움을 느끼고 충격을 받아 쓰러졌다. 이런 경험은 고소공포증이 있는 사람이라면 깨어 있을 때도 할 수 있다. 사실 그 증상은 높은 곳에 대한 공포라기보다 깊은 곳에 대한 공포를 의미한다. 이 꿈과 예전의 꿈을 연결하면 그 꿈들 속에 녹아 있는 생각과 감정의 재료들로부터 그녀는 깊은 나락에 대한 공포를 갖고 있는 사람이라는 결론을 내릴 수 있다. 그것은 불행이 닥칠지도 모른다는 두려움에 다름 아니다. 그녀는 남편의 사랑이 식는 것, 혹은 그와 같은 상태를 두려워하고 있다는 추측이 가능했다. 만일 남편이 결혼 생활에 충실하지 않고 어떤 말썽을 일으키면 어쩌나 하는 두려움이 있었던 것이다. 그것은 절망적 상황이며, 그렇게 되면 그녀는 의식을 잃고 쓰러질 것이고, 실제로 그런 일이 집안에서 일어난 적도 있었다.

우리는 그렇게 해서 그녀의 꿈을 이해하는 데 한 걸음 더 가까이 다가섰다. 꿈속에서 생각과 감정의 세계가 어떤 재료로 형성되는지는 상관없다. 어떤 재료로 그 문제가 표출되는지는 중요하지 않으며 어쨌든 그것을 표출할 수만 있다면 도움이 되는 것이다. 꿈속에서는 한 인간의 삶의 문제가 비유적^{gleichnisweise}으로 표현된다(너무 높이 올라가지 마! 깊이 곤두박질 치게 될지도 몰라). 우리가 기억하고 있는 괴테의 「결혼식 송가」는 이처럼 꿈을 시적으로 형상화한 것이다. 어느 기사가 시골에서 돌아와 자기 성이 황폐해진 것을 보게 된다. 그는 피곤해서 침대에 쓰러지고 꿈속에서 작은 물체들이 침대 밑에서 나오는 것을 본다. 그러고는 난쟁이들이 자기 눈앞에서 결혼식을 올리는 장면을 보게 된다. 그는 꿈을 꾸면서 기분 좋은 감동을 받고 그러는 중에 그것이 꿈이라는 사실에 안도한다. 그가 생각하고 있었던 것과 마찬가지로 여자가 필요하다는 생각을 확인한 것이다. 실제로 그는 얼마 안 가 작은 사람들을 통해 보았던 장면을 키 큰 사람을 통해 보게 되었다. 그는 자기 자신의 결혼식을 하게 된 것이다.

이 꿈들에는 이미 잘 알려진 요소들이 포함되어 있다. 그 뒤에는 확실히 시인이 자신의 결혼 문제로 고민하던 그 순간의 기억이 숨겨져 있다. 꿈을 꾸는 사람이 외적으로 곤란한 상황에서 자기 존재의 현재 위치에 대해 어떤 입장을 취하는지 볼 수 있다. 그 상황은 결혼에 대한 그의 입장을 요구하고 있었다. 그는 꿈속에서 결혼 문제로 고민했고 그다음 날 바로 결단을 내렸다. 그가 결혼을 하는 것은 어쨌든 최선의 선택이었을 것이다. 모든 꿈은 눈앞에 있는 목표에 도달하기 위한 가장 최적의 분위기를 만들어 내야 하는 과제를 안고 있다고 볼 수 있다.

다음은 스물여덟 살 먹은 사람의 꿈 이야기이다. 그것은 위아래로 올라갔다 내려갔다 하는, 체온이 나타내는 그래프처럼 한 사람의 정신생활을 가득 채우고 있는 그런 움직임을 보여 준다. 그 꿈에서는 위로 올라가고자 하는 노력, 우월감을 향한 욕구 때문에 생긴 열등감을 똑똑히 인식할 수 있다. 다음은 그가 이야기한 내용이다.

나는 한 무리의 사람들과 소풍을 갔다. 우리가 타고 있는 배가 너무 작아 우리는 중간 역에서 모두 내려 도시에서 숙박하게 되었다. 밤중에 배가 가라앉고 있다는 연락을 받았다. 모든 사람이 배가 가라앉는 것을 막기 위해 물을 퍼내고자 불려 나왔다. 나는 내 짐 속에 놓아둔 귀중품을 기억하고는 배를 향해 뛰어갔다. 거기에선 이미 모든 사람이 펌프질을 하고 있었다. 나는 그 일에서 빠져 나와 화물칸을 찾았다. 나는 창문을 통해 내 가방을 끌어내는 데 성공했다. 그때 가방 옆에 있는, 마음에 쏙 드는 주머니칼을 보고 바로 집어 넣었다.

그리고 배가 계속 가라앉고 있어 거기 있던 다른 사람과 안전한 곳으로 가서 바다로 뛰어 내렸는데, 방파제 옆 바닥에 떨어지고 말았다. 방파제가 너무 높아 계속 가다가 매우 깊고 가파른 절벽에 다다랐다. 거기서 다시 내려 가야만 했다. 나는 미끄러졌고, 배를 떠날 때부터 나와 함께 있던 사람은 보이지 않았다. 점점 더 빠른 속도로 미끄러졌고 부서져 죽을지도 모른다는 두려운 마음이 엄습했다.

마침내 나는 바닥에 도착해 아까 만났던 사람 앞에 떨어졌다. 그는 젊은 남자였지만 어쨌든 모르는 사람이었다. 그는 파업 중에 파업지도부에서 매우 열심히 일하던 사람이었다. 그것 때문에 또 그의 친절한 성품 때문에 기분 좋게 느껴졌다. 내가 그에게 다른 사람들을 배 안의 곤란한 상황 속에 남겨 놓고 떠나왔다는 이야기를 하자 그는 나에게 비난이 가득 담긴 어조로 크게 소리쳤다.

"당신은 여기서 도대체 뭘 찾고 있는 겁니까?"

나는 사방이 가파른 벽으로 둘러싸여 있는 협곡에서 빠져나오려고 애썼다. 거기에 밧줄이 하나 매달려 있었다. 그러나 너무 가늘어 그것을 사용하는 것을 포기했다. 나는 기어 올라가려고 했지만 번번이 실패했고 그러다가 간신히 위로 올라갔다. 그렇지만 어떻게 올라가게 되었는지는 모른다. 이 부분은 고의적으로 꿈꾸지 않은 것 같다. 아마도 마음이 바빠서 건너뛰려고 했는지도 모른다. 협곡 위의 가장자리에는 길이 나 있었고 협곡으로 떨어지지 않도록 난간이 둘러쳐져 있었다. 지나다니는 사람들이 친절하게 인사를 건넸다.

이 꿈을 꾼 사람의 삶으로 되돌아가서 이야기를 들으니 그는 다섯 살 때까지 심한 병을 앓았고 그 후에도 계속 병 때문에 누워서 지 낸 적이 많다고 했다. 그가 매우 허약해서 그의 부모는 그를 극진하게 보호했고, 다른 아이들과 거의 놀지 못하게 했다. 그가 어른들과 가까워지려고 하면 부모는 아이들은 시끄럽게 굴면 안 되고 어른들 속에 끼면 안 된다고 주의를 주면서 그를 밀쳐 냈다. 그는 그렇게 해서 일찌감치 사람들과 섞여 어울리는 것과 그러는 동안 배워야 할 것을 배우지 못했다. 또 하나 눈에 띄는 현상은 그는 항상 또래들보다 성장 발육이 늦었으며 그들과 보조를 맞출 수 없었다. 또래들 사이에서 그는 항상 바보 취급을 받았고 끊임없이 표적이 되어 놀림거리가 되었다는 것은, 그러므로 놀랄 일이 아니다. 이런 상황은 그가 친구를 찾고 만드는 것을 방해할 수밖에 없었다.

그런 사실들로 말미암아 그의 열등감은 최고조에 달했다. 그의 교육은 친절하지만 화를 잘 내는 아버지(군인)와 약하고 이해심이 없으나 지배욕이 강한 어머니에 의해 이루어졌다. 그의 부모는 항상 자신들의 선의를 강조했지만 교육은 매우 엄격했다. 그중에서도 특별한 역할을 한 것은 굴욕감Demütigung이었다. 그에게 최초의 기억이라고 할 만한 특이한 사건은 어머니가 세 살짜리인 그를 30분 동안이나 완두콩 위에서 무릎을 꿇고 앉아 있게 한 것이었다. 이유는 그가 말을 듣지 않았기 때문이었다. 그러나 그는 —그의 어머니는 그가 그 이유를 말했기 때문에 그것을 알고 있었다 —어떤 기수(말 타는 사람)에 대한 두려움 때문에 심부름을 거부한 것이었다. 그가 매를 맞는 일은 드물었다. 그러나 한 번 매를 맞으면 여러 갈래로 갈라진 채찍으로 그가 용서를

구하고 왜 맞는지 이유를 댈 때까지 계속 맞았다. "아이들은 자기가 무슨 짓을 했는지 알아야 해"라고 그의 아버지는 말하곤 했다. 한번은 그가 잘못한 것이 없는데도 매를 맞게 되었는데, 그가 왜 맞는지 이유를 말하지 못하자 또 한 번 맞았다. 매질은 그가 스스로 그 이유를 만들어서 말할 때까지 계속되었다.

그래서 그와 부모 사이에는 일찌감치 전투적인 분위기가 형성되었다. 그의 열등감은 우월하다는 것이 어떤 느낌인지 전혀 알 수 없을 정도로까지 깊어졌다. 그의 생활은 집에서나 학교에서나 크거나 작은 창피의 연속이었다. 그는 아주 작은 의미의 승리도 경험할 수 없었다. 열여덟 살이 될 때까지 학교에서 항상 남들의 놀림감이었다. 한번은 선생님조차 그의 낮은 성적을 남들 앞에서 크게 읽으면서 신랄한 표현을 하며 조롱했다.

그런 일들은 그를 계속 고립으로 몰고 갔고 그는 점점 의도적으로 다른 모든 사람들과 거리를 두었다. 부모와의 싸움에서 아주 효과적이긴 하지만 그에게는 나쁜 결과를 가져온 투쟁 방법을 쓰기 시작했다. 바로 말을 하지 않는 것이었다. 그것으로 인해 그는 외부 세계와 가장 중요한 연결 수단을 포기한 것이다. 그는 곧 더 이상 누구와도 대화를 할 수 없게 되었다. 그는 완전히 고독해졌다. 아무에게도 이해받지 못했고 아무하고도 말을 하지 않았으며 무엇보다 부모와는 절대 말하지 않았다. 그리고 누구도 그에게 말을 걸지 않았다. 그를 다른 사람과 가까이 하게 하려는 모든 시도가 좌절되었다. 이후에는 이성 관계를 시작해 보려는 모든 시도까지—그에게는 그것이 제일 고통스럽게 느껴졌지만―좌초되고 말았다.

그의 삶은 이런 식으로 스물여덟 살이 될 때까지 계속되었다. 뿌리 깊은 그의 열등감은 그의 모든 정신을 지배하는 기질이 되어, 결국 끝없는 야망으로 변질되었다. 명예욕과 우월감을 향한 억제할 수 없는 욕망으로 그는 한시도 편할 날이 없었고, 그의 공동체 의식 또한 왜곡되어 버렸다. 그가 말을 적게 하면 할수록 점점 더 그의 정신생활은 밤낮으로 온갖 꿈과 성공과 모든 종류의 승리를 향해 달려갔다.

그렇게 해서 어느 날 밤 그는 앞에서 기술한 꿈을 꾸게 된 것이다. 그 속에는 그의 정신생활을 끌고 가는 행동 노선이 그대로 반영되어 있었다.

마지막으로 키케로가 말했던 꿈을 소개한다. 그것은 가장 유명한 예언적 꿈이다.

고대 그리스의 시인 시모니데스Simonides는 알지 못하는 사람의 시신을 길가에서 발견하고는 아주 정성스럽게 장례를 치러 주었다. 그 후 그가 배로 여행을 떠나게 되었을 때 은혜를 입은 그 죽은 사람이 나타나 경고하는 꿈을 꾸었다. 그가 그 여행을 떠나면 배가 난파되어 죽게 되리라는 것이었다. 그는 여행을 떠나지 않았고, 떠났던 사람은 모두 죽음을 당했다(에노 닐슨,『수천 년 동안 계속되어 온, 알려지지 않은 이야기*Ebenbausen.b. Müenchen, Verlag. Langewiesche-Brandt*』). 보고된 바에 의하면 꿈과 관련된 이 이야기는 수백 년 동안 엄청난 주목을 끌었으며 인류에게 깊은 인상을 남겼다.

이 사건에 대한 우리의 견해는 다음과 같다. 무엇보다 그 당시에는 수많은 배가 침몰되었으리라는 사실을 짐작할 수 있다. 이 상황 때문에 많은 사람이 배 여행을 떠나기 전날 밤 여행을 가지 말라고 경고하는 꿈을 꾸었을 것이다. 그런데 이 꿈의 내용과 현실에서 벌어진 사건이 매우 정확하게 일치했기 때문에 후세에까지 많은 관심을 받게된 것이다. 사건과 사건 사이의 신비로운 관계를 찾아내고 싶어 하는 사람들은 특별히 그런 이야기에 약하기 때문에 이런 이야기를 매우좋아했을 것이라는 사실을 쉽게 짐작해 볼 수 있다. 그러므로 우리는 그 꿈을 다음과 같이 조용히 냉정하게 해석할 수 있다. 자신의 육체적인 안위에 대해 걱정을 많이 하고 있던 우리의 시인은 여행을 떠나는 것을 그다지 내켜하지 않았을 것이다. 그러나 결단해야 하는 순간이 다가올수록 그는 자기의 주저하는 마음에 그럴듯한 핑계를 대야만 했다. 그는 자기가 장례를 치러 주어 마땅히 그에게 감사해하고 있을 죽은 사람을 불러낸 것이다. 그가 스스로 만들어 낸 그 기분에서여행을 떠나지 않았음은 물론이다. 만일 그 배가 침몰하지 않았다면후세 사람들은 그 꿈이나 그 사건에 대해 아무것도 듣지 못했을 것이다. 왜냐하면 우리는 우리의 머릿속에서 알 수 없는 동요를 일으키는것들을 그런 방식으로 경험하기 때문이다. 하늘과 땅 사이에는 우리가 꿈속에서 보게 되는 것보다 훨씬 많은 진실이 숨겨져 있기 때문이다. 꿈의 예언적인 측면은 꿈과 그에 따른 현실이 한 사람의 일정한태도를 반영하고 있을 때 매우 이해하기 쉽다.

그러나 모든 꿈이 그렇게 단순하게 이해될 수 없다는 사실은 아직도 우리에게 생각할 여지를 많이 남겨 준다. 이해할 수 있는 꿈은 사실상 아주 적다. 대부분의 경우에 우리는 꿈을 즉시 잊어 버리거나 어떤 특별한 인상이 남아 있다 하더라도 그 뒤에 무엇이 숨겨져 있는지 이해하지 못한다. 그러나 우리가 우연히 개인심리학의 꿈의 해석에 대해 어느 정도 배운 경우에는 예외다. 이 꿈들에도 우리가 앞에서 언급했던, 꿈은 비유적이고 상징적인 우리의 정신활동을 반영하는 현상이라는 점은 똑같이 적용된다. 비유의 주요 의미는 그것이 우리를 우리가 함께 동요하는 어떤 상황으로 몰고 간다는 뜻이다. 인간이 어떤 문제의 해결에 매달려 있고 그의 성격이 어떤 쪽으로 향해 있을 때 인간은 경험적으로 정신적 고양Schwung을 찾게 된다. 그때 꿈은 인간이 필요로 하는 문제 해결을 위해 어떤 의미에서 그 정서와 기분을 강화하는 데 가장 적절한 수단이다. 꿈을 꾸는 사람이 이 관련성을 이해하지 못한다고 해도 사실 자체는 변하지 않는다. 그에게 재료와 움직임이 있는 것만으로도 충분하다. 어떤 방식으로든 꿈꾸는 사람의 정신활동에서 표현되었던 것들의 흔적이 꿈속에 나타나며 그것은 꿈꾼 사람의 행동 패턴Bewegungslinie을 암시하게 된다. 그것은 마치 연기와 같은 것으로, 연기가 나면 어디에선가 불이 났다는 것을 뜻하는 것과 마찬가지다. 경험이 많은 사람들은 연기 냄새만 맡고도 타고 있는 나무가 무엇인지까지 추측할 수 있다.

종합적으로 요약해 보면 한 사람의 꿈은 그가 삶의 어떤 문제와 씨름하고 있는지, 그것에 대해 어떤 태도로 접근하고 있는지도 알 수 있게 해 준다. 특히 꿈에서는 공동체 의식과 권력에 대한 욕망이라는 두 가지 요소가 나타나고, 적어도 그 흔적을 알아챌 수 있게 해 주며,

그것은 또 꿈꾸는 사람의 현실에서 주변 세계에 대한 입장에 영향을 미친다.

6. 재능

한 사람의 본질에 대한 추론을 가능케 하고 그에 대해 평가를 내릴 수 있게 해주는 정신적 현상들에 관해 우리는 지금까지 하나의 분야를 제외시켜 왔다. 그것은 인간의 사고 영역에 들어 있으며 인식 능력에 관한 것이다. 우리는 한 사람이 자신에 대해 생각하는 것이나 자신에 대해 말하는 것에 큰 가치를 두지 않았다. 왜냐하면 모든 사람이 그 점에 있어서 잘못 해석할 가능성이 크기 때문이다. 또한 자신의 이기적이고 도덕적인 본성의 중층적 관심과 생각을 통해 자신의 심리적 본성을 남들에게 미화하려는 경향이 있기 때문이다. 그럼에도 불구하고 우리는 사고 과정이나 언어적 표현을 통해 제한적 범위이기는 해도 의미 있는 내용을 추론해 낼 수 있다. 우리가 한 사람에 대해 어떤 판단을 내리려고 할 때 그의 사고와 언어적 부분을 우리의 관점에서 배제할 수 없다.

인간의 판단 능력에 대해—일반적으로 '재능Begabung'이라고 칭한다—수많은 관찰과 논쟁, 검증이 이루어졌고, 그중에서 IQ 테스트를 통해 아이들과 어른들의 지능을 확인할 수 있었다. 지금까지 이 검사들은 그다지 성공적이지 못했다. 수많은 학생이 이 검증에 참가

했지만 그 결과는 교사들이 그 이전에 검사 없이도 예측할 수 있었던 범위를 넘어서지 못했다. 초기에 실험심리학자들은 그 검사에 대해 매우 높은 학문적 긍지를 느꼈지만, 그것은 동시에 그 검사라는 것이 어느 정도까지는 불필요하다는 것을 증명했을 뿐이다.

이런 검사 실행의 효과에 대한 또 다른 의심은 다음과 같은 것이다. 아이의 사고와 판단능력은 모든 아이들에게 균일한 단계로 발달하지 않는다는 것이다. 예를 들어 어떤 아이의 경우엔 첫 번째 지능검사 결과가 좋지 않았는데 몇 년 지나 보니 그 아이의 지능이 갑자기 높은 발달 상태를 나타낸 적도 있었다. 또 다른 요인은 환경과 관계된 것이다. 매우 넓은 범위의 다양한 활동에 익숙한 대도시의 아이나 어떤 특별한 계층의 아이들은 숙련된 연습에 기인한 민첩성 때문에 지능검사 결과에 오류를 가져올 수 있고, 그로 인해 그런 준비 활동에 노출되지 못한 아이들을 아래쪽에 분포하게 만든다. 중산층 아이들은 프롤레타리아 계급 아이들보다 여덟 살에서 열 살까지 매우 높은 지적 순발력을 갖추고 있다. 그 사실은 전자의 높은 지적 능력을 의미하는 것이 아니며, 단지 그들이 좀 더 많은 연습을 해보았다는 뜻이다.

지능검사는 오늘날까지도 개선된 것이 없다. 특히 베를린과 함부르크에서의 비관적인 검사 결과에 주목하지 않을 수 없다. 그것은 검사에서 높은 지능지수를 보여 주었던 아이들 중 많은 아이가 이후 학업 과정이나 생활에서 실패한 사실을 말한다. 이 현상은 높은 지능검사 결과가 반드시 아이들의 훌륭한 지적 발달에 대한 확실한 보증은 될 수 없다는 사실을 보여 준다. 개인심리학의 실험들은 그 반대로 그 검사를 향상시켜 발달 정도를 확인하는 것에 그치지 않고 잘못된 원인과 이유를 파악하는 방식으로 바꾸어 갔다. 또 필요하다면 아이에게 스스로 자신의 상황을 개선할 수 있도록 도움을 주는 것이 중요하다. 개인심리학은 아이의 사고 능력과 판단 능력을 정신활동에서 따로 분리시켜 생각하지 않고 전체적인 관련성 속에서 파악하는 데 중점을 두고 있다.

제7장
남성과 여성의 관계

1. 노동 분화와 양성성

이전 연구로부터 우리는 두 가지 커다란 성향이 우리의 모든 심리적 현상을 지배하고 있음을 알게 되었다. 이 두 가지 성향, 즉 공동체 의식과 권력, 우월감을 향한 욕구는 인간의 모든 활동과 안전 추구라는 개인적 노력에도 영향을 준다. 또 그것은 삶의 커다란 도전을 성취하기 위한 세 가지 요소, 즉 사랑, 직업, 사회적 관계를 위해서도 필요하며 그것에 영향을 미친다. 우리가 인간의 영혼을 이해하기 위해 인간 정신의 여러 현상과 능력을 판단할 때 이 두 가지 요소의 질적, 양적 관계를 조사하는 연습을 해야만 한다. 두 가지 요소의 상호 관계는 한 사람이 얼마만큼이나 공동체 삶의 논리를 이해할 수 있는지, 또 사회에 의해 강요된 노동 분화에 얼마나 잘 적응하게 될지 결정할 수 있다.

　　노동 분화Arbeitsteilung는 인간 사회의 유지를 위해 필수적인 요소다. 그것은 모든 사람이 어느 자리에서든 자기 몫을 다할 것을 요구한다. 어떤 사람이 이런 요구에 참여하지 않는다는 것은 그가 공동체 생활의 유지를 거부하는 것이고, 같은 인간으로서 자기 역할을 떠나 평화 교란자가 됨을 의미한다. 보다 경미한 경우 우리는 그것을 나쁜 버릇, 못된 장난, 괴팍스러움이라 부르고, 더 심한 경우에는 기벽, 신경증, 무관심, 더 나아가 범죄라 부른다. 그런 현상에 대한 명칭은 오로지 공동체 생활의 요구를 참아내지 못하는 그의 괴리감으로부터 유래된 것이다. 그러므로 공동체가 노동 분업 차원에서 그에게 부과한 일을 어떻게 하느냐에 따라 한 사람의 가치가 결정된다. 그는 공동체 생활에 대한 긍정으로 인해 다른 사람에게 의미 있는 존재가 되고 사회를 구성하는 거대한 연결고리의 한 부분이 된다. 그것이 없다면 인간들의 삶은 지속될 수 없고 공동체 생활은 붕괴되고 말 것이다. 각 개인의 능력은 인간 사회의 전체 생산 과정에서 그의 위치를 결정한다. 많은 혼란이 여기에 추가됐고 권력욕과 지배욕, 그 밖의 착오들이 노동 분화의 명료한 인식을 방해하고 저지했다. 인간의 가치를 판단하기 위한 잘못된 근거가 세워졌거나 개인들이 자신들에게 배정된 자리에 어떤 이유에선지 맞지 않았기 때문이다. 또 개인의 잘못된 야망으로 인한 권력욕에서 생겨난 어려움도 많이 있다. 그것들은 그만의 이기적인 욕심으로 인간의 공동생활과 공동 작업을 방해한다.

　　그와 유사하게 우리 사회의 계급 차이에서 야기되는 혼란도 있다. 개인적인 권력과 경제적인 이해관계가 노동의 분화에 영향을 미쳐 특별한 사회 계층에 도달하기 쉬운, 더 많은 권력이 부여되는 좋은 자리가 있는가 하면 다른 계층은 아예 거기에서 배제된다. 사회 구조의 이런 수많은 요인을 인식하게 되면 노동의 분화가 왜 조화롭게 진행되지 않는지 그 이유를 이해할 수 있게 된다. 노동 분화를 끊임없이 어렵게 만들어 어떤 사람들에게는 특권을, 어떤 사람들에게는 노예 상태를 만들어 낸 것은 바로 권력이었다.

그런 노동 분화는 또 한편으로 인간의 **양성성**Zweigeschlechtlichkeit을 통해서도 진행되었다. 여자들은 그녀의 신체적인 조건에 따라 어떤 특별한 활동 영역에서 배제되기도 하고, 또 어떤 일들은 남성에게 주어지지 않았다. 왜냐하면 남성들은 그보다 다른 일에 더 잘 맞았기 때문이다. 이런 노동 분화는 전혀 선입견이 없는 기준에 따라 나누어졌을 것이다. 그렇기 때문에 여성 운동가들도 극단으로 치닫지 않고 이런 해석과 관점을 받아들였다. 노동 분화는 탈여성화나 남자와 여자의 자연스러운 관계를 망치는 것과 거리가 멀다. 인류의 발전 과정에서 노동 분화는 여성이 어떤 분야의 일을 담당하거나 남성이 할 수도 있는 일을 일정 부분 떠맡기도 하고, 남성은 다시 자신의 힘을 더 유익하게 사용할 수 있도록 조정하는 방식으로 이루어져 왔다. 노동력의 효율적인 사용과 신체적·정신적 힘이 올바르게 사용되는 한, 이런 노동 분화를 비이성적인 것이라고 지칭해서는 안 된다.

2. 오늘날 문화에서 남성의 우월적 위치

문화의 발전이 권력 추구 방향으로 진행됨에 따라 특권을 쟁취하려는 특정 개인이나 계층의 노력 때문에 노동 분화는 특이한 진로를 따르게 되었다. 문화 속에서 남성의 중요성이 특별히 강조되는 분위기가 현재까지도 지배적이고 여전히 효력을 발휘하고 있다. 노동 분화는 특권층, 즉 남성에게 일정한 이익이 보장되는 방향으로 발전되었고, 결과적으로 여성은 그들의 지배에 종속될 수밖에 없었다. 이렇게 해서 지배적인 남성들은 이익을 취하게 됐고, 생활의 전반적인 형태에서 여성의 일은 남성에게 더 유리하도록 결정되었다. 여성에게는 남성이 되도록 피하고 싶어 하는 일들이 주어졌다.

현재까지 상황은 남성의 우위 확보를 위한 끊임없는 노력이 진행 중이고 그에 따라 남성의 특권에 대한 여성의 불만도 계속되고 있다. 남성과 여성은 밀접한 상호 관련성 속에 있으므로 이런 지속적인 긴장이 심리적인 갈등과 질시를 야기하리라는 것을 충분히 상상할 수 있다. 또한 극도의 심리적 혼란은 필연적으로 양측 모두에게 극심한 고통이 될 수밖에 없다.

우리의 제도나 전통적 태도, 법률, 도덕, 관습 등을 살펴보면 전부 남성 지배의 영광을 위한 것이었고, 특권적 남성들에 의해 결정되고 유지되었다는 사실을 강력하게 증거하고 있다. 이런 제도들은 어린아이의 방에까지 침투되어 어린아이의 영혼에 무시무시한 영향을 끼치고 있다. 이런 관계들을 아이가 어떻게 이해하고 있는지는 그렇게 중요하지 않다. 그러나 그의 정서생활이 그것들에 의해 엄청난 영향을 받는다는 사실은 인정할 수밖에 없다. 예를 들어 남자아이에게 여자 옷을 입히려고 할 경우 그가 불같이 화를 내며 반응하리라는 사실은 이런 관련성에 대한 연구를 계속해야 하는 충분한 이유가 된다. 이것은 다시금 다른 측면에서 권력욕을 관찰할 것을 요구한다.

사내아이의 명예욕이 어느 정도에 다다르면 그는 어디서든지 느낄 수 있는, 남성성의 특권을 보장해 주는 남성적인 것을 특별히 좋아하게 된다. 이미 언급한 바 있는 사실처럼 오늘날의 가정교육은 바로 권력에 대한 욕구와 남성적인 특권을 높이 평가하고 자극하는 성향에 잘 맞도록 짜여져 있다. 왜냐하면 대부분의 경우 아이에게 권력의 상징으로 등장하는 사람은 남성, 아버지이기 때문이다. 아버지는 수수께끼처럼 집에 들어왔다가 나가기 때문에 어머니보다 더 많은 관심을 끌게 된다. 아이는 곧바로 아버지가 갖고 있는 강력한 역할을 눈치채게 되고, 그가 모든 것을 결정하고 명령을 내리고 이끌어 간다는 것을 알게 된다. 모든 사람이 그의 명령에 복종하는 모습과 어머니가 항상 아버지에게 의존하는 모습을 보게 된다. 어느 면으로 보나 아버지는 가장 힘 있는 사람이고 권력자인 것이다. 어떤 아이들은 아버지가 너무 웅대해 보여 아버지가 말하는 것은 모두 신성하다고 믿게 된다. 그래서 자기주장을 뒷받침하기 위해 항상 "아버지가 그렇게 말씀하셨다"라고 말한다. 아버지의 영향이 그리 두드러지지 않은 집에서도 아이들은 아버지가 우월하다는 인상을 받는다. 왜냐하면 가족의 모든 짐이 아버지에게 달려 있는 것처럼 보이기 때문이다. 실제로는 집안에서의 노동 분화가 아버지에게 그의 힘을 더 유용하게 사용할 수 있는 기회를 주는 것뿐이다.

　남성의 우월적 지위와 관련해 역사적 기원을 볼 때 그것이 자연적인 현상으로 나타난 것이 아니라는 사실에 주목해야 한다. 남성의 지배를 확보하기 위해 여러 개의 법률이 제정되어야 했던 상황이 그것을 암시하고 있다. 남성의 우세 지위가 법률적으로 확정되기 전까지 남성의 특권이 그렇게 확실하지 않았던 시대가 분명히 있었다. 이 시대는 역사적으로도 확인되고 있다. 그것은 **모권 사회**die Zeit des Mutterrechtes였다. 그 시대에는 어머니, 즉 여성이 삶에서나 아이에 대해서 더 중요한 역할을 했다. 그 시기에 종족의 남성들은 아이에 대해 일종의 의무 같은 것을 지고 있었다. 예를 들어 오늘날까지도 모든 남자를 향해 삼촌이나 아저씨로 부르는 관습과 풍속은 그런 사실을 잘 말해 준다. 모권 사회에서 부권 사회로 넘어가기 전에 치열한 투쟁이 있었을 것이다. 그것만으로도 남성이 자연적으로 주어진 것처럼 생각하는 남성의 특권이 처음부터 있었던 것이 아니라, 그것을 위한 처절한 투쟁이 있었음을 증명해 준다. 남성의 승리는 여성에 대한 억압과 동일한 의미다. 이런 억압 과정을 말해 주는 풍부한 증거들이 법 제정 과정에 기록되어 있다.

　남성의 우월한 지위는 자연적인 일이 아니다. 그것을 입증하는 자료들은 무수히 많다. 그것은 원시 종족들 사이의 끊임없는 전쟁으로 인해 발생한 것이다. 그 과정에서 남성은 전사로서 더 특별한 역할을 떠맡았고, 드디어 그들은 새롭게 얻은 우월한 지위를 이용해 스스로 지도자의 위치를 점하게 되었다. 이와 함께 손에 손을 잡고 등장한 것이 사유 재산Privateigentum과 상속 권리의 발전이다. 보통 남성이 재산을 획득한 사람이며 소유자인 경우가 많기 때문에 그것은 곧바로 남성 지배의 확고한 기반이 되었다.

자라나는 아이들은 이런 주제를 다룬 책들을 읽을 필요가 없었다. 이런 고고학적 기록에 대해 아무것도 모른다고 해도 남성이 가족 중에서 특권을 가진 사람이라는 사실을 금방 알아차릴 수 있었다. 일부 통찰력 있는 아버지와 어머니들이 옛날부터 내려온 특권을 양성 평등을 위해 기꺼이 포기한다고 하더라도 아이들은 집안일을 책임지는 어머니를 남자와 동등한 권리를 가진 파트너로 인식하는 것에 어려움을 느낄 것이다. 사내아이가 태어난 첫날부터 어디에서나 남성의 우위를 경험하게 될 때 그것이 그 아이에게 무엇을 의미할 것인지 상상해 보라. 태어나는 순간부터 사내아이는 여자아이보다 훨씬 큰 기쁨으로 받아들여지고 왕자님으로 대접받는다. 부모들이 아들을 더 바란다는 것은 너무나 잘 알려진 사실이고 흔한 현상이다. 사내아이는 어디에서나 매 순간 남자 후계자로서 얼마나 선호되는지, 자기가 얼마나 사회적 가치가 있는 사람인지 느끼게 된다. 누군가 그에게 말을 건넬 때나 때때로 그가 하는 말에서 남성의 역할에 대한 중요성이 수도 없이 각인된다. 남성 우세의 원칙은 집안 여자들이 별로 중요하지 않은 일을 담당하는 형태로 나타난다. 결국에는 아이 주변에 있는 여자들도 남자와 동등한 권리가 있다는 확신이 희미해진 채 살게 되는 것이다. 그들은 대부분 종속적이고 별로 가치가 없는 역할을 한다.

여자들이 결혼하기 전에 남자들에게 하는 매우 중요한 질문이 "당신은 문화 속에서, 특히 가정 내에 퍼져 있는 남성 지배 원칙에 대해 어떻게 생각해요?"라는 것이다. 이에 대해 남성들은 대부분 평생 동안 불확실한 태도를 보인다. 여자들은 어떤 경우에는 남자와 동등해지기 위한 욕구를 강력하게 표현하고, 다른 경우에는 어느 정도 차이는 있지만 대부분 체념하면서 살아간다. 다른 한편으로 남자들, 아버지들은 어릴 때부터 남자는 더 중요한 역할을 해야 한다는 확신 속에서 성장하고 일종의 의무감을 느끼며 살게 된다. 그 때문에 삶 속에서, 사회 속에서 그에게 다가오는 문제들에 대해 항상 남성의 특권에 유리하게 행동하는 것이다.

이 모든 관계에서 발생하는 모든 상황을 아이들은 같이 경험한다. 그로부터 아이들은 여자의 본질에 대해 여자들에게 불리한 수많은 표상과 견해를 갖게 된다. 사내아이의 정신 발달은 이런 방식으로 남성적 특징을 갖게 되는 것이다. 권력욕을 갖고 노력하는 동안 아이에게 바람직한 목표로 인식되는 것들은 거의 예외 없이 남성적 특징과 입장을 갖고 있는 것들이다. 위에 묘사된 권력 관계에서 일종의 남성적 미덕이 발생하며 그것의 원천은 바로 이런 남성적 목표와 관련된 것이다. 아무런 정당한 이유도 없이 어떤 성격은 남성적이고 어떤 성격은 여성적이라고 지칭된다. 우리가 남자아이와 여자아이의 정신적 상황을 비교하면서 이런 평가의 근거를 찾아보면 그것이 자연적인 사실로부터 비롯된 현상이 아니라 특정한 틀 속에서 살아오면서 편협한 생각을 통해 이미 제한적인 삶의 계획과 행동 패턴을 갖고 살아

온 사람들에 의해 확립된 현상이라는 것을 알 수 있다. 이런 권력 관계는 그들에게 어디에서 자신의 성장 발달을 도모해야 하는지 강제적으로 암시해 준다. 그러므로 남성적, 여성적이라는 성격 특징의 구별은 정당한 것이 아니다. 이제 우리는 이 두 가지 특성이 어떻게 권력 추구의 도전을 충족시켜 주는지 보게 될 것이다. 예를 들어 복종과 굴종이라는 '여성적인' 수단을 가지고도 권력을 행사할 수 있다. 때로는 순종적인 아이가 반항적인 아이보다 더 많은 권력을 행사할 수 있다. 두 아이 모두에게 권력에 대한 욕망이 존재한다는 것은 당연한 사실이다. 한 사람의 정신생활을 통찰하는 것은 그것이 권력 추구의 욕망을 관철시키기 위해 다양한 성격 특징으로 표출되기 때문에 매우 어렵다.

소년이 나이를 먹으면서 남성성의 의미는 거의 의무로 변하게 된다. 권력과 우월성을 향한 욕구와 그의 야망이 완전히 통합되어 남성성에 대한 의무감과 동일해진다. 권력을 추구하는 사내아이로서는 자신의 남성성을 자각하는 것만으로 충분치 않고, 자신들이 남자이고 그렇기 때문에 특권을 누려야 한다는 것을 보여 주려 하고 그에 대한 증거를 찾기 위해 노력하게 된다. 그들은 남들보다 우월해지기 위해 노력하는 한편으로 자신의 남성성을 과시한다. 또 다른 한편으로는 자신의 우월감을 나타내기 위해 주변 여자들에게 그들이 보여 주는 저항에 따라 고집이나 사나운 분노를 보이면서, 아니면 교활한 책략을 써서 온갖 폭군 짓을 하게 된다.

모든 사람이 특권을 가진 남자의 표준에 맞춰 평가되기 때문에 사내아이 앞에 이런 표준을 들이대는 것은 놀라운 일이 아니다. 그는 결국 자기 자신도 그 표준에 따라 평가하기 때문에 자기의 행위가 충분히 '남성다운'지 관찰하고 끊임없이 자문하고 돌아보게 된다. 오늘날 우리는 무엇을 '남자다운'이라고 평가하는지 잘 알고 있다. 무엇보다 자기애를 만족시켜야 하는 순수한 '이기주의'와 남들보다 뛰어나기를 바라는 '우월감', 적극적으로 보이는 성격 특징들, 용기, 강인함, 자부심, 모든 종류의 승리에 대한 추억, 특히 여자들에 대한 승리감, 직위 획득, 위엄과 타이틀, '여성적인' 것에 대한 거부감, 헌신에 대항하기 등이다. 어쨌든 그것은 개인적인 우월을 향한 끊임없는 투쟁이다. 왜냐하면 우월하다는 것은 남성적인 것으로 여겨지기 때문이다.

　이런 식으로 모든 소년은 성인 남자, 특히 그의 아버지에게서 볼 수 있는 성격 특성들을 띠게 된다. 우리는 어디에서든 이렇게 인위적으로 길러진 과대망상의 흔적들을 추적할 수 있다. 소년들은 매우 일찌감치 과도한 권력과 특권을 확보하기 위한 방향으로 잘못 인도된다. 이것은 그에게 '남성적'인 것이다. 그것들은 최악의 경우 종종 조야함과 잔인성으로 퇴행하기도 한다.

　어떤 상황에서는 남성이라는 사실이 제공하는 이점이 매우 매력적이다. 그러므로 많은 여자아이가 남성적 이상형을 실현 불가능한 욕망의 대상으로 여기거나 자신들의 행동을 판단하는 기준으로 삼는다고 해서 그리 놀랄 일은 아니다. 여자들은 이 이상형에 따라 그에 맞는 행동과 외모를 모방한다. "우리 문화 속에서 모든 여자는 남자가 되기를 원한다"는 칸트의 말처럼 제어할 수 없는 충동 속에서 신체적으로 남자애들에게나 적합한 그런 놀이나 활동만을 좋아하는 여자애들이 여기에 속한다. 그래서 그들은 나무에 기어 올라가기도 하고 남자애들과 노는 것을 좋아하며 여자들이 하는 모든 일을 무슨 수치라도 된다는 듯이 거부해 버린다. 그들은 뭐가 됐든, 오직 남성적인 활동에서만 만족을 느낀다. 이런 모든 현상은 남성성을 더 선호하기 때문에 초래되는 것으로 이해된다. 여기서 분명하게 알 수 있는 사실은 뛰어난 자리를 위한 노력이나 우월성의 추구는 사람들에게 똑같이 상징적이고 허구적인 가치가 있는 것이라는 점과 그들은 현실이나 삶에서의 실제적인 가치에 관심이 없다는 것이다.

3. 여성의 열등함에 대한 선입견

남성의 주도권을 정당화하기 위해 남자들 쪽에서는 그들의 지위가 자연적으로 부여된 것이라는 논거 외에도 여자는 열등한 존재라는 이유를 갖다 붙인다. 여자들의 열등함에 대한 견해는 너무나 널리 퍼져 있어 마치 그것이 모든 인간의 공통된 생각인 것처럼 보일 정도다. 그것과 더불어 남성들의 불안은 모권에 대한 투쟁의 시기로 거슬러 올라가며, 그 당시 여성들은 실제로 남자에게 불안감을 주는 존재였다. 역사에서나 문학에서 이런 종류의 암시는 수없이 많다. 로마 시대의 작가는 "여성은 남성의 혼란이다Mulier est hominis confusio"라고 말했다. 종교회의에서는 "여자는 영혼을 갖고 있는가?"라는 물음에 대해 활발한 논의가 이루어졌고, "여자가 도대체 인간인가?"라는 질문에 대한 학문적 논문도 쓰여졌다. 수백 년 동안 이어진 마녀 사냥은 마녀 화형식과 함께 그 당시의 엄청난 불안과 혼란, 오류에 대한 비극적인 증거들이다. 여자들은 종종 이 세계의 모든 불행의 근원으로 간주되었고, 성서에서는 원죄의 원흉으로, 호메로스의 『일리아드』에서는 여인 한 명의 행동이 어떻게 해서 민족 전체를 수렁으로 몰아넣는지 자세히 묘사되고 있다. 모든 시대를 관통하여 내려 온 전설과 동화들에도 여성의 도덕적 열등함에 대한 묘사가 포함되어 있다. 여성의 사악함과 음흉함, 허위, 불안정과 신뢰할 수 없음 등이 다루어졌다. '여자들의 경솔함'은 심지어 법적 논증의 근거로도 사용되었고, 여자들은 그들의 유능함, 업무 능력과 관련해서도 폄하되었다. 여러 민족들의 관용구나 일화, 속담, 풍자 등도 여자를 폄하하는 비판들로 가득하며 여성의 싸움벽, 부정확성, 편협함, 멍청함(치마는 길고 생각은 짧다) 등이 비난의 대상이 되었다. 수많은 예리한 표현이 여성의 열등함을 증명하기 위해 동원되었다. 스트린드베리[4], 뫼비우스[5], 쇼펜하우어[6], 바이닝거[7]

---

4 스트린드베리(Strindberg): 1849~1912. 스웨덴의 극작가, 소설가. 철저한 무신론과 자연주의적 세계관으로 유명하다.

5 뫼비우스(Moebius): 1790~1868. 독일의 수학자, 천문학자. 안과 밖을 구별할 수 없는 뫼비우스의 띠로 유명하다.

6 쇼펜하우어(Schopenhauer): 1788~1860. 독일의 철학자. 염세주의, 허무주의 철학으로 유명하다.

7 바이닝거(Weininger): 1880~1903. 오스트리아의 사상가. 여성 비하, 여성 부정으로 유명하다.

등과 같이 이 대열에 낀 사람들뿐만 아니라 적지 않은 여성들까지도 체념에 빠져 여성의 열등함을 인정하고 여성의 종속적인 역할의 당위성을 받아들였다. 임금도 여자들의 일이 남자들의 일과 동등한 가치를 갖는지 아닌지에 상관없이 여자들은 남자보다 훨씬 적게 받았다. 여성을 과소평가하는 행위가 여기서도 표현된 것이다.

지능검사 결과를 비교해 보면 특정한 영역, 예를 들어 수학에서는 남자아이들이 더 많은 재능을 보이는 반면, 여자아이들은 언어에서 더 재능을 보인다. 남자아이들은 실제로 남자의 직업에 적합한 그런 영역에서 여자아이들보다 더 많은 재능을 보인다는 것이 밝혀졌다. 그러나 그것은 오직 외견상의 결과일 뿐이다. 여자아이들의 상황을 좀 더 자세히 살펴보면 여자의 열등함에 대한 속설은 동화이며 진실처럼 보이는 거짓일 뿐이다.

여자아이는 지속적으로, 사실상 매일, 다양한 형태로, 여자는 능력이 없으므로 더 쉽고 종속적인 일에 적합하다는 이야기를 듣게 된다. 여자아이는 아직 어리기 때문에 그런 판단이 진실인지 가려내기 힘든 상황이므로 여성의 무능함을 변할 수 없는 숙명으로 받아들이고, 결국에는 스스로 자신의 무능력을 믿는 과정을 거칠 것이다. 용기를 잃은 여자아이는 그런 과목이나 직업적 분야에서—어떤 식으로든 그와 관련을 맺게 될 때—처음부터 관심을 보이지 않거나 아예 관심을 잃기 쉽다. 그렇게 해서 외적, 내적인 준비가 부족하게 된다.

그런 상황에서는 여성이 무능력하다는 주장이 언뜻 보면 맞는 것처럼 보인다. 이런 착오에는 두 가지 원인이 있다. 인간의 가치를 오직 상업적인 관점에서 계산된 성과를 통해 판단하는—편협하고 이기적인 동인이라고 할 수 있는—습관 때문에 그런 주장이 힘을 얻게 된다. 그 관점으로 보면 성과와 수행 능력이 정신적인 발달과 어떤 상관관계에 놓여 있느냐 하는 물음은 더 이상 중요하지 않다. 만일 우리가 일반적으로 그런 내용에 더 많은 주의를 기울인다면 여성이 보다 열등한 업무 능력을 보인다는 오류가 왜 실재해 왔는지 또 다른 주요 원인을 밝혀낼 수 있을 것이다. 여자아이는 어릴 때부터 그를 둘러싼 세계로부터 수많은 편견을 들으면서 자라난다는 사실을 간과하고 있는 것이다. 그 편견은 자신의 가치나 자신감에 대한 그들의 믿음을 흔들어 버리고 무언가 유익한 일을 할 수 있다는 희망까지도 땅에 묻어 버린다. 다른 아무것도 없이 오직 그런 편견만이 힘을 받고 여자들은 단지 종속적인 역할만 하는 것을 계속 보게 된다면 여자아이들은 용기를 잃고 뭔가 하려고 하지도 않으며, 결국 삶의 과제들 앞에서 뒤로 물러설 수밖에 없게 된다. 그렇게 되면 여자는 실제로도 쓸모없고 가치 없는 인간이 될 수밖에 없다. 어떤 사람에게 다가가서 우리 사회 전체의 편견을 들려주며 그의 자존감을 손상시키고 무언가를 할 수 있다는 희망을 꺾어 버리고 그런 식으로 용기를 뭉개 버린 다음, 그가 아무것도 할 수 없는 인간이라고 주장한다면 우리의 정당성의 근거는 희박해진다. 우리는 오히려 이 모든 불행의 책임은 우리에게 있다고 고백해야 할 것이다.

우리의 문화 속에서 여자아이가 자신감과 용기를 갖는다는 것은 결코 쉬운 일이 아니다. 한 지능검사에서 매우 특이한 결과가 나온

적이 있다. 14~18세의 어떤 특정 그룹의 여자아이들은 다른 그룹이나 남자아이들보다 뛰어난 재능을 보여 주었다. 후속 연구 결과에 의하면 그들의 집안에서는 여자가, 혹은 엄마 혼자 매우 독립적인 직업을 갖고 있다는 사실이 밝혀졌다. 이 그룹의 여자아이들은 모두 그런 집안 출신이었다. 그 사실은 엄마들이 유능하게 직업 전선에서 활발하게 일하는 것을 보았기 때문에 이 여자아이들이 여자의 열등함에 대한 편견을 거의 느끼지 않았거나 매우 약한 정도로만 느끼는 분위기에서 자라났다는 것을 의미한다. 이런 편견과 연관된 모든 억압을 거의 받지 않았기 때문에 그들은 훨씬 더 자유롭고 독립적으로 성장할 수 있었다. 이런 편견에 대한 또 다른 반박은, 적지 않은 수의 여성이 문학, 예술, 기술, 의학과 같은 매우 다양한 분야에서 남성들의 성과에 결코 뒤지지 않는 훌륭한 성과를 거두었다는 사실이다. 이와 마찬가지로 아무런 성과를 내지 못하는 남성이나 매우 심한 무능력을 드러낸 남성들의 숫자가 무시하지 못할 정도로 많다고 해서 그것이 곧 남성의 무능력에 대한 편견을 입증한다고 말한다면 그것 또한 정당하지 않을 것이다.

여성의 열등함에 대한 편견은 또 다른 중대한 현상을 초래했는데, 이미 언급한 바와 같이 사람들이 습관적으로 말하는 단어들 속에서 개념의 독특한 이분법을 가져왔다. '남자다운'이라는 단어는 '귀중한-강한-승리감'으로 연결되고 '여자다운'이라는 단어는 '순종하는-봉사하는-종속적인'의 개념들과 동일시된다. 이런 사고방식이 사람들의 머릿속에 너무 깊이 닻을 내리고 있어 우리 문화에서 모든 탁월한 것은 남성적인 특징으로 인식되고 반면에 별로 가치 없거나 부정적인 것은 여성적인 특징으로 인식된다. 어떤 남성에게 '여자 같다'라고 말하는 것은 더할 수 없는 모욕으로 받아들여지며 여자아이에게 사내 같다는 표현은 그다지 기분 나쁘게 받아들여지지 않는다. 여자를 연상하게 하는 것은 모두 열등한 것으로 표현되고 있는 상황이 강조되고 있는 것이다.

이런 편견에 명확하게 동조하는 듯한 현상을 자세히 관찰해 보면 부진한 정신 발달을 겉으로 드러내는 것으로밖에 생각할 수 없다. 우리가 모든 아이를 '재능 있는begabt' 사람으로 만들 수는 없지만 그 아이들로부터 '재능이 없는unbegabt' 사람을 만들어 낼 수 있는 능력을 갖고 있음을 부정할 수 없다. 우리는 그런 끔찍하고 말도 안 되는 일을 한 적이 없지만 다른 사람들은 그 일에 종종 성공했다는 것을 알고 있다. 그런데 그런 운명이 남자아이들보다는 여자아이들에게 더 많이 닥친다는 것을 쉽게 느낄 수 있다. 우리는 그런 '재능 없는' 아이들을 본 적이 있는데, 어느 날 갑자기 '재능 없는' 아이에서 '재능 있는' 아이로 변해 버린 것처럼 '재능 있는' 아이로 우리 앞에 불쑥 나타난 경우가 많았다.

4. 여성 역할로부터의 탈출

남성이 갖고 있는 지배력은 여성의 정신적 발달에 심각한 위협이 되었고, 그 결과 여성들은 자신의 역할에 만족할 수 없었다. 여성의 정신 발달은 낮은 지위로 인해 매우 심한 열등감을 갖게 되는 사람들과 동일한 방식과 전제조건하에서 전개된다. 여성은 선천적으로 열등하다는 잘못된 편견은 여성의 정신 발달을 더욱 어렵게 하는 요인으로 추가된다. 그럼에도 불구하고 많은 여자아이가 균형을 이루는 것은 그들의 성격 발달이나 지능, 특권에 힘입었기 때문이다. 그러나 그것은 오류가 또 다른 오류를 낳는 것처럼 다른 상황으로 발전된다. 그런 특권들은 적어도 겉으로는 여성을 매우 좋아한다는 모습을 보여 주는, 여성에게 유리한 의무의 면제나 여성에 대한 예의 바름, 여성이 누리는 사치 등이다. 그것은 여성을 매우 존중하는 듯한 인상을 주지만 결국에는 여성의 이상형을 만들어 내는 것으로서, 원래는 남성들의 이익을 위해 만들어진 것이다. 한 여성은 그것을 "여성의 미덕은 남성의 좋은 발명품"이라고 과장되게 표현했다.

전통적인 여성의 역할을 반대하는 투쟁에서 일반적으로 여성들은 세 가지 유형으로 구분된다. 첫 번째 유형에 대해서는 우리가 이미 많은 것을 알고 있다. 그들은 적극적으로 '남성적인' 방향으로 발전하는 유형이다. 에너지가 넘치며 야심적이고 승리를 향해 노력한다. 남자 형제나 남자 동료를 능가하려고 하고, 남성들에게 적합한 것으로 알려진 활동을 열심히 하려고 하며, 모든 종류의 운동과 그 비슷한 것을 선호한다. 종종 그들은 사랑이나 결혼 관계까지도 거부한다. 그들이 혹시 그런 관계에 빠지더라도 그 관계 안에서 다른 배우자에 비해 지배적인 위치에 서려고 하기 때문에 그 관계가 위협받게 된다. 그들은 집안 살림의 여러 가지 일에 대해 심한 혐오감을 드러내는데, 그것을 직접적으로 표현하기도 하고 무기력한 행동을 보임으로써 간접적인 혐오를 드러내 집안일에는 전혀 무능하다는 것을 확인시킨다.

이러한 유형은 남성적인 방식으로 역경을 호전시키려고 노력한다. 여성의 역할에 대한 방어적 자세는 그녀의 전체적인 기본 성격이 되며 그러는 사이 사람들은 그녀에게 남자 같은 여자^{Mannweiber}라는 호칭을 붙여 준다. 사람들은 보통 그녀가 그런 식의 태도를 보이는 것은 그녀에게 남성적인 특징을 나타내게 하는 어떤 선천적인 요인이나 물질이 있어서라고 가정하지만 그것은 틀린 생각이다. 우리의 문화적 역사는 오늘날까지 그들에게 부과되는 여성에 대한 억압이나 제한이 정말로 견디기 어려운 것이며, 그래서 반기를 들 수밖에 없음을 여실히 보여 주고 있다. 그런 행위가 '남성적인' 방향을 띠는 것은 이 세상에서 제대로 살아가려면 이상적인 여성으로 살아가거나 이상적인 남성으로 살아가는 두 가지 가능성밖에 없기 때문이다. 여성적 역할에서 떨어져 나오는 것은 남성적으로 인식되며 반대 경우도 마찬가지다. 여기에 어떤 신비로운 물질이 관여된 것이 아니고 공간적, 심리적으로 다른 방법이 없기 때문이다. 그러므로 여자아이가 정신적으로 발달하면서 부딪칠 수밖에 없는 여러 가지 어려움에 주목해야 하며 그녀에게 남성과의 동등한 권리가 보장되지 않는 한, 여성의 삶이 우리 문화의 여러 문제와 우리의 공동생활과 완전한 화해를 이룬다는 것은 기대할 수 없다.

또 하나의 유형은 체념한 채 살아가는 여성들이다. 그들은 믿을 수 없을 만큼 적응과 순종, 겸손을 드러낸다. 그들은 어디에서나, 무슨 일에나 적응을 잘하지만 아무것도 제대로 하지 못한다는 의심을 사기에 충분할 정도로 서투름과 우매함을 보여 준다. 아니면 그들은 여러 가지 신경증적 증상들을 나타내며 약하고 배려가 꼭 필요한 듯한 모습을 보인다. 그렇게 함으로써 그런 심한 길들이기식 훈련이나 폭력적 행위로 말미암아 어떤 신경증적 고통이 나타나며 어떻게 사회 생활에 대한 무능이 만들어지는지 똑똑히 보여 준다. 그들은 세상에서 가장 착한 사람들이지만 유감스럽게도 병약하고 자신에게 닥쳐오는 도전을 충분히 감당하지 못하는 사람으로 인식된다. 한편 주변 사람들은 그녀의 그런 행동을 오랫동안 참아 주기 힘들어 한다. 그녀의 복종과 자기 비하, 자기 제한적 삶에는 첫 번째 유형에서 언급된 똑같은 반란이 근저에 놓여 있다. 그녀는 이렇게 말하는 것처럼 보인다.

"이건 정말 행복한 삶이라고 할 수 없어."

세 번째 유형은 여성의 역할을 거부하지는 않지만 자신이 열등한 존재이며 종속적인 역할밖에 할 수 없음을 고통스럽게 자각하는 유형이다. 그들은 여성의 열등함을 확신하고 있으며 남자들만이 더 가치 있는 일을 할 수 있다고까지 생각한다. 그러므로 남성들의 특권에 찬성하며 남성들만이 모든 우월한 능력을 갖고 있고, 그래서 특별한 지위를 가져야만 한다는 생각에 동의한다. 자신이 약하다는 생각을 주위에 매우 또렷하게 보여 주기 때문에, 그녀는 마치 그에 대한 인정을 바라면서 주변에서 그녀를 도와주기를 원하는 것처럼 행동한다. 그러나 이런 태도 역시 오래전부터 준비된 반란의 표현이다. 그녀는 결혼 생활에서 자기가 꼭 해야만 할 일도 끊임없이 남편에게 떠넘기면서 솔직하게 고백한다.

"이런 건 남자들만이 할 수 있는 거예요."

여성의 열등함에 대한 지배적인 편견에도 불구하고 인간 삶의 가장 중요하고 무거운 과제 중 하나인 교육의 측면에서 바라볼 때 그 임무의 거의 대부분은 여성에게 부과된다. 우리는 여성들 각각의 유형이 이 문제에 대해 어떻게 대처하는지 대략적인 그림을 그려 보려고 한다. 여기서 그들 간의 차이점은 더욱 두드러지게 나타난다. 삶에 대해 남성적인 태도를 보여 주는 첫 번째 유형의 여성들은 폭군처럼 굴며 아이들을 지배한다. 계속 소리를 지르면서 벌을 주고 아이들을 심하게 압박한다. 아이들은 물론 거기에서 벗어나려고 몸부림 치지만, 사실 그것은 그녀가 어린 시절에 스스로 그렇게도 벗어나고 싶어 했던 압박에 다름 아니다. 이 경우에 도달할 수 있는 가장 최선의 결과는 기껏해야 아무런 가치도 없는 길들이기일 뿐이다. 아이들은 이때 자신들의 엄마를 무능력한 양육자로 인식하고 있는 듯한 인상을 준다. 큰 소리로 야단치는 것, 고함 소리, 과장된 몸짓들은 나쁜 영향만 미치고, 결과적으로 여자아이들은 그런 것을 모방하기도 하지만 남자아이들은 반대로 이후의 삶에서 지속적인 충격을 느낀다. 이런 어머니 밑에서 자라난 남자들 중에는 일찌감치 쓰디쓴 면역 주사를 맞은 사람처럼 여자를 멀리 피하거나 여자들에 대한 신뢰감을 전혀 갖지 못하는 사람들이 눈에 띄게 많다. 그렇게 해서 지속적인 갈등이 생기며 때때로 명백하게 병적인 동성애로 발전하기도 한다. 사람들

중에는 그에 대해 "남성 물질과 여성 물질이 잘못 분배되어서"라고 허튼소리를 하는 사람도 있다.

다른 두 가지 유형도 교육자로서는 부적합하다. 그녀들은 매우 회의적인 방법으로 접근하기 때문에 아이들은 곧 그녀들에게서 자신감 부족을 발견하고 엄마의 머리 꼭대기에서 놀려고 한다. 그녀들은 아이들을 끊임없이 야단치고 계속 경고하고 때때로 아버지에게 이를 것이라고 위협하기도 한다. 그러나 그 행위는 항상 남성 교육자를 들먹임으로써 자신의 교육적 활동이 별로 성공적이지 않음을 드러낼 뿐이다. 그녀는 자녀의 교육에서도 퇴각할 준비를 하고 있는 것과 다름없다. 마치 남자들만 유능하기 때문에 아이들 교육에 남자는 빠질 수 없는 사람이라는 관점을 정당화하는 것이 자기 임무라도 된다는 듯이, 혹은 자기는 아무것도 할 수 없을 것 같다는 자괴감에서 모든 교육적 행위를 거부하고 가정교사나 남편에게 모든 책임을 떠넘긴다.

여성의 역할과 관련된 불만족은 일부 여자아이들의 경우 더욱 극명하게 드러난다. 그들은 매우 특별하고 '숭고한' 이유에서 삶에서 물러나, 예를 들어 수도원에 들어가거나 독신과 관련된 직업을 선택한다. 그들은 여성의 역할에 절대로 동의하지 못하기 때문에, 그 역할에 필요한 직업 준비를 아예 포기한다. 많은 소녀가 되도록 빨리 직업을 갖고 싶어 노력하지만 그 속에는 직업과 관련된 독립성을 하나의 보호 장치로 삼으려는, 그렇게 빨리 결혼에 얽매이고 싶지 않다는 욕망이 숨어 있다. 이런 입장에는 역시 전통적인 방식의 여성 역할에 대한 혐오감이 하나의 요인으로 작용하고 있다는 것을 알 수 있다.

어떤 소녀가 결혼했다고 하면 대부분의 사람들은 그녀가 여성의 역할을 기꺼이 받아들인 것으로 생각하지만 결혼이라는 것이 곧 여성의 역할과의 화해를 입증하는 것은 아님이 밝혀진다. 그에 대한 전형적인 사례로는 지금 서른여섯 살이 된 여자의 경우가 있다. 그녀는 여러 가지 신경증적 증상을 호소했다. 그녀는 나이 든 남편과 지배적 성향이 농후한 아내 사이에서 태어난 첫째 딸이었다. 미인이었던 어머니가 나이 든 남자를 택했다는 상황 자체가 벌써 여성의 역할에 대해 의심하게 만드는 것이며, 그것이 남편을 선택하는 데 영향을 미쳤으리라고 추측하게 해 준다. 부모의 결혼 생활은 행복하지 않았다. 어머니는 소리를 질러 대며 집안의 기강을 잡았고 자기 의지를 관철하는 데 조금도 흔들림이 없었다. 늙은 아버지는 어떤 일이 있을 때마다 구석에 들어 가 있었다. 어머니는 한 번도 아버지가 쉬기 위해서 몸을 뻗고 앉는 것조차 허락하지 않았다고 했다. 어머니는 자기가 정해 놓은 원칙에 따라, 무슨 일이 있어도 그것을 침범하면 안 되는 것처럼 모든 일을 처리해 나가려고 했다.

우리 환자는 매우 능력 있는 아이로 자라났으며 아버지의 지극한 사랑을 받았다. 어머니는 그녀에게 절대로 만족하는 법이 없었고 늘 그녀의 적수였다. 얼마 있다가 사내아이가 태어나자 어머니는 그에게 각별한 애정을 쏟았고, 그렇게 되자 두 사람의 관계는 참을 수 없는 것으로 변해 갔다. 그녀는 다른 일에는 무기력하고 양보를 잘하지만 딸과 관계된 일에서는 격렬하게 저항하곤 했던 아버지가 자기편이라고 여기면서 어머니와의 힘든 투쟁을 이어 갔고, 그러는 동안 어머니를 미워하게 되었다. 딸이 제일 좋아하는 공격 포인트는 어머니의 청결벽이었다. 어머니는 자질구레한 것까지도 극단적으로 만드는 편이어서 하녀가 문손잡이를 만지고 다시 닦지 않는 것조차 참지 못했다. 소녀는 여기저기 다니면서 더러운 것을 묻히고 단정치 못한 차림으로 돌아다녔다. 그녀는 어머니가 기대하는 것과 반대 성격으로만 발달해 갔다. 이 상황은 성격이 선천적인 것이라는 이론에 정확히 반대되는 것이다. 그녀가 어머니를 죽을 만큼 화나게 만드는 그런 성격만 발달시켰다는 것은 의식적이거나 무의식적인 의도가 담겨 있었다고밖에 볼 수 없다. 그 싸움은 지금까지 계속되는데, 이 경우보다 더 격렬한 적대 관계는 찾아보기 힘들 지경이었다.

그녀가 여덟 살이 되었을 때 집안은 다음과 같은 상황이었다. 아버지는 여전히 그녀 편이었고, 어머니는 항상 엄격하고 화난 얼굴을 하고 있었으며 날카로운 지적과 비난을 그치지 않았다. 그녀는 건방지고 호전적인 태도와 끝없는 냉소로 엄마의 노력을 무위로 만들었다. 상황을 더욱 악화시킨 것은 어머니의 편애를 받던 남동생이 심장 판막증을 앓게 됐기 때문이었다. 엄마는 그 동생을 보살피는데 모든 노력을 아끼지 않았다. 부모는 자기가 편애하는 각각의 아이들을 보살피는 데 온 힘을 기울였다. 그녀는 그런 환경에서 성장했다.

갑자기 그녀는 신경증 질환을 앓게 되었는데, 아무도 그 이유를 알 수 없었다. 그녀의 고통은 그녀가 엄마를 향해 항상 나쁜 생각을 하기 때문에 아무것도 할 수 없다는 것이었다. 마지막으로 그녀는 종교 생활에 빠져 보기도 했지만 아무런 도움이 되지 않았다. 얼마 지나 그녀의 상황은 약간 호전되었다. 사람들은 그녀가 약을 먹어서 그렇게 되었다고 했지만 사실은 어머니가 다소나마 방어적 상황에 몰린 것이 이유였다. 그녀의 불안 증세 중 마지막으로 남아 있는 것은 특이할 정도의 뇌우에 관한 불안이었다. 그녀는 자기의 나쁜 생각 때문에 뇌우가 오는 것이라고 상상했고, 자기가 그렇게 나쁜 생각을 하기 때문에 언젠가는 불행이 닥칠 것이라고 불안해했다. 그녀가 엄마에 대한 증오심에서 벗어나기 위해 얼마나 노력하고 있는지 알 수 있었다.

그녀의 생활은 그럭저럭 이어졌고 어느 날 아주 아름다운 미래가 손짓하는 것처럼 느껴졌다. 언젠가 한 여선생님이 그녀가 원하기만 하면 모든 것을 할 수 있을 것이라고 말했고, 그녀는 그 말에 강한 인상을 받았다. 그 자체만 보면 그 말은 아무런 의미가 없지만 그녀에게는 매우 큰 의미가 있었다.

"그녀가 무언가 하려고 한다면 그녀는 할 수 있다."

그러나 이 말은 어머니와의 투쟁에 대한 계속적인 열망을 부채질했을 뿐이다.

사춘기가 찾아 왔고 그녀는 아주 예쁜 아가씨로 자라났다. 그녀는 결혼할 나이가 되었고 많은 구혼자를 거느렸다. 그러나 그녀의 날카로운 말 때문에 번번이 관계가 깨지고 말았다. 오직 나이 많은 남자 하나만 그녀의 주위에 남았다. 그녀는 그에게 몹시 끌렸기 때문에 사람들은 그녀가 곧 그와 결혼할 것이라고 걱정했다. 그러나 그 남자역시 얼마 지나지 않아 떠나 버렸고 스물여섯 살이 된 그녀 주변에는 구혼자가 하나도 남지 않았다. 주변 사람들은 그 상황을 몹시 이상하게 여겼고, 사람들은 그녀의 과거에 대해 아무것도 몰랐기 때문에 그 이유에 대해 궁금해했다. 어린 시절부터 엄마와 싸워 온 힘겨운 투쟁 속에서 그녀는 참기 어려운, 호전적인 존재가 되어 버렸던 것이다. 싸움을 통해서만 그녀는 승리감을 느낄 수 있었다. 어머니의 행동 때문에 자극을 받아 항상 승리를 추구한 결과 그런 행태에 길들여졌다. 말로 하는 싸움은 그녀가 제일 좋아하는 것이었다. 그 속에서 그녀는 자기의 허영심을 드러낼 수 있었다. 그녀의 '남성적인' 태도는 그것을 잘 알고 있었고 상대를 제압해 이길 수 있는 그런 게임만 좋아하게 되었다.

스물여섯 살이 되었을 때 그녀는 매우 존경할 만한 남자를 알게 되었다. 그는 그녀의 호전적인 성격에도 불구하고 그녀에게 구혼했다. 그는 매우 굴종적이었고 겸손했다. 그녀의 친척들은 그와 결혼하라고 종용했지만 그녀는 그를 계속 싫어하고 있으며 그와의 결혼은 생각할 수 없다고 말하곤 했다. 그녀의 성격으로 볼 때 그런 예언은 그리 어려운 일이 아니었다. 2년 동안 버티다가 그녀는 이 남자를 자기 노예로 만들 수 있고 그녀가 원하는 것은 무엇이든 할 수 있으리라는 굳은 확신을 갖고 결혼을 승낙했다. 그녀는 마음속에서 은밀하게 이 남자로부터 자기 말이라면 무엇이든 들어주었던 아버지의 복제품을 만들 수 있을 것이라는 희망을 품었던 것이다.

곧 그녀는 자기의 생각이 틀렸다는 것을 깨달았다. 결혼식이 끝나고 며칠 지나지 않아 남편이 파이프를 입에 물고 방에 앉아서 기분 좋게 신문을 읽고 있는 모습이 사람들 눈에 띄었다. 아침이면 자기 사무실에 갔다가 정각에 맞추어 밥을 먹으러 왔고 아직 식사가 준비되어 있지 않으면 화를 냈다. 그는 청결과 애정과 정확성을 요구했지만 그녀는 그것들을 할 수가 없으며 그렇게 요구하는 것은 부당한 일이라고 생각했다. 그들의 관계는 그녀와 아버지 사이에 있었던 관계와는 비교도 할 수 없을 만큼 거리가 한참 멀었다. 그녀는 자기가 꾸던 모든 꿈에서 추락하고 말았다. 그녀가 요구하면 할수록 그녀의 남편은 그 요구에 따라 주지 않았고 그가 그녀에게 주부로서의 역할을 강조하면 할수록 그는 원하던 것을 이룰 수 없었다. 그녀는 남편에게 그런 요구를 할 자격이 없다고 끊임없이 상기시켰다. 왜냐하면 그녀는 그를 좋아하지 않는다고 말했기 때문이었다. 그렇게 말해도 그에겐 아무 소용 없었다. 남편은 계속 가차 없이 자기 요구만 내세웠고 그녀는 자기의 미래가 매우 암울할 것이라고 생각했다. 정직하고 의무감에 가득 찬 남편은 자기 자신을 잊어버릴 정도로 도취해 그녀에게 구혼했지만 그녀가 자신의 소유가 되자마자 그것은 연기처럼 사라져 버렸다. 그녀는 엄마가 되었지만 둘 사이의 관계는 바뀌지 않았다. 그녀는 새로운 의무를 지게 되었다.

그러는 사이 그녀와 엄마의 관계는 더 나빠졌다. 어머니는 이제 사위 입장만 열렬히 두둔했다. 집안에서의 전쟁이 매우 심각한 지경이 되자 남편의 태도도 거칠고 냉혹해졌는데, 그건 그리 놀랄 일이 아니었다. 남편의 그런 행동은 그녀가 여성의 역할에 적응하지 못하고 화해하지 못한 결과라고 볼 수 있었다. 원래 그녀는 자신이 언제나 지배자로 군림하면서 그녀의 모든 시중을 들어 주는 노예를 옆에 거느린 채 살아갈 것이라고 생각했었다. 그녀가 자기 어머니처럼 모든 것을 지배할 수 있었다면 그녀는 자기 역할을 훌륭히 해냈을지도 모른다.

이제 그녀는 어떻게 해야 할 것인가? 이혼하고 어머니에게 돌아가 자기의 패배를 선언해야 할 것인가? 그녀는 독립적으로 살 능력이 없었다. 그녀는 그런 준비를 한 적이 없었기 때문이다. 이혼이란 그녀의 자존심과 허영심에 상처를 입힐 것이다. 삶은 그녀에게 고통을 의미했다. 한편에는 모든 것에 불만을 터뜨리는 남편이 있고, 다른편에는 항상 청결과 질서를 강조하며 비난만 퍼붓는 어머니가 있었다.

갑자기 그녀는 청결해졌다. 정리정돈에 열중했고, 온종일 쓸고 닦기 시작했다. 그녀는 마침내 어머니가 그토록 귀에 못이 박히도록 강조했던 교훈을 깨달은 듯했다. 처음에 어머니는 기분 좋게 웃었을지 모른다. 남편도 하루 종일 장롱을 치우고 정리하는 아내의 달라진 모습에 어느 정도 기뻐했을 것이다. 사람들은 이런 일에 어느 정도 과장하는 습성이 있다. 이 경우에도 그랬다. 그녀는 쓸고 닦고 하면서 온 집안에 실 한 가닥 떨어져 있지 못하게 했으며, 그녀가 이렇게 열성을 부리자 모든 사람이 그녀에게 방해가 되었고 그녀는 그들에게 방해가 되었다. 그녀가 무언가를 닦아 놓았는데 누군가가 그것을 건드리면 다시 닦아야만 했다. 그런데 그 일은 오직 그녀만이 해야 했다.

이런 **청소벽**Waschkrankheit은 매우 흔한 현상이다. 이런 병을 갖고 있는 여자들은 모두 여성 역할에 대항하는 전사들이다. 그들은 이런 식으로 완전을 추구하며 청소를 잘 하지 않는 다른 사람들을 멸시한다. 이런 노력은 무의식적으로 집을 폭파시켜 날려 버리겠다는 심산인 것이다. 그러나 현실은 이 여자보다 더 더러운 사람을 찾기 어려울 정도였다. 청결, 그 자체가 문제가 되는 것이 아니라 그녀가 스스로 야기시키는 불편함이 문제였다.

여성의 역할과 화해한다는 것은 오직 외관상으로만 그렇게 보일 뿐이라는 사실이 수많은 경우에서 확인되고 있다. 그녀에게 여자 친구가 전혀 없고, 그녀가 어떤 사람과도 잘 지내지 못하고 어떤 배려도 하지 못한다는 것은 그녀의 성격과 본질에 들어맞기 때문이라고 할 수 있다. 다음 시대의 문화는 삶과의 진정한 화해를 가져올 수 있는, 여자아이를 위한 교육 방법을 우리에게 제시해 주어야 한다. 왜냐하면 우리가 오늘 이 사례에서 보는 것처럼 이런 화해는 아무리 최상의 환경에서도 쉽게 달성하기 어렵기 때문이다. 여성의 열등함은 실제로 존재하는 것이 아니며, 사태를 통찰할 수 있는 사람들은 그 사실을 부정하고 있지만 우리 문화에서 아직도 법률적으로, 전통적으로 굳건하게 자리 잡고 있다. 그에 대해 우리는 눈을 부릅뜨고 있어야 하며 우리의 사회 질서를 유지하기 위해 필요한 이런 오류투성이 수법을 간파하고 그에 대항해 투쟁해 가야만 한다. 그것은 여성을 과장되게 존중하는 병적인 태도에서 비롯되는 것이 아니고, 그렇게 함으로써 개선될 수 있는 것도 아니다. 그러한 상황이 우리의 사회생활을 파괴하기 때문이다.

이런 관련성 속에서 또 한 가지 현상을 언급해야 할 것이다. 왜냐하면 그 현상은 여러 가지 면에서 여성을 무시하고 존중하지 않는 비판의 계기로 작용하기 때문이다. 바로 위험한 나이das gefährliche Alter 라는 현상이다. 여성은 나이 쉰 살 정도가 되면 어떤 성격 특징이 특별히 날카로워지는 심리적 변화를 겪게 된다. 신체적인 변화와 함께 여태껏 힘들게 지켜 왔던 아주 작은 영향력을 이제는 영영 잃어버릴 시간이 가까워져 온다는 생각이 그녀를 지배하기 시작하는 것이다. 위태로워지는 그녀의 위치를 지키는 데 도움이 될 수 있는 것을 찾아 내고 유지하기 위해서 그녀는 치열한 노력을 하게 된다.

우리의 현재 문화에는 성과 중시 원칙이 지배적이다. 그 속에서 나이 먹은 사람들에게는 모든 현실이 힘들어진다. 이것은 특히 나이 먹은 여자들에게 더 심하게 적용된다. 사람들이 늙어 가는 여성들의 가치를 완전히 훼손할 때 나타나는 피해는 또 다른 방식으로 일반 사람들에게도 영향을 준다. 그것은 바로 우리 인생이 시간의 변화에 따라 다르게 계산되거나 평가될 수 없다는 것이다. 한 사람이 평생 동안 온 힘을 다해 일구어 놓은 성과는 그의 힘이 약화되고 영향력이 없어지는 그 이후 기간 동안에도 인정해 주어야 한다. 어떤 사람이 나이를 먹었다고 해서 그를 정신적, 물질적 관계에서 완전히 배제해 버리는 것은 부당하다. 특히 늙은 여성에 대한 그런 태도는 모욕으로 간주되므로 비난받아 마땅하다. 성장 과정에 있는 소녀가 언젠가 자신에게 닥쳐올 이 시기에 대해 생각할 때마다 얼마나 두려움을 느끼게 될지 생각해 보라. 쉰 살이 되었다고 해도 여성이라는 사실은 변하지 않는다. 이 시기가 지난 뒤에도 인간의 존엄성은 지속되며 계속 존중되어야 한다.

5. 여성과 남성 사이의 긴장

이런 모든 현상의 근저에는 우리 문화의 편견들과 치명적 오류들이 놓여 있다. 어떤 편견이 지배하기 시작하면 그것은 어디에서나 통용되고 어디에서나 발견된다. 여성의 열등함에 대한 편견도, 그와 관련된 남성의 불손함도 양성 간의 조화를 지속적으로 방해해 왔다. 그 결과는 끊임없는 긴장이며 특히 모든 남녀 간의 사랑에 침투해 모든 행복의 가능성을 계속 위협하고 파괴했다. 우리의 모든 애정 생활은 이런 긴장으로 인해 오염되고 시들고 황폐화된다. 사람들이 조화로운 결혼 생활을 하지 못하고 아이들이 결혼이란 매우 어려운 것이며 위험한 것이라는 생각을 하게 되는 것은 다 이런 이유 때문이다. 위에 언급된 편견과 그와 비슷한 여러 가지 생각은 아이들이 삶에 대한 진정한 이해에 도달하는 것을 방해한다. 결혼을 그저 하나의 탈출구로 생각하는 수많은 여자아이가 있고 결혼 생활을 그저 필요한 해악쯤으로 간주하는 남자와 여자가 많다. 양성 간의 이런 긴장에서 발생하는 어려움들은 오늘날 감당할 수 없을 정도로 거대해졌다. 여자아이들은 어렸을 때부터 자기들에게 강요된 역할을 거부하려는 성향이 강할수록, 또 남자들에게는 그것이 갖고 있는 수많은 비논리에도 불구하고 남자의 특권적 역할에 대한 욕구가 강할수록 이 긴장은 더욱 확대된다.

각자의 성 역할에 대한 화해와 양성 간의 평등을 위해서는 **동료애**Kameradschaft가 전제되어야 한다. 양성 간의 관계에서 발생하는 예속은 종족 간의 예속만큼이나 견딜 수 없는 것이다. 양쪽의 고통과 부담이 너무 크기 때문에 각자는 이 문제에 대해 주의를 집중해야 한다. 왜냐하면 이 영역은 매우 광범위해서 개인의 모든 삶을 지배하기 때문이다. 그리고 우리의 문화는 아이들에게 상대의 성에 대해 일종의 반대자가 되도록, 삶에서 그런 입장을 선택하도록 강요하기 때문에 이 문제는 더 복잡해진다. 경쟁을 배제한 조용한 교육은 이 점에서 이런 어려움을 종식시켜 줄 것이다. 그러나 우리 일상의 조급증, 교육적 기본 원칙의 부족, 특히 우리의 모든 삶을 지배하고 있는 경쟁 관계들은 어린아이의 방에까지 영향을 미쳐 이후의 삶에 대한 행동 노선을 정해 주고 있다. 그것은 많은 사람이 사랑하는 관계로 진입하기를 주저하게 만들고 남자들은 어떤 상황에서도, 심지어 간계를 써서라도 정복Eroberung을 통해 자신의 남자다움을 증명하는 것을 남자의 과제처럼 인식하게 되었기 때문이다. 그런데 그 정복이란 것은 사랑의 솔직담백함과 신뢰를 깨뜨려 버린다. 돈 후안Don Juan은 스스로도 자신의 남자다움을 믿지 못했기 때문에 여성을 정복하는 행위를 통해 끊임없이 그에 대한 증거를 찾으려 했을 것이다.

양성 간을 지배하는 불신은 모든 신뢰감을 저하시키고 모든 사람은 그 때문에 고통을 받는다. 과장된 남성성의 이상형이란 끊임없는 도전이며 계속적인 유혹이고 영원한 불안을 의미한다. 그럴 경우에는 허영심과 자기 과시, 특권적인 위치에 대한 요구들을 만들어 내며 그것들은 인간적으로 함께 살아가는 삶의 자연적 조건들에 반하는 것들이다. 그러므로 우리는 여성 해방 운동의 자유와 평등을 향한 지금까지의 목표에 반대할 이유가 없다. 우리는 오히려 그것에 대한 지원을 아끼지 말아야 한다. 왜냐하면 모든 인류의 행복과 삶의 기쁨이 거기에 달려 있기 때문이며 여성에게 여성의 역할과 화해하게 만들어 주고 남자들이 여자들과의 관계에서 생겨나는 문제를 해결할 수 있게 해주는 조건들이 그 속에서 형성될 수 있기 때문이다.

6. 개선을 위한 시도들

보다 나은 양성 간의 관계를 확립하기 위해 지금까지 이루어졌던 시도들 중에서 가장 중요한 것으로 남녀공학 제도를 들 수 있다. 아직까지 이 제도는 논박에서 자유롭지 못하다. 반대론자들도 있고 찬성론자들도 있다. 후자는 이런 제도의 장점으로 남학생과 여학생들이 서로를 제대로 알 기회를 제공한다는 점을 들고 있다. 그렇게 함으로써 해로운 편견의 등장을 막을 수 있고 나쁜 결과도 함께 저지될 수 있다는 것이다. 반대론자들은 학생들이 학교에 입학하는 어린 나이에 함께 교육시킴으로써 남학생과 여학생 사이의 대립이 더 날카로워질 수 있음을 지적한다. 남학생들은 그때 심한 압박을 느낀다는 것이다. 이 시기 여자아이의 정신 발달은 남자아이보다 훨씬 앞서 가기 때문에 특권 의식을 갖고 있고, 자기들이 더 유능하다는 것을 증명해야만 하는 남자아이들은 좌절하고, 그들의 특권은 단지 비누거품에 불과하며 현실 앞에서 터져 버릴 수밖에 없다는 인식을 하게 된다는 것이다. 몇몇 학자들은 남녀공학으로 말미암아 남자아이들은 여자아이들에 대해 불안해지고 자기 확신을 잃어버리게 됨을 확인했다고 주장하고 있다.

이렇게 확인된 사실과 이런 논란에 옳은 점이 있다는 것은 의심의 여지가 없다. 그러나 이런 논란의 핵심은 남녀공학을 유능함과 승리 쟁취를 위한 양성 간의 경쟁 개념으로 간주했을 때만 그렇다. 교사와 학생들이 남녀공학의 개념을 이런 식으로 이해한다면 그것은 마땅히 해로울 것이다. 남녀공학을 더 좋은 이념을 실현하고자 하는 실험으로 이해하고 양성 간 미래의 협동을 위한 연습이나 준비로 이해하는 교사가 한 명도 없다면, 이 이념을 자신의 직업적 활동의 근거로 삼는 교사가 아니라면, 남녀공학이라는 시도는 좌초될 수밖에 없을 것이다. 그리고 반대론자들은 이런 실패를 자신들의 견해에 대한 확인으로 바라볼 것이다.

더 자세한 묘사를 하기 위해서는 시인의 상상력이 필요할 것이며 우리는 주요 문제점을 시사하는 데 만족할 수밖에 없다. 위에서 묘사한 유형과의 관련성은 언제나 존재하며 열등한 신체기관을 갖고 세상에 나온 아이들에 대한 기술에서 그와 관련된 문제점들이 떠올랐던 것을 기억할 것이다. 성장 과정에 있는 여자아이들도 마치 열등한 존재인 것처럼 행동하며 그들이 하는 행동 또한 신체적 결함을 갖고 태어난 아이들이 열등감을 보상하기 위해 했던 행동과 비슷할 것이다. 차이점은 단지 여자아이들에게는 이 열등함에 대한 믿음이 외부로부터 주입된 것이라는 사실이다. 그녀의 삶은 이 궤도 안에서 진행될 것이며 아무리 통찰력이 있는 연구자라도 때로는 이런 편견에 매몰되기 쉽다. 이런 편견 때문에 파생되는 일반적인 효과는 양성이 모두 특권의식Prestigepolitik의 소용돌이에 빠진다는 것이며, 자신들이 미처 준비되지 않은 역할을 하게 되어 아무 잘못도 없는 자신의 삶마저 복잡하게 만들고 사람들의 관계에서 솔직담백함을 빼앗고, 편견으로 가득하게 하며, 행복에 대한 전망을 사라지게 한다는 것이다.

제8장

형제들

한 사람을 판단할 때, 그가 자라난 환경을 살펴보는 것이 중요하다는 사실은 이미 여러 번 언급되었다. 그중에서 특별한 상황으로 인식되어야만 하는 것은 어떤 아이가 자기 형제 관계 속에서 어느 위치에 있느냐 하는 점이다. 우리가 충분한 양의 경험을 갖게 되면 이 관점에 따라 사람들을 분류할 수 있게 되며 그가 첫째 아이인지, 외동인지, 아니면 막내인지 등도 구별할 수 있다.

사람들은 오래전부터 막내들이 특별한 유형에 속한다는 것을 인식했던 것 같다. 그것은 수많은 동화나 전설, 성서 이야기 속에서 막내들이 항상 같은 방식으로 등장하고 묘사되었기 때문일 것이다. 실제로 막내들은 다른 형제와 완전히 다른 환경에서 성장한다. 그는 부모에게 아주 특별한 아이이며 따라서 매우 특별한 대접을 받는다.

막내로서 그는 제일 어린 아이이며 다른 형제들이 모두 독립하고 성장이 끝난 상태에서도 여전히 여러 가지 점에서 결핍된, 많은 도움이 필요한 상태에 놓여 있다. 그러므로 그는 다른 형제들에 비해 더 따뜻한 분위기에서 자란다.

이런 환경에서 그는 매우 여러 가지 성격을 형성하게 되는데, 그것은 삶에 대한 자세에 특이한 방식으로 영향을 미치고 특이한 인격을 형성하게 만든다. 거기에 겉보기에는 모순되어 보이는 상황도 덧붙는다. 어떤 아이가 계속 어린 사람으로만 인식되는 바람에 사람들이 그를 신뢰할 수 없고 속마음을 털어놓기 힘든 사람으로 간주하는 것은 누구에게도 기분 좋은 상황이 아니다. 그것은 아이를 자극해 무엇이든지 할 수 있다는 것을 보여 주기 위해 노력하게 만들고, 권력욕을 더욱 키우게 만든다. 그래서 막내들은 최고의 상황에만 만족하고 다른 모든 사람을 뛰어 넘겠다는 욕망을 마음속에 간직하는 사람이 되기 쉽다.

이런 유형은 살아가면서 아주 쉽게 만난다. 막내들 중에는 다른 형제들보다 훨씬 많은 것을 이뤄 내고 다른 사람들을 압도하는 사람도 많다. 또 좋지 않은 사례도 있는데, 이런 욕망을 가지고 있긴 하지만 다른 형제들을 능가할 만한 적극성과 자신감을 갖지 못한 막내들의 경우이다. 그가 어떤 점에서도 뛰어난 구석이 없을 때는 자신의 과제에서 뒤로 물러나고 겁 많고 소심한 성격이 될 수 있다. 그리고 자신의 과제로부터 도망칠 수 있는 변명을 찾아내기 위해 분주해진다. 그도 남들만큼 야심이 있지만 다른 사람과 주어진 상황을 피하게 되고,

삶의 과제가 아닌 다른 것들에서 자신의 야망을 충족시키려 하며, 자신의 능력을 시험하는 위험을 회피하려고 한다.

막내들은 보통 더 위축된 듯 행동하거나 심한 열등감을 갖고 있는 듯 행동하는 것이 매우 눈에 띈다. 우리는 우리의 연구에서 이 감정을 항상 확인했으며 이렇게 고통스러워하고 불안해하는 감정으로부터 정신 발달의 커다란 도약을 끌어낼 수 있었다. 이런 의미에서 막내들은 신체적 장애를 갖고 태어난 아이들과 완전히 같지만, 이것이 실제로 꼭 그렇게 똑같이 맞아떨어지는 것은 아니다. 객관적으로 무엇이 있는지, 그가 진짜로 열등한지가 중요한 것이 아니라, 그가 자신의 상황을 어떻게 해석하고 느끼는지가 중요하다. 아이들의 삶에서 어떤 과오를 저지르는 경우는 매우 흔하다. 우리는 수없이 많은 질문과 가능성과 결과들 앞에 서 있다. 그러면 교육자는 어떻게 행동해야 할 것인가? 그가 그런 아이의 허영심을 찔러 대면서 계속적인 반응을 끌어내야 할 것인가?

항상 일등을 해야 한다면서 아이들을 앞으로 밀어 내는 것은 인간의 삶에 있어서 너무 보잘것없는 일이다. 우리의 경험으로 미루어 보아 인생에서 중요한 일은 일등을 하는 것이 아니다. 더 바람직한 것은 여기에서 조금 과장하면서 "우리는 첫째는 필요 없다"라고 말하는 것이 좋다. 일등을 하는 사람들에게 우리는 이미 마음이 많이 상했다. 우리가 경험한 것이나 역사를 보면 그것은 절대로 축복이 아니라는 것이다. 그런 원칙은 그 아이를 편협하게 만들고 무엇보다 좋은 동지나 친구가 될 수 없게 만든다. 왜냐하면 대부분 아이는 자기만 생각하고 누군가가 자기보다 앞에 오는 것은 아닐까 하는 걱정으로 조바심을 치기 때문이다. 그것은 매우 쉽게 이기주의로 발전하고 질투와 증오심, 또 자기가 여전히 첫째가 될 수 있을지에 대해 안달하는 심리만 발달시키게 된다. 막내들은 이미 그 자신의 위치로 인해 앞자리에만 관심을 쏟으며 남들보다 빨리 뛰는 사람, 다른 사람을 능가하는 사람이 되려고 한다. 그의 마음속에 있는 경주자는 그의 전체 행동 속에서 정체를 드러낸다. 그는 대부분 눈에 띄지 않는, 아주 작은 것에 집착함으로써 그의 전체적인 정신생활의 관련성에 대해 알지 못하는 사람에게 이상한 모습으로 비칠 수 있다. 아이는 언제나 맨 꼭대기 자리만 원하며 누군가가 자기 앞에 있는 것을 절대로 참지 못한다. 남하고 경쟁하는 것은 막내들을 나타내는 매우 특징적인 성격이다.

때때로 매우 종류가 다른, 아주 특이한 유형의 막내들도 있다. 이들의 행동은 몹시 인상적인데, 가족의 구원자가 될 정도로 매우 특출한 사람들이 있다. 우리가 뒤를 돌아보면 성서의 이야기 속에 요셉의 전설이 있다. 우리는 이런 지식을 매우 힘들게 얻어 냈음에도 불구하고 마치 작자가 그런 지식을 모두 알면서 의도적으로 전설을 지어 낸 것처럼 모든 이야기가 매우 명쾌하고 놀랍게 묘사되어 있음을 볼 수 있다. 안타깝게도, 틀림없이 수백 년 동안 매우 많은 귀중한 자료가 없어졌을 것이기 때문에 이제는 새로 발굴하기 위한 노력을 기울여야만 한다.

또 다른 유형은 첫 번째 유형 중 두 번째 유형에 관한 것이다. 그는 단거리 경주 선수와 같은 유형으로, 갑자기 어떤 장애물에 부딪히면 그것을 극복하려 하지 않고 우회로를 찾는다. 그런 막내가 용기를 잃어버리면 지독한 겁쟁이가 된다. 그는 항상 뒤로 물러나고, 무슨 일이든 너무 힘들다고 말하며, 모든 일에서 변명거리만 찾고, 아무것도 감행하지 못하고 빈둥거리며 시간을 낭비한다. 그는 대부분의 일에서 무능력을 드러내고 아무런 경쟁 관계도 필요하지 않은 분야를 애써 힘들게 찾아낸다. 그는 자기 실패에 대해 갖가지 변명을 댄다. 자기는 너무 약했고 방치됐다거나 응석받이로 자랐다거나 형제들이 자기를 경쟁상대로 대해 주지 않았다거나 그와 비슷한 변명들을 늘어놓는다. 실제로 그에게 어떤 불구가 있다면 그의 운명은 더욱 힘들어진다. 그렇게 되면 그는 거기에서 자신이 탈주자라는 사실 때문에 제대로 이득을 보기 때문이다.

두 유형은 대체로 좋은 동료가 되지 못한다. 전자는 경쟁이 가치 있게 여겨지는 때는 그런대로 잘 지낼 수 있다. 이런 유형은 다른 사람을 희생해서만 균형감을 찾게 되고 후자는 평생 동안 자기 열등감의 압박 아래 살게 되며 삶과 화해하지 못한 상태에서 살아간다.

맏이도 특별한 성격을 갖고 있다. 그는 무엇보다 심리적 발달을 위한 최적의 위치를 점했다는 장점을 갖고 있다. 우리의 역사를 보더라도 그는 항상 특별하고 유리한 위치에 있었다. 많은 민족이나 계층에서도 전통적으로 가장 선호되었다. 예를 들어 농촌에서 장자는 어린 시절부터 언젠가 농장을 물려받게 되리라는 자신의 위치를 잘 알고 있었다. 언젠가는 아버지의 집을 떠나야만 한다고 느끼면서 자라는 다른 형제들보다 훨씬 좋은 상황에서 성장한다. 다른 대부분의 집들에서도 맏아들이 언젠가 집의 주인이 된다는 사실을 인정하고 있다. 이런 전통이 그리 비중 있게 지켜지지 않는 집안, 즉 일반 시민들의 집이나 무산 계층의 집에서도 장자는 적어도 매우 커다란 힘과 능력을 인정받으면서 집안의 조력자이자 감독자로 간주된다. 이렇게 아이가 사방으로부터 끊임없이 신뢰감을 받게 되면 그 아이에게 그것이 어떤 의미일지 상상해 보라. 그렇게 되면 아이는 속으로 이렇게 생각할 것이다.

"우리 집에서 넌 제일 크고 힘 있고 나이 많은 사람이야. 그러니까 너는 다른 사람보다 더 유능해야 해."

아이의 발달이 이런 방향으로 순조롭게 진행되면 맏이에게서 질서의 수호자처럼 보이는 성격들을 발견하게 된다. 그런 사람들은 권력에 특별한 가치를 두게 되며 자기 자신의 개인적인 권력뿐만 아니라 권력의 개념에도 특별한 의미를 부여한다. 권력은 맏이에게 자명한 일이며 관철해야만 하는 중요한 사항이다. 그런 사람들은 대체로 보수적인 자세를 갖는다는 사실도 간과할 수 없다.

둘째에게서는 권력과 우월성을 향한 욕구가 조금 다른 양상으로 나타난다. 그들은 마치 뜨거운 증기 밑에 서 있는 것처럼 매우 열렬하게 선두 자리를 차지하려고 하며 그들의 행동에서도 경쟁심을 엿볼 수 있는데, 그것은 그들의 삶에 특이한 형태로 나타난다. 두 번째로 태어난 사람들은 누군가 우월한 사람이 자기 앞에 서 있으면 그것을 맹렬한 자극으로 인식한다. 그가 자신의 힘을 발달시켜서 첫째와 경쟁할 수 있는 위치에 서게 되면 그는 비약적인 발전을 이루며 앞으로 돌진해 나간다. 반면에 첫째는 권력을 이미 갖고 있으므로 상대방이 자기 머리 위로 솟아오르기 전까지는 상대적으로 느긋하게 상황을 지켜본다.

에서와 야곱의 이야기를 보면 이에 대한 생생한 장면을 상상할 수 있다. 여기에는 끊임없이 불안한 욕망이 있다. 그 상황에서는 사실 자체는 중요하지 않고 어떻게 보이느냐가 더 중요하다. 그들은 목표에 다다를 때까지 불굴의 노력을 보인다. 앞사람을 추월할 때까지 부지런히 노력하지만 실패했을 때는 퇴각한다. 그러나 거기에는 종종 신경증이 뒤따른다. 둘째의 기본적인 정서는, 뒤로 처져 있다는 기분이 강하게 지배적인 무산 계층의 질투심과 비슷하다. 그의 목표는 너무 높은 데 있어 평생 동안 그것에 시달린다. 그는 이상이나 허구 혹은 무가치한 외관에 사로잡혀 있으므로 삶의 진정한 단면을 보지 못하기 때문에 내면의 조화가 파괴된다. 자기보다 어린 여동생이 있는 남자아이는 매우 힘든 처지에 놓인다. 그의 우월감은 심하게 위협받으며 용기를 잃게 되고 교육하기 힘든 아이가 되고 신경증적 질환을 갖기 쉽다. 둘 사이에 전개되는 경쟁에서 여자아이는 항상 자연적인 조건에서 유리한 입장에 서 있다. 왜냐하면 그녀는 신체적으로나 정신적으로 빨리 성장하기 때문이다.

외동들도 특별한 상황에서 자라게 된다. 아이는 주위 사람들의 교육적인 공격에 노출되어 있다. 부모에게는 다른 선택의 여지가 없기 때문에 이 아이에게서 모든 교육적 야망을 실현하려고 한다. 그 아이는 비교할 수 없을 정도로 극도로 비자립적이고 누군가가 자기의 길을 열어 줄 때까지 기다리며 끊임없이 누군가의 도움을 찾는다. 너무나 극진하게 귀여움을 받고 항상 누군가가 앞길에 놓인 장애물을 치워 주었기 때문에 어려움을 견뎌 낼 준비가 안 되어 있다. 그는 항상 모든 사람의 관심의 중심에 있었기 때문에 자기가 무언가 꽤 중요한 사람인 듯한 느낌을 갖게 된다. 그의 위치는 항상 너무 위험하기 때문에 삶에 대한 잘못된 태도를 피할 수가 없다. 부모가 그런 상황이 어떤 의미를 갖는지, 그것이 어떤 위험을 내포하고 있는지 의식하고 있다면 많은 것을 피해 갈 가능성은 존재한다. 그러나 항상 어려운 일들이 생기곤 한다. 삶 자체를 매우 어렵게 생각하기 때문에 자식에 관한 일에 몹시 조심스러운 부모들이 있다. 그들은 필요 이상으로 조심스럽기 때문에 아이에게는 더 무거운 압력으로 작용할 수 있다. 끊임없이 아이의 안위를 걱정하는 부모의 태도는 아이에게 세상을 적대적으로 생각하는 마음을 갖게 한다. 그렇게 해서 아이는 눈앞에 닥쳐올 어려움에 대한 영원한 불안 속에서 살게 된다. 그것은 삶의 안락함을 위해 희생한 준비 부족으로 인해 생긴 것이다. 그런 아이들은 독립적인 활동에 어려움을 보이며, 삶에 대해 유능하지 못한 아이로 남고, 좌절을 쉽게 경험한다. 때때로 그들의 삶은 다른 사람들이 그를 만족시키기 위해 열심히 살아가는 동안 자신은 누리기만 하는 기식자의 그것과 비슷해진다.

형제의 구성은 여러 다른 형태로 나타날 수 있다. 동성의 형제들도 있고 각각 다른 성의 형제들이 경쟁을 할 수도 있다. 그러므로 각각의 경우를 판단하는 것은 매우 어려워진다. 특별히 복잡한 경우는 남자아이 하나가 여러 명의 여자형제 사이에서 자라는 것이다. 그런 집에서는 여자의 영향력이 우세하고 남자아이는 대부분 뒤로 밀려나게 된다. 특히 그가 막내일 때는 더욱 그러하다. 누나들이 한데 뭉쳐 결속하면 그의 자아현시 욕구는 커다란 방해에 부딪힌다. 사방에서 공격을 받으면 우리의 퇴보한 문화 속에서 그에게 부여된 특권에 대해 자각하지 못하게 되고 그에 대해 불안해진다. 수줍고 겁 많은 아이는 남자로서의 위치를 더 약한 것으로 인식하는 지경에까지 이를 수 있다. 그의 용기와 자신감은 흔들리게 된다. 그러나 그 자극이 매우 크게 작용할 경우 그 아이는 아주 커다란 능력을 발휘할 수도 있다. 두 개의 경우 모두 같은 상황에서 출발한다. 그런 아이가 결국 어떤 모습으로 자랄 것인가는 그 자세한 상황에 따라 달라진다. 전체적으로 통일된 형태를 그리기는 대단히 어렵다.

아이가 처해 있는 위치에 따라 그가 삶에서 어떤 영향을 받게 되고 어떤 삶이 형성되고 채색되는지 지금까지 잘 살펴보았다. 이런 확인으로 말미암아 교육적인 활동에 아주 위해한 유전적 논리Hereditätslehre는 설득력을 잃게 된다. 유전적 영향의 작용을 의심할 수 없는 사례들은 수없이 많다. 예를 들어 어떤 아이가 부모의 영향으로부터 완전히 떨어진 곳에서 성장했음에도 불구하고 부모와 비슷하거나 같은 성향, 특성을 보여 줄 때가 있다. 그에 대해 이상하게 여길 이유는 없다. 왜냐하면 신체적 결함을 가지고 태어난 아이가 발전 과정에서 이런저런 잘못된 영향을 받는다는 것을 생각해 보면 된다. 신체기관의 결함 때문에 환경이 요구하는 문제에서 긴장이 발생하며 그것은 마찬가지로 신체적 열등함을 갖고 태어난 그의 아버지가 발달 과정에서 여러 가지 오류에 직면하는 것과 같은 경우이다. 이런 관점에서 보면 성격의 유전성 논리는 매우 약한 근거를 갖고 있음을 알 수 있다.

위에 언급된 사실들로부터 아이들이 자신의 발전 과정에서 마주치는 오류들 중에서 가장 나쁜 결과를 가져오는 경우는 다른 사람들에 비해 우월해지고 싶어 하고 다른 이에 비해 유리함을 누릴 수 있는 권력적인 위치에 대해 강한 욕망을 갖고 있는 경우이다. 우리의 문화에서 강조되는 생각과 가장 가까운 이런 관념이 사람의 영혼 속에 한 번 자리 잡으면 그의 정신 발달은 거의 어쩔 수 없이 잘못된 행동 방식을 따르게 된다. 이것을 예방하기 위해서는 그 어려움들이 잘 인식되고 이해되어야 한다.

우리의 모든 어려움을 제거하는 데 도움을 줄 수 있는 어떤 통일적이고 중요한 관점은 바로 공동체 의식을 갖게 만드는 것이다. 만일 이 점에서 성공한다면 모든 어려움은 더 이상 의미가 없다. 그러나 우리 시대에는 상대적으로 공동체 의식을 발전시킬 기회가 적으므로 이 어려움은 무거운 중요성을 지닌다. 만일 우리가 이 점을 인식하면 살아가는 내내 자신의 존립을 위해 노력하고 고통스러운 삶 속에 사는 그런 수많은 사람을 만나도 놀랄 일이 아니다. 그들은 잘못된 정신 발달의 희생양이며 그 때문에 삶에 대해 올바른 입장을 갖지 못하게 되었다는 것을 우리는 알고 있다. 그러므로 우리는 우리의 판단과 관련해 매우 유보적이어야 하고, 무엇보다 단순히 도덕적인 판단을 해서는 안 되며, 그 사람의 (도덕적) 가치에 대해 판단해야 한다.

우리는 오히려 그의 내면에 대해 더 많이 알게 됨으로써 그 사람에게 다른 자세로 다가갈 수 있고 그러기 위해서 우리가 알게 된 인식을 사용해야만 한다. 오류의 원인을 알게 됨으로써 더 풍부한 발전 가능성을 제공하게 되고 교육을 위한 중요하고 새로운 관점이 생기게 된다. 우리가 사람을 그의 정신적인 발전과 관련해서 바라보면 우리가 얻는 그림 속에서 그의 과거를 보는 것이 아니라 그의 미래를 함께 보는 것이 가능해지기 때문이다. 그렇게 되면 인간은 우리에게 비로소 살아 있는 사람이 된다. 그는 우리에게 단순한 실루엣 이상의 존재가 된다. 그리고 우리는 우리의 문화에서 대부분 그랬던 것과 달리 사람의 가치에 대해 새로운 판단을 내릴 수 있게 될 것이다.

성격론

Menschenkenntnis

제1장

일반론

1. 성격의 본질과 생성

성격이라는 말의 의미는 어떤 사람이 삶의 과제에 대처하는 정신의 특별한 표현 방법이라고 할 수 있다. 성격Charakter이란 사회적 개념이다Sozialer Begriff. 성격은 한 인간과 주변 세계의 관련성 속에서 이해되어야 한다. 로빈슨을 예로 들면 그가 어떤 성격의 소유자인지는 전혀 무의미한 문제이다. 성격은 한 인간이 자기 주변 세계에 대해 어떤 심리적 입장을 갖고 있고 어떻게 행동하는가의 문제다. 그것은 인간의 인정 욕구가 공동체 의식과의 연결 속에서 자기를 관철해 나가는 행동 패턴이기도 하다.

한 사람의 모든 행동은 목표에 의해 결정되며 그것은 다른 사람에 대한 우월성과 권력, 지배력을 향한 목표 이외에 다른 것이 아니라는 사실은 이미 확인된 바 있다. 이 목표는 세계관에 영향을 미치고 한 사람의 행동 방식을 결정하고 그의 표현 양식을 조정한다. 그에 따라 성격은 한 사람의 삶의 방식과 행동 노선의 외적인 표현 형식이라고 할 수 있다. 성격은 주변 세계에 대한 그의 행동 인식을 우리에게 제공해 준다. 우리는 성격을 통해서 한 인간이 주변 세계, 자기와 같은 인간, 공동체, 그리고 자기 인생의 문제에 대해 어떤 태도를 취하는지 인식할 수 있다. 성격이란 자신의 인격을 구현하는 수단^{Mittel}을 가리킨다. 그것은 자신의 삶을 이끌어 가는 방식과 얽혀 있는, 삶의 자동화된 기술과 같은 장치로 작동하게 된다.

성격이란 많은 사람의 생각처럼 자연적으로 주어지는 것, 타고난 것이 아니다. 그것은 한 사람에게 일종의 판에 박힌 습성처럼 되어 버린 것으로서 오래 생각할 필요 없이 각각의 상황에서 자신의 통일적인 인격을 표출하게 만드는 행동 방식으로 볼 수 있다. 선천적인 힘이나 소인이 아니고 매우 일찍 특정한 방식과 태도로 굳어진 것, 습득된 것이다. 예를 들어, 어떤 아이에게 있어 게으름은 선천적인 것이 아니라 그렇게 되버린 것뿐이다. 왜냐하면 그에게 그런 특성이 생김으로 해서 삶이 좀 더 가벼워지고 동시에 그것은 자기가 인정받을 수 있는 최적의 방법이 되었기 때문이다. 그는 게으름의 행동 방식을 택해 자기의 권력을 그런 식으로 추구하는 것이다. 자신의 내적 가치는 손상 받지 않은 채 그는 끊임없이 자신의 게으름은 타고난 것이라고 이유를 댈 것이다. 그런 자기 통찰의 최종 결과는 다음과 같다.

"내게 이런 결함만 없었더라면 나는 훨씬 찬란하게 발전했을 거야. 그렇지만 나에게는 이런 결점이 있는 걸 어쩌란 말이야."

제어하기 어려운 권력 욕망을 가지고 주변 세계와 끊임없이 투쟁하면서 사는 사람은 그런 투쟁에 필요한 성격들 즉, 야망이나 질투, 불신, 또 그와 비슷한 것들을 발전시키게 된다. 우리는 그런 성격들이 인격에 녹아 들어간 것, 선천적인 것, 불변의 것이라고 생각하지만 자세히 관찰해 보면 그 사람의 행동 양식 때문에 필요에 의해 생겨나 습득된 것이라는 사실을 알게 된다. 그것들은 1차적인 성격 오류가 아니라 2차적인 것이며, 개인의 숨겨진 목적에 의해 만들어진 것이므로 목적론적인 관점에서 바라 보아야 한다.

위에서 우리는 사람이 살아가는 방식, 행동, 관점에 그 사람이 설정한 목적이 관여되어 있다고 지적한 바 있다. 앞에서 움직이는 목표가 없다면 우리는 아무런 생각이나 활동을 할 수 없다. 그것은 어린아이의 영혼 속에서도 이미 희미한 윤곽을 형성한 채 움직이고 있으며 그 전체적 발전 속에서 방향을 제시하고 있다. 그것은 각 개인에게 다른 모든 사람과 구별되는 통일적 인격을 형성해 주며 그를 이끌어 가는 힘이다. 모든 행동과 표현 양식은 공통의 한 점을 향해 모아진 것이며, 그가 어느 지점에서 움직이든 간에 그의 목표를 알게 되면 우리는 그가 어떤 사람인지 인식할 수 있다.

심리적인 현상, 특별히 성격의 형성과 관련해 유전이라는 단어는 거부되어야 한다. 이 분야에서 유전론을 지지할 이유는 아무것도 없다. 사람의 삶 속에서 나타나는 어떤 현상을 추적해 보았을 때 그의 첫날로 돌아가서 보면 모든 것은 마치 선천적인 것처럼 보인다. 한 식구나 어떤 민족 혹은 종족에 공통된 성격이 있는 것처럼 보이는 것은 한 사람이 다른 사람을 엿보고 엿듣고 빌려 옴으로써 형성된다. 우리 문화에는 어떤 사실이나 정신적 특성, 신체적 표현 양식 등 자라나는 아이들에게 모방하고 싶은 유혹을 일으키는 것들이 있다. 예를 들어 지적 호기심은 보고 싶은 욕망으로 나타나는데, 시각 장애가 있는 아이들은 호기심이 많은 성격을 갖게 된다. 그러나 그런 성격이 꼭 필연적으로 나타나는 것은 아니고, 만일 아이의 행동 노선에 맞는다면 그의 지적 호기심은 모든 대상을 자세히 살펴보고 분리하고 샅샅이 분해해 보는 성격으로 나타날 수 있다. 아니면 책벌레나 그와 비슷한 성격을 갖게 될 수도 있다. 유사한 경우로 청각 장애가 있는 사람은 사람을 믿지 못하는 성격을 가질 수도 있다. 우리의 문화에서 그런 사람들은 위험을 감지할 때 남보다 훨씬 더 예리하게 느낀다.

그들은 여러 가지 비방에 노출되어 있는데(조롱 또는 불구자 등의 놀리는 말), 이는 불신하는 성격을 촉진시킬 수 있다. 그들은 수많은 기쁨에서 배제되어 있기 때문에 적대적인 감정에 빠질 수밖에 없다는 것은 충분히 이해할 만하다. 그들에게 남을 불신하는 성격이 선천적일 것이라고 가정하는 것은 근거가 없다. 범죄를 일으키는 성격이 타고난다는 것도 마찬가지다. 그런 집에는 또다시 범죄자가 나올 것이라는 생각에도 반박할 수밖에 없다. 왜냐하면 전통이나 인생관, 나쁜 사례들이 답습되면, 예를 들어 아이들에게 도둑질이 하나의 삶의 가능성으로 생각될 수 있기 때문이다.

인정받으려는 욕구 또한 같은 방식으로 진행된다. 모든 아이는 인정을 받고 싶어 하는, 참을 수 없는 욕구에 직면하며 어떤 아이도 이런 욕망 없이는 자랄 수 없다. 이런 욕망이 나타나는 형태도 서로 바뀔 수 있고 교환되기도 하고 변화하며 각각의 사람들에게 다른 모습으로 형상화된다. 아이와 부모의 성격이 아주 비슷해 보인다는 주장도 부모의 인정을 받으려는 욕구를 가진 아이가 인정받기 위해 노력할 때 부모를 모방하거나 자기 주변에서 그런 인정을 받고 있는 사람을 모델로 삼기 때문이다. 모든 세대는 이런 방식으로 자기 앞 세대로부터 배우며 권력에 대한 욕망 때문에 아주 어려운 시기를 겪거나 엄청난 혼란에 빠질 때도 대개 자기가 학습한 것을 지켜 나간다.

우월성을 향한 목표는 비밀스러운 것이다. 공동체 의식의 영향으로 인해 그것은 비밀리에 전개되며 항상 친절한 가면 뒤에 숨어 있다. 한 사람이 다른 사람을 좀 더 잘 이해하게 되면 우월성의 목표가 무지막지하게 자라는 것을 방지할 수 있다. 우리가 좀 더 밝은 눈을 갖게 되고 모든 사람이 동료의 성격을 더 잘 들여다볼 수 있다면, 우리 자신을 더 잘 보호할 수 있을 뿐만 아니라, 동시에 그들이 권력 추구의 화신이 되는 것을 막을 수 있을 것이다. 그렇게 되면 베일에 감춰진 권력 추구 욕망도 없어질 것이다. 그리고 이런 관련성을 더 깊이 통찰하고 경험을 통해 습득한 인식을 실질적으로 사용하는 것은 가치 있는 일이 될 것이다. 그러면 우리의 인간이해는 그렇게 멀지 않다.

우리는 삶을 위한 올바른 교육을 어렵게 하는 복잡한 문화 관계

속에 살고 있다. 날카로운 통찰력을 발달시켜 주는 가장 중요한 수단은 원래부터 박탈되었다. 학교는 아이들이 배우는 대상에 대한 진정한 관심을 일깨워 주지 않은 채 그들에게 어느 정도 지식의 자료들을 펼쳐 주고 그들이 할 수 있고 원하는 것들을 아무렇게나 먹어 댈 수 있게ᶠʳᵉˢˢᵉⁿ 해주었을 뿐이다. 그리고 그런 학교마저 지구 인구의 대부분에게는 그저 경건한 소원이었을 뿐이다. 인간이해를 가능하게 해 주는 가장 중요한 전제 조건은 아직까지 중요하게 다뤄지지 않았다. 우리가 인간을 평가하기 위한 척도를 가져온 것도 바로 학교이다. 거기서 우리는 사물을 좋고 나쁜 것으로 분류하고 서로 구별하는 법을 배웠지만 잘못된 것을 수정하는 법은 배우지 못했다.

우리는 결함을 안은 채 살아가고 우리의 전 생애 동안 그것을 가지고 실험하고 있다. 어른이 된 지금도 그것이 신성한 법칙이라도 되는 것처럼 어린 시절의 편견을 사용하고 있다. 우리가 이 복잡한 문화의 소용돌이 속으로 어떻게 휩쓸려 들어 갔으며, 어떻게 해서 사물에 대한 진정한 인식과 동떨어진 관점들을 갖게 되었는지 잘 알지 못한다. 왜냐하면 우리는 권력을 더 확장하고 우리의 삶의 방식이 흔들리지 않게 하기 위한 입장을 취하며, 모든 것을 우리의 자존심을 고양하고 유지하기 위한 관점에서만 바라보기 때문이다. 우리의 관점은 너무 주관적이다.

2. 성격 발달을 위한 공동체 의식의 의미

성격의 발달 과정에는 권력욕 말고 또 하나의 중요한 요인이 커다란 역할을 하는데, 바로 공동체 의식이다. 그것은 인정받고 싶어 하는 욕구와 마찬가지로 아이의 최초 심리적 활동, 특히 그의 애정과 관계된 활동, 접촉 욕망에서 확실하게 표현된다. 공동체 의식의 발전을 위한 조건들에 대해서는 다른 자리에서 자세히 다뤘으므로 여기서는 아주 짧게 반복하려고 한다. 무엇보다 그것은 열등감과 권력욕의 지속적인 영향 아래 놓여 있다. 인간은 모든 종류의 열등감에 매우 민감하다. 열등감이 나타나는 바로 그 순간에 그의 정신적 삶의 과정이 시작된다. 그것은 삶을 고요하고 즐겁게 향유하기 위해 균형 감각을 찾고자 하는 불안이며, 안전과 충일감을 원하는 불안이다.

아이의 열등감을 이해하고 나면 아이를 교육하는 행동 규칙을 알 수 있게 된다. 즉, 아이의 삶을 힘들게 만들지 말고, 삶의 비참한 면을 너무 심하게 경험하지 않게 보호하고, 가능한 한 삶의 밝은 면을 볼 수 있게 해주어야 한다는 일반 조건들로 수렴된다. 여기에 또 다른 종류의 조건들, 경제적인 문제들이 연결되어 아이들의 삶에 영향을 미친다. 교육받지 못하고 이해받지 못하고 곤경에 처하는 것은 삶을 더 어렵게 만드는 현상들이기 때문에 그런 환경에서 자라지 않게 도와주어야 한다. 정상적인 생활을 하지 못하게 하는 신체적 결함도 중요한 역할을 한다. 아이에게 특권을 허락하고 존재를 지탱할 수 있도록 특별한 조치를 허용해 주어야 한다. 우리가 그 모든 것을 다할 수 있다고 하더라도 그 아이들이 삶을 매우 힘든 것으로, 자신을 특별한 존재로 느끼지 않게 막을 수는 없다. 우리가 그들을 보호하지 않으면 그들의 공동체 의식에 심한 균열이 발생할 수 있고, 그들은 스스로 매우 위험한 상황에 처해 있다고 믿으면서 자신에 대한 지나친 관심을 발전시킬 것이다.

공동체 의식의 이상을 그의 전체적인 태도, 생각, 행동에 견주어 보고 측정해 보지 않고는 한 사람을 제대로 평가할 수 없다. 이런 관점은 매우 확실해 보인다. 왜냐하면 인간 사회 속에서 한 개인의 위치는 삶의 연관성에 대한 깊은 감정을 요구하고, 그것은 또 그들에게 그런 감정을 가져다 주기 때문에 우리가 다른 사람에게 무엇을 빚지고 있는지 희미하게나마 또 때로는 분명하게 느끼고 알기 때문이다. 우리가 삶의 한가운데 서 있다는 사실, 또 인간의 공동생활의 논리에 속박되어 있다는 사실은 우리 자신과 다른 사람을 판단함에 있어서 안전장치의 필요성을 의미한다. 그것을 위해서는 공동체 의식의 크기라는 척도 말고 다른 것을 인정할 수 없으며 우리의 공동체 의식에 대한 정신적 의존성을 부인할 수 없다. 진지하게 공동체 의식 그 자체를 무시할 수 있는 사람은 아무도 없고, 같은 인간에 대한 의무로부터 빠져나갈 수 있게 해주는 어떤 훌륭한 이유도 없다.

공동체 의식은 끊임없이 양심이나 죄의식을 기억 속에서 끄집어내 경고하는 목소리 역할을 한다. 그러나 그것이 우리가 항상 공동체 의식을 자각하며 살아간다는 뜻은 아니다. 이 감정을 억제하고 옆으로 밀쳐 내려면 많은 힘이 드는 것은 사실이다. 더 나아가 어느 누구도 자신이 하려는 행동이 어떤 식으로든 공동체 감정의 보편타당한 원리에 비추어 정당화되지 않으면 어떤 행동도 할 수 없다. 그러므로 인간이 생각하고 행동하는 것에는 아무리 완곡하다 하더라도 이유가 필요하다. 그 이유로부터 삶과 사고와 행동의 독특한 기술이 생겨나며 그것은 우리가 항상 공동체 의식을 갖고 살아가고, 그 안에 있다고 믿게 하며, 적어도 그런 겉모습이라도 불러일으켜야 할 필요성 때문에 동원되는 기술이다. 짧게 말해 이런 논의는 허위적인 공동체 의식이 존재한다는 것을 밝히려는 것이다. 그것은 베일처럼 다른 경향들을 덮고 있지만 그것을 밝혀냄으로써 비로소 우리는 사람에 대한 진정한 판단을 내릴 수 있게 된다. 기만 가능성이 있다는 것은 공동체 의식의 크기를 판단할 때 어려움이 존재한다는 뜻이다. 그러나 인간이해의 이론은 한번 손에 얻기는 힘들지만 일단 시작하면 일반적으로 접근할 수 있는 학문으로 자리 잡게 될 것이다. 어떤 오류들이 발생할 수 있는지 보여 주기 위해 우리가 경험했던 몇 가지 사례를 제시해 보겠다.

한 젊은 남자가 언젠가 친구들과 바다에 갔다가 조그만 섬까지 헤엄쳐 가서, 그곳에서 얼마 동안 머물렀다고 말했다. 그들 중 한 명이 바위 끝에 서서 몸을 구부리다가 중심을 잃고 물에 빠졌다고 했다. 이 청년은 몸을 굽혀서 그 친구의 몸이 물속에 가라앉는 모습을 호기심을 갖고 지켜보았다는 것이다. 그가 나중에 그 장면을 돌이켜 보았을 때 당시 그에게는 호기심 말고 아무것도 없었다고 했다. 친구는 무사히 구출되었으나 청년에게는 공동체 의식을 거의 찾아 보기 힘들 정도였다는 것을 확인할 수 있었다. 그가 했던 다른 이야기로 짐작하건대 그는 이제까지 누구도 괴롭힌 적이 없으며 때때로 자기가 이해하기에 다른 사람과 매우 좋은 관계에 있었다는 것이다. 그럼에도 그에게 공동체 의식이 매우 희박하다는 사실을 감출 수 없었다.

물론 그런 대담한 결론을 내리기 위해서는 더 많은 자료가 필요한 것이 사실이다. 그래서 그가 가장 좋아한다는 백일몽을 여기에 소개하려고 한다. 내용은 이랬다. 그는 사람들이 아무도 없는 숲 속 한가운데 아주 작고 예쁜 집에 있었다. 이것은 그가 그림을 그릴 때도 가장 좋아하는 모티브였다. 환상에 대한 지식이 있는 사람이 그의 전력을 잘 알게 되면 그에게 공동체 의식이 결여되어 있음을 쉽게 알아차릴 것이다. 도덕적인 판단을 잠시 유보한다고 해도 그에게는 정신발달 과정상 어떤 오류가 있었을 것이고, 그에 따라 공동체 의식의 발달에 결함이 있었을 거라고 추측할 수 있다.

또 다른 이야기를 살펴보면, 그것이 그저 일화에 그치기를 바라지만 진정한 공동체 의식과 위선적인 공동체 의식의 차이를 좀 더 뚜렷하게 인식할 수 있을 것이다. 어떤 나이 많은 여인이 전차에 올라타려다가 미끄러져 눈 위에서 넘어졌다. 그녀는 혼자서는 일어날 수 없었는데 많은 사람이 그녀에게 도움의 손길을 주지 않은 채 바삐 지나쳐 갔다. 그러다 한 사람이 나타나 그녀를 일으켜 세웠다. 바로 그 순간 어디선가 몸을 숨기고 지켜 보고 있던 사람이 뛰어 와서 그녀를 구해 준 사람에게 말했다.

"드디어 훌륭한 분이 나타나셨군요. 나는 5분 전부터 저기 서서 누군가가 이 여인을 도와 일으켜 줄 때까지 기다리고 있었어요. 당신이 첫 번째 사람입니다."

이 사례는 공동체 의식이 어떻게 허위와 기만으로 사용되고 있는지 보여 준다. 자기는 손가락 하나 까딱하지 않은 채 항상 심판자의 자리에 서서 칭찬하거나 비난하거나 하는 것이다.

어떤 일들은 너무나 복잡하게 얽혀 있어서 공동체 의식의 크기를 판단하기가 쉽지 않은 경우도 있다. 그럴 때는 그 일의 뿌리로 되돌아가는 길 이외에는 방법이 없다. 예를 들어 어떤 야전 사령관이 전쟁에 이미 패배한 것이나 다름없었음에도 여전히 수천 명의 군인을 죽음으로 몰아 넣는 경우라면, 우리는 매우 확실하게 그가 어떤 사람인지 판단할 수 있을 것이다. 그는 물론 국가를 위해서, 대중의 이익을 위해서 그렇게 할 수밖에 없었다고 말하며 많은 사람이 자신에게 동의할 것이라고 주장할지 모른다. 그러나 그가 어떤 이유를 내세우든 간에 우리는 그를 올바른 동료로 간주하기 힘들 것이다.

그런 경우에 우리가 올바른 판단을 내리기 위해 필요로 하는 것은 보편적 효용성에 맞는 관점을 갖는 것이다. 즉, 사회적 유용성과 인류 전체의 안녕이다. 우리가 이런 관점에 따라 행동하면 매우 드문 경우가 아니라면 그다지 어렵지 않게 판단할 수 있을 것이다.

한 사람이 공동체 의식을 얼마만큼 가지고 있는지는 그의 모든 행동에서 드러난다. 예를 들어 한 사람이 어떤 눈길로 바라 보는지, 어떻게 손을 내미는지, 어떻게 말하는지와 같은 행동 속에 모든 것이 표현되고 있다. 그의 본질 전체가 어떤 강한 인상을 전달해 주며 우리는 그것을 거의 직감적으로 느끼게 된다. 우리는 어떤 사람의 행동에서 의식하지도 못한 채 어떤 결론을 이끌어 내며, 그것에 따라 우리의 행동이 결정되기도 한다. 이와 같은 연구에서 우리의 목적은 직감을 의식의 영역으로 옮겨 우리의 행동을 검증하고 평가하도록 하는 것이다. 그렇게 되면 더 이상 선입견에 의해 오류가 발생하는 일은 없을 것이다. 이런 과정이 우리가 통제할 수 없고 수정 가능성이 전무한 무의식 속에서 진행된다고 하면 선입견이 매우 쉽게 생길 것이다.

사람의 성격을 판단할 때는 전체적 상황을 가장 본질적인 요인으로 생각해야만 한다. 개개의 현상을 분리시켜 고려하는 것으로는 충분치 않다. 신체적 상태라든지 환경이라든지 교육만을 따로따로 고려해서는 안 된다. 이 문제는 인류의 어깨에서 커다란 짐을 덜어 주기 때문에 중요하다. 자기 인식을 통해 가능해지는 자신에 대한 지식이 많아질수록 우리는 더 사려 깊은 행동을 할 수 있을 것이며 다른 사람, 특히 어린이들에게 성공적으로 영향을 미칠 수 있고, 그들의 성장이 파국에 이르는 것을 막고, 그들이 불행한 가족 분위기에서 자랐다고 해서 불행해지고 그 상태가 고착화되는 것을 막을 수 있을 것이다. 우리가 이런 오류의 정체를 벗겨 낼 때 인류의 문화는 앞을 향해 결정적 진보를 하게 될 것이며, 자라나는 세대가 자신의 문제와 가능성을 잘 의식하면서 자신이 자기 운명의 주인이 되는 세대로 자랄 수 있을 것이다.

3. 성격의 발달 방향

성격은 아이의 정신적 발달이 진행되어 온 방향에 따라 발달한다. 이 방향은 직선이나 곡선의 형태를 띤다. 직선적 성격의 경우엔 아이가 자신의 목표 실현을 직선적으로 추구하기 때문에 공격적이고 용감한 성격을 발달시키게 된다. 대부분 아이들의 성격 발달은 적극적이고 공격적인 성향으로 시작되었다고 하더라도 삶의 여러 난관에 부딪히면서 점차 구부러진다. 상대의 커다란 저항에 부딪히면 직선 방향으로는 우월성의 목표에 다다를 수 없게 되어, 어떻게든 이런 어려움들을 우회해서 다른 길로 돌아가는 것이다. 그리고 이 우회로에서 또다시 다른 특정한 성격을 갖게 된다.

신체기관의 발달 부진이나 아이의 주변 환경에서 비롯된 부당한 일들도 이와 비슷한 방식으로 성격 발달에 영향을 준다. 이외에도 저항할 수 없을 만큼 큰 힘으로 다가오는—교육자라는—환경의 영향도 있다. 공공생활의 여러 조건도 교육하는 사람들의 요구와 생각, 감정에 의해 바뀌고 사회적인 생활이나 지배적인 문화에 따라 교육 내용이 구성될 수밖에 없기 때문이다.

삶에서 만나게 되는 크고 작은 난관도 성격의 직선적 발달에 언제나 위험이 된다. 아이들이 가는 길은 권력 욕망에 다다르기 위해 직선 방향에서 조금씩 벗어나게 된다. 첫 번째 유형의 아이들은 어려움에 직접적으로 부딪히면서 자기 태도를 흔들림 없이 유지하지만, 두 번째 유형은 불이 붙고 있다는 것을 알아차리고 반대자가 숨어 있음을 알고 **조심해야** 한다는 것을 이미 배운 아이들이다. 그 아이들은 인정받거나 권력을 가지려는 목표를 영리하고 교활한 방법으로, 우회로를 통해 달성하고자 한다. 아이의 계속적인 발달은 목표에서 얼마 정도 빗나갔는지에 달려 있다. 아이가 몹시 조심스러운 성격이 되든지, 아니면 삶의 여러 가지 필연성에 자기 자신을 맞추든지, 아니면 목표를 아예 상실한다. 그 아이는 더 이상 직선 방향으로는 자기 과제에 다가가지 못하고 겁쟁이나 수줍은 아이가 되어 다른 사람의 눈을 똑바로 보지 못하고 진실을 말하지 못한다. 아이들의 행동 유형은 다르지만 그들의 목표는 똑같다. 둘이 서로 다른 행동을 하더라도 그 목표는 동일한 것일 수 있다.

아이의 성격이 아직 견고하지 않거나 원칙이 느슨할 때 혹은 하나의 방법이 불충분하다고 느껴지면 다른 방법을 찾는 것처럼, 자신만의 주도권과 유연성을 가질 때까지는 두 가지 발달 방향이 어느 정도 유용하게 작용한다.

전체 사회의 요구에 순응할 수 있는 전제 조건은 방해받지 않는 공동생활이다. 아이가 아직 주변 환경에 대해 투쟁적 자세를 갖기 전까지 우리는 아이를 쉽게 적응시킬 수 있다. 가족 내에서의 투쟁은 교육자가 자신의 권력욕을 억제하고 아이에게 부담이나 압력이 되지 않도록 주의함으로써만 피할 수 있다. 교육자에게 아이의 성격 발달에 대한 이해력이 있을 경우 아이의 직선적 성격 발달이 극단적이 되지 않도록 방지할 수 있다. 용기가 뻔뻔함이 되거나 독립성이 거친 이기주의로 잘못 변질되는 등의 상황을 피할 수 있다. 마찬가지로 억압적인 권위를 가지고 아이들을 노예처럼 복종하게 함으로써 아이가 폐쇄적이 되거나 밝혀질 경우의 결과를 두려워하기 때문에 진실조차 회피하는 행위를 하는 것도 방지할 수 있다. 왜냐하면 교육 방법에 적용되곤 하는 압박은 무모한 방법이며, 대부분 잘못된 적응을 유도해 내고, 그저 외관상의 복종을 가져오기 때문이다. 여기에 작용되는, 생각할 수 있는 모든 어려움은 간접적으로 혹은 직접적으로 아이에게 영향을 미친다. 일반적인 주변 상황이 아이의 정신에 반영되고 아이는 그에 따라 대응하지만 그에 대해 비판할 능력이 없다. 왜냐하면 아이는 아직 그렇게 할 능력이 없거나 주위에 있는 어른들이 이 과정에 대해 아무것도 모르고 이해도 하지 못하기 때문이다.

사람들은 또 어려움에 어떻게 맞서느냐에 따라 여러 성향으로 분류될 수 있다. 낙천적인 유형die Optimisten은 대체로 성격이 직선적으로 발달된 사람들이다. 그들은 모든 어려움에 용감하게 맞서고 그것을 어렵게 받아들이지 않는다. 그들은 자신에 대해 믿음을 갖고 있으며 삶에 대한 유리한 입장을 쉽게 찾아낸다. 그들은 자기 자신을 괜찮은 사람으로 평가하기 때문에 요구 사항이 많지 않고 위축되어 있지 않다. 그들은 삶에서 어떤 자극을 받을 때마다 스스로를 약하고 불충분하게 느끼는 다른 사람들과 달리, 삶의 질곡들을 더 쉽게 견뎌 낸다. 아주 힘든 상황에서도 잘못을 곧 극복할 수 있을 것이라고 확신하면서 조용히 참아 낸다.

겉으로 드러나는 그들의 행동을 보아도 낙관주의자들은 쉽게 눈에 띈다. 그들은 별로 두려워하지 않고 다른 사람들과 솔직하고 자유롭게 대화를 나누며 필요 이상으로 주저하지 않는다. 조각으로 표현한다면 남들을 포옹하기 위해 팔을 벌리고 서 있는 모습을 상상할 수 있다. 그들은 불신으로 가득 차 있지 않기 때문에 남들과 쉽게 가까워지고 친해진다. 그들의 말은 솔직하고 부담과 편견이 없다. 이런 유형의 순수한 모습은 찾기가 매우 힘들지만, 어린 시절 초기에 간혹 발견된다. 그러나 우리가 만족할 만큼의 낙천주의와 친화적 성격을 갖고 있는 사람도 꽤 많다.

또 다른 유형은 비관주의자인데, 그들은 매우 어려운 교육적 문제들을 야기한다. 그들은 어린 시절의 체험과 인상으로부터 열등감을 갖게 되어 여러 가지 어려움을 통해 인생은 결코 쉬운 것이 아님을 느끼게 된 사람들이다. 부당한 대접이 원인이 되어 비관주의적 세계관이 심어지면 그들의 시선은 언제나 삶의 어두운 면에 머문다. 그들은 낙관론자들보다 훨씬 더 많이 삶의 어려움을 의식하고 쉽게 용기를 잃는다. 종종 불안감에 휩싸여 의지할 무언가를 찾는데, 그런 성향은 보통 외부적으로도 드러나 혼자 있기 힘들어 한다. 예를 들어 어린아이의 경우에는 엄마만 계속 찾는다거나 끊임없이 엄마를 부르는 모습을 보인다. 이렇게 엄마를 부르는 모습^{Schrei nach der Mutter}은 때때로 매우 늦은 나이까지도 나타나곤 한다.

이 유형의 유별난 조심성은 천천히 움직이고 대부분 매우 수줍어 하며 무서워 하고 조심스럽게 따져 보는 행동에서 고스란히 드러난다. 왜냐하면 그들은 항상 위험을 경계하기 때문이다. 그들은 또 잠을 잘 자지 못한다. 수면은 한 사람의 발달 상태를 측정하는 매우 정확한 척도이다. 수면 장애는 항상 조심성과 불안의 바로미터인데, 마치 삶의 적대적 상황에 보다 잘 대처하기 위해서 끊임없이 파수를 보는 것과 같은 모습을 상상할 수 있다. 이런 유형들에게는 삶의 기술과 삶과 그의 연관성에 대한 이해심이 조금밖에 없기 때문에 단 한 번도 제대로 잠을 잘 수 없는 것이다. 만약 비관주의적 세계관을 지닌 사람이라면 그가 잠을 제대로 잘 수 없는 것은 당연하다. 이런 유형의 사람들이 생각하는 것처럼 삶이 실제로 그렇게 힘든 것이라면 잠은 정말로 위험한 일일 것이다. 수면과 같은 자연스러운 현상을 대하는 그의 태도에 이미 이 유형들이 가지고 있는 삶에 대한 무능력이 드러난다. 수면 장애뿐만 아니라 다른 장애도 많이 나타난다. 예를 들어 문이 잘 잠겨 있는지 다시 가 본다든지, 누가 침입하는 꿈을 꾼다든지 하는 것들이다. 잠을 자는 모습에서도 그 특징을 발견할 수 있다. 그들은 종종 좁은 공간에서 웅크리고 자거나 이불을 머리 꼭대기까지 끌어 당겨 덮는 등의 특징을 보인다.

또 다른 관점에서 보자면 공격하는 사람과 공격받는 사람들로 분류할 수 있다. 공격적 행동은 무엇보다 커다란 움직임으로 나타난다. 그들이 용감할 때는 그 용감함을 만용으로까지 끌어올리려 한다. 자기 자신과 다른 사람들에게 자신이 뭔가 할 수 있다는 것을 보여 주려는 특별한 제스처를 보이는 것이다. 그럼으로써 그들을 지배하고 있는 깊은 불안감을 드러낸다. 공격적 성향이면서도 두려움을 느끼는 사람들은 그 두려움을 단련하려는 모습을 보인다. 그에게 부드러움과 상냥함은 약함으로 비치기 때문에 그는 그 감정들을 억누르려고 노력한다. 그들은 항상 눈에 띄도록 분명하고 강한 사람으로 보이고 싶어 한다. 이런 공격자 유형들은 종종 거칠고 잔인한 특성을 드러내곤 한다. 그들이 비관주의적 성향일 때는 주변과의 모든 관계를 변화시킨다. 왜냐하면 그들은 함께 살고 느끼는 데 서툴고 모든 것에 적대감을 갖고 있기 때문이다. 그들의 의식적인 자기 평가는 매우 높은 수치를 보일 수 있다. 그들은 자만심과 교만, 자부심에 부풀려 있는 경우가 많다. 그들은 스스로가 진정한 정복자인 것처럼 보이고 싶어 하는 허영심도 갖고 있다. 그러나 그들의 행동에서 보여 주는 분명함과 과잉된 양태가 공동생활을 위협할 뿐 아니라 모든 것이 불안정하고 흔들리는 기초 위에 세워진 인위적인 구조물일 뿐임을 여실히 보여 준다. 그렇게 해서 공격적 행동이 이루어지고 그것은 오랫동안 유지될 수 있다.

그런 사람들의 지속적인 발달은 순조롭지 않다. 그런 사람들에 대해 인간 사회는 우호적이지 않다. 그들이 남보다 눈에 띈다는 바로 그 점이 미움을 받게 만든다. 남들을 지배하고자 하는 끊임없는 노력은 그들을 다른 사람과의 갈등에 빠뜨리고, 특히 생각이 같은 사람들에게는 그들의 경쟁심을 유발하기 때문에 더욱 그렇다. 그들의 삶은 투쟁의 연속이고 피할 수 없이 예정된 패배를 경험하게 되며 승리와 개선의 행동 노선은 거기서 끝난다. 그렇게 되면 그들은 지구력을 상실해서 쉽게 뒤로 물러서고 좀처럼 후퇴를 극복하지 못한다. 그들의 회복은 몹시 힘들게 이루어진다. 과제 수행의 실패는 그에게 지속적인 영향력을 남기기 때문이다. 그들의 발달은 그때까지 항상 공격을 받기만 하던 다른 유형들이 발달하는 바로 그 지점에서 더 이상 앞으로 나가지 못한다.

두 번째 유형인 공격받는 사람들die Angegriffene은 자신의 나약함을 극복하는 과정에서 공격적인 행동을 선택하지 않고 소심함과 조심성, 겁먹음 등의 행동 특성을 보인다. 위에서 기술한 첫 번째 유형의 공격적인 태도가 실패로 끝남으로써 이런 태도가 나타난다. 방어적인 유형은 나쁜 경험들로 인해 놀라 곧장 거기서 도망쳐 버리는 길을 택하는, 파멸적인 결론을 끌어낸다. 많은 사람이 이런 도주 행위를 마치 그 앞에 매우 유익하고 쓸모 있는 방법이라도 있는 듯 그럴듯하게 위장하는 데 성공하기도 한다. 그들이 과거를 반추하고 골똘히 추억에 잠겨 상상력을 발휘할 때는 실제로 그들에게 위협적으로 느껴지는 현실로부터 도망하기 위해 그러는 것뿐이다. 아직 완전히 주도권을 잃지 않은 어떤 사람이 일반적으로 볼 때 아주 이익이 없다고 할 수 없는 어떤 일에 성공할 수도 있다.

예술가의 심리학Psychologie des Künstlers에 관심이 있는 사람들은 예술가들 중에 이런 유형이 많다는 것을 알 것이다. 그들은 현실에서 눈을 돌려 아무런 장애물이 없는 이상의 세계, 공상의 세계에서 두 번째 세계를 구축하고자 하는 사람들이다. 그런데 그들은 예외자들이라고 할 수 있다. 대부분의 사람들은 실패를 경험한다. 그들은 모든 사람과 모든 것을 두려워하며 모든 것을 불신하고 다른 사람들에게서 오직 적대감만을 기대한다. 유감스럽게도 그들의 태도는 우리의 문화 속에서 점점 더 강화되고, 다른 사람들이 가진 좋은 특성을 발견하지 못하며, 삶의 밝은 면을 보지 못한다. 그들은 극심하게 비판적이 될 수 있으며 모든 오류를 즉각 발견해 내는 날카로운 눈을 갖는 등의 성격 특징을 보여 준다. 그들은 주위 사람들에게 아무런 도움도 주지 못하면서 스스로 심판자를 자처한다. 그들은 항상 비판적이며 팀의 나쁜 선수이며 동시에 게임을 망치는 사람이 된다. 모든 것을 불신하는 그들의 태도로부터 관망하며 망설이는 태도가 나올 수밖에 없음은 당연하다. 어떤 과제 앞에서 그들은 마치 선택을 뒤로 미루려는 것처럼 의심하고 망설이기만 한다. 그들을 상징적으로 묘사하자면 마치 눈앞에 닥친 위험을 보지 않으려고 시선을 돌리고 방어하기 위해 손을 앞으로 뻗는 사람처럼 보인다.

그런 사람들이 가지는 다른 성격 특징들도 별로 호감을 느끼게 하지 않는다. 자기 자신을 신뢰하지 못하는 사람은 다른 사람에게도 신뢰를 보내지 못하는 것이 일반적인 현상이다. 이런 태도로부터 질투와 인색함의 특징들이 발전하는 것은 피할 수 없는 사실이다. 그들이 보여 주는 고립적 태도는 결국 다른 사람들에게 기쁨을 선사하거나 다른 사람의 기쁨에 동참하고 싶지 않다는 마음을 의미할 뿐이다. 그들에게 다른 사람의 기쁨은 고통이며 종종 상처이기까지 하다. 그들 중 어떤 사람은 다른 사람들보다 자신이 훨씬 고상하다고 느껴지도록 간계를 부리기도 하며, 그 상태는 쉽게 흔들리지 않을 정도로 견고할 수도 있다. 자신을 고상하게 보이고 싶어 하는 그들의 동경은 너무 교묘해 처음 봤을 때는 적대감이 거의 느껴지지 않을 정도다.

4. 다른 심리학과의 차이점

우리는 의식적인 방향성이 없는 상태에서도 인간이해의 작업을 아주 분명하게 진행해 나갈 수 있다. 정신적 발달의 어느 한 지점을 집어내 그 지점에서부터 유형들을 분류하는 작업을 통해 가능하다. 그렇게 하면 쉽게 방향을 잡을 수 있다. 우선 사람들을 두 가지로 분류할 수 있다. 첫 번째 유형은 생각이 많고 숙고하며 갖가지 환상들 속에 살며 삶의 현장으로 뛰어드는 것을 싫어한다. 그러므로 그들은 행동이 느리고 무겁다. 또 다른 유형은 보다 활동적이고 생각을 많이 하지 않으며 환상을 품기를 좋아하지 않고 항상 바쁘게 일하며 삶의 현장에 기꺼이 뛰어든다. 그런 유형들은 확실히 존재한다. 그러나 우리가 이런 논의에 만족한다면 우리의 연구를 계속할 필요가 없을 것이다. 그것은 기껏해야 다른 심리학들과 마찬가지로 한쪽 유형의 사람들에게는 공상적 활동이 강하고 다른 유형에는 행동력이 강하다는 것을 확인하는 것으로 만족해야 할 것이다. 그러나 이 사실은 지속적으로 유효한 과학적 태도가 아니다. 우리가 원하는 것은 보다 명확하게 정리해 보자는 것이다. 이 내용들이 과거에 왜 그렇게 되었는지, 왜 꼭 그렇게 되었어야만 했는지, 어떻게 오류를 피하고 변화시켜야 할지에 대해 보다 확실한 그림을 그려보자는 것이다. 비록 이런 유형의 사람들이 계속 우리 눈에 띄겠지만, 위와 같이 자의적이고 피상적인 관점에서 출발한 분류 작업은 합리적인 인간이해를 위해서 불필요할 뿐이다.

개인심리학은 인간의 다양한 표현 활동의 발달을 파악하기 위해 초기 어린 시절을 기점으로 잡았다. 또 이런 표현 활동은 예외 없이 이쪽 아니면 저쪽에 속한다는 사실을 확인했다. 하나는 공동체 의식이 지배적인 특징으로 나타나는 쪽이고, 다른 하나는 권력에 대한 욕망이 강한 쪽이다. 이 사실을 확인함으로써 개인심리학은 모든 사람을 상당히 명확하게 파악하고 분류할 수 있는 열쇠를 손에 쥐게 되었다. 그렇지만 이 작업에서는 당연히 매우 넓은 분야에서 활동하는 심리학자들의 기본 태도에 맞게 신중하게 관찰한 결과를 토대로 했다. 이런 자명한 사실을 전제로 하여 우리는 인간의 정신적 현상을 판단할 수 있는 기준을 갖게 되었다. 어떤 유형은 매우 높은 공동체 의식을 소유하며 거기에 권력욕과 특권 의식이 그저 조금 섞여 있을 뿐이고, 또 어떤 유형은 야심적인 성격이 지배적으로 작용해 자신에게나 주위 사람들에게 자신이 다른 사람보다 얼마나 우월한지 보여 주는 데만 관심을 쏟고 있음을 확인할 수 있게 되었다. 이런 기초 위에서, 특히 통일적 인격이라는 관점하에서 이해하고 포함시킬 수 있는 어떤 특별한 성격 기질을 분명하게 확인하는 것이 어렵지 않았다. 그와 동시에 하나의 수단을 확보하게 되었으며, 그것으로 한 사람의 특성과 행동 패턴을 판단하고 그에게 영향을 미칠 수 있게 되었다.

5. 기질과 내분비 활동

기질에 따라 사람의 성격을 구분하는 것은 심리학에서 가장 오래된 방법 중 하나다. '기질^{Temperamente}'이라는 용어를 우리가 어떻게 이해하느냐 하는 문제는 결코 간단치 않다. 어떤 사람이 생각하고 말하고 행동하는 데 속도나 힘, 혹은 그가 집어넣는 박자라고 생각해 볼 수 있다. 기질의 본질에 관한 심리학자들의 해석을 추적해 보면 정신생활의 관찰에 관한 학문은 태고 이래 사람을 다혈질, 담즙질, 우울질, 점액질과 같이 네 가지 기질로 분류하는 것에서 크게 벗어나지 못하고 있다. 그것은 그리스에서부터 유래되어 히포크라테스에 의해 발전되고, 다시 로마인들에게 전달되어 오늘날까지 심리학에서 매우 존경할 만한 성역으로 인정되고 있다.

　　다혈질의 사람들^{Sanguiniker}은 특이할 정도로 삶의 기쁨을 표현하고 사물을 너무 무겁게 받아들이지 않으며, 쓸데없이 속 썩지 않고 모든 것에서 아름답고 좋은 면만 발견하려고 하며, 슬픈 일이 있을 때는 충분히 슬퍼하지만 그것 때문에 주저앉을 정도는 아니며, 기쁜 일에는 기뻐하지만 과도하게 기뻐하지 않는 사람들이다. 이 유형의 사람들에 대해 더 자세히 묘사한다 해도 그들은 보통 매우 건강한 사람들이며 특별히 해로운 점은 발견되지 않는다는 것 외에 특이한 점은 없다. 다른 세 가지 유형에서는 그러나 마지막 사항이 문제가 된다.

　　담즙질의 사람들^{Choleriker}에 대한 오래된 시적 비유는 이렇다. 이 유형의 사람들은 길을 가다가 자기 길을 막는 돌을 발견하면 불같이 화를 내며 돌을 집어 던진다. 반면에 다혈질의 사람들은 여유 있게 그 돌을 넘어 유유히 자기 길을 간다. 이 말을 개인심리학적으로 번역해 보면 이렇다. 담즙질의 사람들은 권력에 대한 욕망이 너무 강해 항상 과시적인 활동을 해야 하고, 또 대단한 일을 한다고 생각한다. 그들은 직선적이고 공격적인 활동으로 모든 것을 뛰어 넘어야 한다. 옛날 사람들은 이 기질과 쓸개를 연결해 담즙질(쓸개즙질)이라고 명명했다. 오늘날에도 그런 기질을 가리켜 쓸개즙이 올라오는(화를 잘 내고 분노하는)이라고 말하는 사람들이 있다. 실제로 그들은 매우 과장된 몸짓을 하면서 힘에 대한 강력한 감정을 느낄 뿐만 아니라 그것을 끝까지 펼치고 보여 주고 싶어 하는 사람들이다.

　　우울질의 사람들Melancholiker은 매우 특별한 인상을 준다. 시적인 비유를 들자면 이 사람들은 다음과 같이 묘사할 수 있다. 그들은 길에서 돌을 발견하면 "자기의 모든 죄를 떠올리고" 슬픈 생각에 빠져들며 왔던 길을 다시 돌아간다. 개인심리학은 그런 사람들에게서 극도로 주저하는 성격을 발견한다. 그들에게는 어려움을 극복할 수 있고 앞으로 나갈 수 있다는 자신감이 결여되어 있다. 그들은 극도로 조심하면서 계속 길을 가거나 아니면 차라리 그 자리에 멈춰 버리고, 자신을 위험에 내맡기기보다 오히려 돌아서 가 버린다. 모든 일에 대한 의심이 그의 전체 성격을 지배하고, 남들보다는 자기 자신에 대한 생각에 골몰한다. 그렇기 때문에 인생의 커다란 가능성과의 연결점을 찾지 못한다. 그들은 자신에 대한 걱정으로 짓눌려 있고 시선은 뒤로 혹은 안으로만 향해 있다. 동시에 다른 사람들을 자신의 운명으로 뒤흔들려고 한다.

점액질의 사람들Phlegmatiker은 삶을 낯설게 느낀다. 여러 가지 경험에서 자신의 인상을 모아 보지만 그로부터 어떤 의미 있는 결과를 도출하지 못한다. 사물에 대해서도 아무런 인상을 얻어 내지 못하고 특별한 관심도 보이지 않으며, 특별히 애써서 노력할 만한 것을 찾지 못한다. 삶과의 관련성을 찾기 힘들고 삶의 현실에서 가장 멀리 떨어져 있는 사람들이다.

그러므로 우리는 다혈질 사람들만을 좋은 동료로 평가할 수 있다. 그러나 여기서 덧붙여 언급할 사실은 우리가 이런 네 가지 기질 중에서 순수하게 한 가지 기질만 가진 사람을 만나기 어렵고, 대개는 이런 기질들이 조금씩 한데 섞여 있는 사람들을 만난다는 것이다. 이 점은 기질론의 가치를 매우 많이 깎아내린다. 또한 여러 가지 기질이 차례로 나타나는 경우도 있다. 예를 들어 아이일 때는 담즙질이었다가, 그다음에는 우울질이었다가, 마지막에는 점액질로 끝나는 유형들도 있다. 다혈질의 사람들은 네 가지 유형 중에서 어린 시절 열등감에 제일 적게 시달린 사람들이다. 눈에 띌 만한 신체적 결함도 제일 적고, 심한 외적 곤란도 겪지 않아 정해진 발달 과정을 조용하게 거쳐 왔으며, 삶을 사랑하고 삶에 친숙하게 다가갈 수 있었던 사람들이다.

과학적으로는 다음과 같은 설명이 가능하다. 인간의 기질은 내적 호르몬 분비에 따라 달라진다. 의학 분야는 이른바 내분비선의 중요성에 대해 새로운 인식을 축적해 가는 중이다. 내분비선에는 갑상선, 뇌하수체, 부신, 부갑상선, 생식선 들이 있는데, 이것들은 도관 없이 혈액에 직접 호르몬을 공급하는 조직이다.

신체의 모든 기관과 조직은 혈액을 통해 신체 각각의 세포에 도달하는 분비물의 영향을 받는데, 분비물은 활성 작용과 해독 작용을 함으로써 생명의 존속을 위해 절대적으로 필요하다. 이 내분비선 endokrinen Drüsen의 작용은 아직도 어둠에 싸여 있다. 이 분야의 연구는 아직 초기 단계에 있으므로 확실한 사실들은 밝혀져 있지 않다. 이 새로운 연구는 인간의 성격과 기질에 관한 정보를 제공해 줄 수 있다고 주장하며 하나의 심리학적 방향을 제시할 수 있다고 주장하므로 그에 대한 근거를 조금 더 밝힐 필요가 있다.

우선 내분비선과 심리적 기질에 대한 주장에 심각한 우려를 표명하지 않을 수 없다. 내분비계 질환의 경우, 예를 들어 갑상선 호르몬 기능 저하증에서 극도의 점액질의 기질을 보이는 정신적 현상을 만나게 된다. 이런 사람들은 얼굴이 붓고 피부가 두꺼워지는 증상을 앓게 되며 모발이 잘 자라지 않는다. 또한 극심하게 행동이 느려지며 운동성이 둔해지는 증상을 나타낸다. 그들의 정신적 민감성은 심각하게 저하되고 아무것도 주도적으로 할 수 없게 된다.

이런 환자의 증상과 우리가 앞에서 보았던 갑상선 기능은 정상이지만 순수한 점액질 기질로 판단했던 다른 경우와 비교해 볼 때, 두 경우는 비슷한 점이 없는 전혀 다른 양상을 보인다. 갑상선 호르몬과 정신적 기능 사이에는 인과관계가 전혀 성립하지 않는다고 말할 수 있다. 그러므로 점액질 기질은 갑상선 호르몬의 저하 때문에 발생한다고 볼 수 없다.

병적 유형의 점액질 사람들은 우리가 기질적 점액질로 분류했던 사람들과 완전히 다른 모습을 보인다. 기질적 점액질들은 그 기질과 성격에서 심리적인 과거 전력을 통해 구분된다. 우리 심리학자들의 관찰 대상이 되는 점액질 사람들은 고정적으로 변하지 않는 유형이 아니다. 우리는 종종 그들이 보여 주는 극심하고 격렬한 반응 때문에 놀라곤 한다. 전 생애 동안 점액질 사람들은 존재하지 않는다. 이 기질은 인위적인 껍데기 외에 다른 것이 아니다. 즉, 매우 예민한 사람이 자신과 외부 세계 사이에 설치해 놓은 방어 기제다. 이들은 아마도 원천적인, 그 자신의 형질 자체에 놓인 그런 성격에 끌리는 성향을 가졌을 것이다. 점액질의 기질은 안전장치이며 삶의 질문에 대한 의미 있는 그만의 대답이다. 이런 의미에서 갑상선 기능 저하로 인해 생기는 병적인 느림, 둔함, 불완전함과는 전혀 다른 현상이다. 갑상선 질환이 있을 때도 점액질의 기질을 갖게 된다는 것은 중요한 사실이므로 가볍게 지나쳐서는 안 된다. 그러나 문제 전체의 핵심은 아니다. 정말로 문제가 되는 것은 원인과 목적의 전체적 집합, 제일 처음 신체적 열등감을 불러일으키는 내적 기관 활동의 전체 시스템과 외부적 영향이다. 그것은 이런 열등감으로부터 인격이 손상되고 상처받는 것을 점액질의 기질을 통해 보호하려는 개인적 시도로 이해되어야 한다. 다른 말로 하면 앞에서 일반적인 점액질의 유형으로 간주한 그 유형과 같다는 뜻이다. 여기서 갑상선의 기능 저하는 그저 특정한 신체적 결함일 뿐, 중요한 역할을 하는 것은 그 결과다. 그들은 이런 신체적 결함 때문에 삶에서 더 불리한 위치에 놓일 수밖에 없고, 그래서 점액질 유형처럼 보이게 하는 정신적 전략을 동원한다.

다른 내분비 계통의 질환과 그에 속하는 기질들을 조사해 보면 이와 같은 우리의 생각은 더 강화될 수 있다. 갑상선 기능 항진의 원인으로 바세도우씨병을 앓는 사람들도 있다. 그들은 심장 활동이 빨라지고 특히 맥박수가 높아지며 안구가 튀어나오고 갑상선이 붓는 증상을 겪는다. 이 부종 현상은 몸 전체, 특히 손에서 두드러지게 나타나며 때에 따라 손을 약하게 또는 심하게 떨기도 한다. 자주 땀이 나면서 췌장 호르몬의 영향으로 나타나는 소화기관 장애로 고통받는다. 또한 흥분 상태에 빠져 성급하고 민감한 성정을 드러내며 자주 불안증을 겪기도 한다. 바세도우씨병 환자는 병이 많이 진행된 단계에서는 불안해하는 사람의 모습과 거의 똑같다.

바세도우씨병 증상이 심리학적 불안의 모습과 같다고 말한다면 그것은 매우 틀린 생각이다. 그런 경우에 인지할 수 있는 심리학적 사실들은 이미 언급되었듯이 흥분 상태와 정신적·육체적 무력감, 신체적·정신적인 원인에 의한 무력 상태 등이다. 조급증, 흥분 상태, 불안증에 시달리고 있는 기질적 불안 증상과 비교했을 때, 그 차이는 엄청나게 벌어진다. 갑상선 기능 항진증에 대해서는 만성적인 약물 중독을 원인으로 생각할 수 있다. 그러나 매우 예민하고 조급하게 행동하고 쉽게 불안에 빠지는 사람들은 이와 전혀 다른 상태며, 그들의 정신적인 전력을 들여다 볼 필요가 있다. 여기서는 단지 유사성이 너무 많다는 것뿐이며 지표로 볼 수 있는 성격과 기질의 계획성이 결여되어 있다는 것이 중요하다.

내분비선과 관계된 다른 호르몬의 경우들도 고려해 보아야 한다. 여러 가지 호르몬 발달의 관련성 중 특이한 것은 생식기관과의 관계다. 이 사실은 오늘날 생물학적 연구의 주요 쟁점이 되었는데, 내분비계에 어떤 이상이 생기면 항상 생식기관의 비정상을 동반한다는 점이다. 그것들 사이의 특별한 의존 관계라든가 동시적 발생의 원인은 아직 밝혀지지 않았다. 그러나 이 호르몬 장애에서 우리가 위에서 언급한 심리적인 영향이 같다고 말할 수는 없다. 오히려 이전에 논의한 바 있는 신체적 장애를 가진 사람들의 경우와 거의 같다는 것을 확인할 수 있다. 그들은 삶에서 제대로 길을 찾기가 어렵고 그렇기 때문에 더 많은 심리적 방어기제와 수단을 강구하지 않을 수 없다.

우리는 성격과 기질이 생식 호르몬의 영향을 받는다고 믿어 왔다. 그러나 생식 호르몬 이상 증상은 일반적으로 그렇게 많이 발견되지 않기 때문에 그런 병적 증상을 갖고 있는 경우는 예외적으로 취급해야만 할 것이다. 직접적으로 생식선의 기능 때문이라고 말할 만한 심리적 영향에 관한 자료가 거의 없어 생식 호르몬 환자의 특별한 상황으로 인해 발생한 것으로 볼 수 없다. 때문에 심리학적인 확실한 근거가 다시 빈약해진다. 우리는 생식 호르몬 이상에서 활동성에 필요한 어떤 자극이 결여되었음을 확인할 수 있다. 그것은 주변 환경 속에서 아이의 위치를 결정하며 다른 기관으로 대체될 수 있고 뚜렷한 정신적 구조를 야기하지 않는다.

한 사람을 판단한다는 것은 엄청나게 까다롭고 복잡다단한 과제고, 조그만 착오라도 생과 사를 가를 수 있는 문제이기 때문에 매우 신중하게 다루어야 한다. 선천적으로 신체적 결함을 안고 태어난 아이가 그에 대한 보상으로 특이한 전략을 강구하고 싶어 하는 유혹 Verlockung을 느끼고, 그들의 정신 발달이 독특한 형태를 띨 가능성은 매우 크다. 그러나 그것은 극복될 수 있다aber das kann überwunden werden. 어떤 상태의 어떤 신체적 결함이든 간에 그것이 반드시 인간을 특별한 태도로 발달시킨다는 법칙은 없다. 처음부터 그런 신체적 결함을 가진 아이들의 정신 발달의 어려움은 특별한 방법을 고안해 넘으로써 막을 수 있다는 것을 아무도 생각해 본 적이 없다. 또한 그들이 익숙한 잘못을 하도록 내버려 두고 바라보기만 했을 뿐 도와주거나 격려하지 않았기 때문에 그렇게 잘못된 태도로 발전했는지도 모른다. 그에 따라 우리는 개인심리학에 근거를 둔 위상 심리학Positionspsychologie이 새로운 기질 심리학Dispositionspsychologie의 주장들에 비해 더 타당하다고 말할 수 있다.[8]

6. 개괄

우리가 다른 개별적 성격 형태에 대한 논의로 넘어가기 전에 지금까지 얻어진 관점들을 다시 한 번 짧게 반복할 필요가 있겠다.

중요하게 확인해야 할 것은 우리가 인간이해를 개개의 현상, 즉

---

8 기질심리학은 개인 행동을 내적 소질로 설명하고 위상심리학은 개인이나 집단의 심리와 행동을 그 생활 공간인 심리적 장소의 상대적 위치 관계에서 다룬다.

정신적 관련성을 벗어난 현상으로 받아들여선 안 된다는 것이다. 적어도 두 개의, 시기적으로 되도록 멀리 떨어져 있는 두 시점의 현상들을 서로 비교하고 동시에 하나의 동일한 명칭으로 연결시켜야 한다. 이런 실질적인 암시는 정말 유용한 방법임이 확인되었다. 그것은 여러 개의 인상을 한데 모으고, 그것을 체계적으로 평가하고 안전한 판단으로 좁혀 가는 것을 허용한다. 만일 개별적인 현상들만을 가지고 판단을 내리면 다른 심리학자들, 교육학자들처럼 매우 당황스러운 국면에 빠질 수도 있다. 그것들은 다시 민간적 요법에 빠지고 그로부터 의미 있는 성과를 아무것도 얻어 내지 못하게 된다. 그러나 다행히 성공을 거두고 가능한 한 많은 단서를 얻어 내 그것들을 서로 묶고 하나의 체계를 세울 수 있게 되면, 한 사람에 관한 비교적 명료하고 통일적인 인상을 얻을 수 있다. 우리는 우리 발밑에 단단한 땅을 딛는 것이다. 물론 우리가 한 사람과 좀 더 가깝게 친교하면 자신의 판단을 다소 수정할 필요성이 생길 것이다. 그래서 어떤 교육적인 전략으로 개입하기 전에 이런 방법으로 개인에 대한 명료한 상을 확보하는 것이 절대적으로 필요하다.

그런 시스템에 도달하기 위해 여러 가지 방법과 수단이 동원되었고 그 목적을 위해 우리 자신과 관계된 것, 혹은 인간의 이상적 모습에서 여러 현상을 살펴보았다. 또한 우리가 만든 이 체계에는 사회적인 요인이라는 특정한 요소가 절대로 빠져서는 안 된다는 사실을 확인했다. 정신활동의 현상들을 단순히 개인적인 것으로 간주하는 것은 충분치 않다. 오히려 그것은 사회적 공동생활의 관련성 속에서 이해해야 한다. 사람들과의 협동 생활을 위한 특별하고 가치 있는 기본 방침으로 다음을 인식해야만 한다. 인간의 성격은 우리에게 있어서 도덕적인 판단 근거가 될 수 없고, 그 사람이 자신의 주위 환경에 어떤 영향을 미치는가, 또 어떤 연관성 속에 처해 있는가 하는 사회적 인식의 맥락에서 파악되어야 한다.

이런 사고 과정을 계속하는 동안 우리는 다음 두 가지 보편적이고 인간적인 현상과 만나게 된다. 하나는 어디에서나 발견할 수 있는 것으로, 사람과 사람 사이를 연결해 주는 공동체 의식이다. 그것은 우리 문화의 위대한 능력이 창조해 낸 것이고, 우리가 정신생활의 여러 현상을 평가하는 기준이며 각 개인의 공동체 의식의 크기를 측정할 수 있게 해 준다. 누군가가 다른 사람들과의 연대 속에 있을 때 그가 인간애를 어떻게 표현하는지, 그것들이 그의 삶을 얼마나 보람 있고 활기차게 만드는지 알게 되면 우리는 인간의 영혼에 대해 매우 조형적인 인상을 얻게 된다. 결과적으로 우리는 다음과 같이—이것은 성격을 파악하는 두 번째 척도로서—확인하기에 이르렀다. 공동체 의식에 적대적이고 부정적인 영향을 가장 크게 미치는 힘은 권력 욕구와 우월성을 향한 욕망이다.

이 두 가지 관점에서 보면 사람들간의 차이는 공동체 의식의 크기와 권력에 대한 욕망의 크기에 의해 결정된다는 것이며, 이들은 서로에게 영향을 준다는 것을 확인할 수 있었다. 우리가 성격이라고 부르는 것들은 이 두 힘간의 게임이며, 그 상호 작용이 밖으로 표현된 외적인 현상이다.

제2장
공격적인 성격의 특징

1. 허영심과 공명심

인정받고 싶어 하는 욕구가 극심해질수록 정신생활에는 긴장감이 높아지며 인간은 권력과 우월성의 목표를 더 강하게 의식하고 그 목표에 도달하기 위해 훨씬 더 치열하게 노력한다. 그의 삶은 커다란 승리에 대한 기대로 가득해진다. 그런 사람들은 삶과의 연관성을 잃어버리고 자신이 다른 사람들에게 어떤 인상을 주는가, 남들이 자기를 어떻게 생각하는가에 대해서만 신경 쓰기 때문에 냉정해지기 어렵다. 그로 인해 행동의 자유는 심각하게 제한되고 그에 맞는 성격 형태가 나타나는데, 그것이 바로 허영심이다. 모든 사람에게는 허영심이 아주 작은 흔적이라도 있다고 말할 수 있다. 그러나 자신의 허영심을 공공연히 드러내면 별로 호의적인 인상을 주지 못하기 때문에 대부분 감춰져 있거나 여러 다양한 형태로 위장하게 된다. 보기에는 매우 겸손한 자세를 갖고 있어도 마음 깊은 곳에는 허영심이 자리하고 있을 수 있다. 어떤 사람은 매우 허영심이 강해 다른 사람의 평가에 전혀 신경 쓰지 않는 경우도 있고, 또 거기에 너무 연연한 나머지 자기에게 유리하게 이용하는 경우도 있다.

허영심이 어느 일정한 범위를 벗어나면 매우 위험해진다. 그것은 사람을 무가치한 일과 비용, 노력에 몰아넣는 것 말고도 실질적인 면보다는 외형적인 면에 치우치게 만들고, 자기 자신에 대해서만 생각하게 하고, 기껏해야 다른 사람이 자신에 대해 어떤 평가를 내리느냐에 대해서만 관심을 쏟게 만들기 때문에 현실과의 접촉점을 쉽게 잃어버리게 된다. 허영심이 강한 사람은 인간들과의 관련성에 대한 이해 없이 삶과의 관계를 잃어버린 채 삶이 그에게 무엇을 요구하는지, 그가 인간으로서 무엇으로 헌신해야 하는지 잊어버린다. 허영심은 다른 악덕들과 마찬가지로 인간이 자유롭게 발전해 가는 것을 방해한다. 결과적으로 자신의 명예를 위해 어떤 이익이 있는지 끊임없이 따지고 그것만 생각하기 때문이다.

사람들은 때때로 허영심이나 교만 같은 단어보다 좀 더 우아하게 들리는 공명심Ehrgeiz이라는 말을 더 많이 사용하기도 한다. 또 사람들 중에는 자신이 얼마나 야심적인지 자랑스럽게 떠벌리는 사람도 있다. 그 외에 때때로 열성Strebsamkeit이라는 개념을 사용하기도 한다. 우리는 이것들이 보편성에 부합하는 어떤 일에 유용하다고 생각되는 한 그것을 받아들일 수 있다. 그러나 일반적으로 이런 표현들은 삶에서 아무짝에도 쓸모없는, 심한 허영심만 은폐해 줄 뿐이다.

　허영심이 있는 사람은 절대로 팀의 좋은 동료가 될 수 없고 시합을 망치는 사람이 되기 쉽다는 사실이 매우 일찌감치 드러난다. 오로지 이런 허영심의 만족만을 추구하는 사람은 종종 다른 사람이 고통스러워하는 것을 즐기기까지 한다. 허영심이 막 자라나는 아이들의 경우에는 위협적인 상황을 만나면 인정 욕구가 강하게 나타나 약한 아이들에게 자신의 강함을 과시하려고 한다. 동물 학대도 여기에 속한다. 어느 정도 기가 꺾인 아이들은 이해할 수 없을 정도로 사소한 것을 통해 자신의 허영심을 만족시키려 한다. 커다란 주경기장을 회피하고 자기 변덕에 따라 멋대로 만들어 놓은 두 번째 전쟁터에서 자신의 인정 욕구를 충족시키려는 것이다. 그들은 끊임없이 삶이 얼마나 고통스러운지 다른 사람들이 자기에게 얼마나 잘못하는지 호소하느라 여념이 없다. 교육에 잘못된 점이 없었더라면, 불운이 찾아오지 않았더라면 자기는 항상 일등 자리에 있었을 거라고 주장한다. 그들의 호소는 맨날 이런 식이다. 그들은 항상 삶의 현장에 끌려 들어가지 않으려고 핑계거리를 찾아낸다. 그들은 꿈에서조차 자신의 허영심을 만족시키느라 바쁘다.

　일반적으로 이런 사람들 옆에 있는 사람들은 매우 나쁜 상황에 처한다. 그들은 항상 사람들이 끄집어 내는 비판의 대상이 된다. 허영쟁이들은 보통 잘못된 일에 대한 책임을 자기가 지지 않으려 하며 남에게 그것을 전가한다. 자기들은 항상 옳고 남들은 항상 부당하다고 주장한다. 그러나 삶에서 누가 옳으냐의 문제는 의미가 없고, 중요한 것은 자신의 일을 성취시켜 나가고 다른 사람의 일을 도와서 그것을 완성하는 일이다. 그러나 그들의 입에서는 항상 호소하는 소리와 변명하는 소리만 흘러나온다.

여기에서 문제가 되는 것은 인간 정신이 만들어 내는 인위적인 책략으로서 자신의 허영심이 손상되지 않도록 보호하기 위한 시도들이다. 그럼으로써 그들은 자신이 우월하다는 느낌이 무사히 남아 흔들리지 않기 위한 시도를 수없이 반복한다.

가끔 인간의 위대한 업적 중에 허영심이 없었다면 달성하지 못했을 것들도 많았을 것이라는 이의를 듣게 된다. 그것은 잘못된 생각에 바탕을 둔 허상이고, 잘못된 전망이다. 허영심에서 자유로운 인간은 아무도 없기 때문에 누구나 조금씩은 그런 성향을 보일 수 있다. 그러나 그에게 보편적 유익을 향하거나 커다란 업적을 수행할 수 있는 힘을 주는 것은 확실히 허영심이 아니다. 그 업적은 오직 공동체 의식을 통해서만 이루어질 수 있다. 공동체에 어느 정도라도 도움이 되지 않는 천재적인 과업은 불가능하다. 여기에서의 전제 조건은 전체와의 연대, 또 그것을 촉진시키려고 하는 의지다. 그렇지 않으면 그런 성과를 이루었다고 하더라도 가치를 부여할 수 없다. 거기에 어떤 허영심이 관여되어 있었다면 그것은 확실히 상황을 교란시키고 가치를 저하시킬 뿐이다. 그리고 그 영향은 그리 크지 않았을 것이다.

오늘날 사회적 분위기에서는 허영심과의 완전한 분리가 불가능할지도 모른다. 그러나 이런 사실을 인식하는 것만으로도 가치가 있다. 왜냐하면 그로써 우리 문화의 가장 아픈 부분을 건드리게 되기 때문이다. 그것은 허영심 때문에 수많은 사람이 나락에 빠지고 전 생애 동안 불행을 겪으며 재앙이 닥쳐오는 바로 그 자리에 존재한다는 사실이다.

다른 사람을 잘 참아 내지 못하는 사람은 삶에 잘 적응하기가 어렵다. 왜냐하면 그들은 자기 자신의 실제보다 남들에게 더 그럴듯하게 보여야 하는 과제를 안고 살아가기 때문이다. 사람들이 자신의 높은 생각을 존중해 주지 않는다고 생각하기 때문에 현실 생활에서 더 큰 마찰에 부딪힌다. 그런 사람들은 허영심 때문에 오직 좋은 것에만 매달린다. 인류의 모든 어려운 혼란 상태는 본질적인 요소를 발견하려는 것보다 허영심을 만족시키려는 헛된 시도가 야기한 것들이 대부분이다. 사람들의 복잡한 인격을 이해하기 위해서는 그의 허영심이 어느 정도인지, 그것이 어떤 방향으로 그를 유도하는지, 그가 어떤 수단을 사용하는지 먼저 확인해야만 한다. 그럴 경우 허영심이 공동체 의식을 얼마나 많이 손상시키는지, 허영심과 공동체 의식이 얼마나 화합하기 어려운지 발견하게 될 것이다. 허영심은 공동체의 원칙에 종속될 수 없기 때문이다.

허영심은 그것 자체로 숙명에 빠지게 되어 있다. 허영심은 반대 논리에 계속 위협을 받기 때문에 발전하기 어렵다. 그 논리는 공동체의 삶에서 아무것도 반박할 수 없는 절대 진리처럼 스스로 발전해야 하기 때문이다. 그렇기 때문에 허영심은 일찍부터 은폐와 위장을 필요로 하며 우회로를 택하게 된다. 허영심을 가진 사람은 자기의 허영심을 충족시키기 위해, 필요한 것보다 더 많은 영광과 승리를 쟁취하기 위해 야심만만하게 계속 밀고 나갈 것인지 불안해하면서 의심으로 가득 차게 된다.

그렇게 그가 꿈꾸고 숙고하는 사이 시간은 지나가 버린다. 그런데 만일 실제로 그렇게 실패하면 그는 기껏해야 행동할 수 있는 좋은 기회가 없었다는 변명을 늘어놓을 것이다. 보통 그런 경우는 다음과 같은 상황으로 흘러갈 것이다. 이 사람들은 항상 특권적인 지위를 찾고 조금 옆에 떨어져서 같은 동료를 적으로 간주하면서 미심쩍은 눈초리로 바라본다. 그들은 방어적이고 전투적인 자세를 취한다. 때때로 회의를 품으면서 매우 깊은 숙고를 하기도 하는데, 그것은 그들이 논리적으로 옳은 길을 가는 것처럼 보이게 하는 작용을 한다. 그러는 동안 그들은 다시 한 번 그들 존재의 주된 사명을 놓쳐 버린다. 그리고 삶과의 연결과, 삶과 사회와 자신의 과제와의 연결점을 잃고 의무를 다하지 않는다. 좀 더 자세히 들여다 보면 거기에는 허영심의 깊고 깊은 나락이 존재한다. 모든 사람에 대해 우월해지고 싶다는 동경이 너무 강렬해 모든 가능한 형태의 행동으로 나타난다. 그것은 그들이 입고 있는 옷이나 그들의 태도에서도 드러나고, 말하는 방법이나 사람들과 교제하는 방법에서도 나타난다.

짧게 말해 사방 어디를 보더라도 모든 사람을 능가하고 싶어 하는 허영기 있는 사람의 모습을 발견할 수 있는데, 그들은 대체로 그 방법에서 까다롭지 않기 때문에 어떤 수단을 동원하든 개의치 않는다. 허영심이 있는 사람이 영리할 경우는 이런 종류의 외적 현상이 남들에게 호감을 주지 못한다는 것을 인식하며 공동체와의 충돌과 모순에 대해 금방 의식하게 된다. 그렇게 되면 그는 세련된 모습을 갖추려고 하며 여기서 탈피하려고 노력할 것이다. 그는 매우 공손하게 행동하면서 자신에게 허영심이 없음을 보여 주기 위해 애쓰고 외양에 전혀 신경 쓰지 않는 듯한 모습을 보이려고 한다. 소크라테스는 누더기 같은 옷을 입고 무대에 올라선 연사에게 "아테네에서 온 젊은이여, 당신의 해진 옷 구멍마다 허영심이 보이는구려"라고 말했다고 전해진다.

　자신에게는 허영심 같은 것이 전혀 없다고 굳게 확신하는 사람들도 종종 있다. 그들의 시선은 겉모습에만 향해 있기 때문에 허영심이란 것은 훨씬 더 깊은 곳에 자리하고 있다는 것을 이해하지 못한다. 예를 들어 어떤 사람이 모임에서 과시적으로 말하고 끊임없이 떠들고 자기가 거기서 주목받게 될지 아닐지에만 근거를 두고 모임을 평가한다면, 그것이 바로 허영심을 드러내는 표시다. 이런 부류에 속하는 사람인데도 절대로 앞에 나서지 않고, 사교 모임에 나가지 않으며 피하는 사람들도 있다. 이런 행동도 여러 가지 형태로 나타날 수 있다. 초대를 받았지만 가지 않기도 하고 특별히 애써 초청하게 만들고 매우 늦게 가는 사람도 있다. 어떤 사람들은 특별한 조건이 충족되어야만 모임에 가는 사람도 있고, 매우 거만하게 '예외적으로' 행동하며 때때로 자랑스럽게 자신을 과시하기도 한다. 또 어떤 사람은 모임마다 꼬박꼬박 출석함으로써 자기 존재의 중요성을 드러낸다.

　이런 현상들을 아주 사소하고 보잘것없는 것으로 치부해서는 안 된다. 거기에는 아주 깊은 이유가 자리하고 있다. 현실에서 그들은 공동체 생활에 큰 의미를 두지 않고 그것을 촉진하기보다 오히려 방해하고 싶어 한다. 이런 현상을 멋있게 보여 주기 위해서는 훌륭한 작가들의 시적인 작업이 필요하다.

허영심에서는 위를 지향하는 동인을 뚜렷하게 볼 수 있다. 자신에 대한 충일감이 결여되어 있을수록 그들은 더욱 큰 목표를 세운다. 그들은 특별히 다른 사람보다 훨씬 더 우월해지고 싶어 한다. 어떤 사람이 몹시 눈에 띄는 허영심을 드러낼 때 그 자신은 전혀 알지 못하지만 스스로에 대한 자기 평가가 매우 낮을 것이라고 추측할 수 있다. 그들 중에는 이런 무력감을 자기 허영심의 출발점으로 확실히 의식하는 사람들도 있다. 그러나 그들에게 이런 인식이 사태를 바꿀 만큼 충분하지 않을 때는 그것으로부터 어떤 유용한 결과를 만들어 내기에 부족할 수도 있다.

허영심은 비교적 일찍부터 사람들의 마음속에서 발전해 나간다. 허영심에는 원래 유치한 면이 있다. 허영심이 있는 사람들은 우리에게 거의 항상 유치하다는 인상을 준다. 이런 성격을 형성할 수 있게 해주는 상황은 매우 다양하다. 어떤 아이는 잘못된 교육으로 인해 자기가 작다는 사실에 무겁게 짓눌리면서 무시당한다고 생각한다. 또 다른 아이는 이런 교만한 태도가 일종의 가족 전통으로 습득되기도 한다. 그런 사람들이 하는 말을 들어 보면 부모부터 '귀족적인' 태도를 이미 갖고 있었고, 어떤 식으로든 자신을 다른 사람들과 구별할 수 있게 하고 두드러져 보이게 하려고 노력했다는 것을 알 수 있다. 그것은 자신을 무언가 특별한 사람으로 느끼게 하고, 어딘지 '더 좋은' 혈통을 갖고 있고, 뭔지 좀 더 높은 태도와 감정을 느끼며 그런 식으로 행동하기 때문에 뭔가 다른 특권을 인정해 줘야 할 것만 같은 분위기를 풍기려는 시도 외에 다른 것이 아니다.

어떤 특권에 대한 요구란 다름 아닌 그의 행동 방식이나 표현 양태에 방향을 잡아 주는 역할을 한다. 그러나 삶은 그런 유형들의 발전에 호의적이지 않기 때문에 이 사람들은 백안시되거나 조롱받게 된다. 그래서 이들은 뒤로 물러나거나 특이한 삶을 꾸려 가게 된다. 그들이 아무에게도 빚을 졌다고 느낄 필요가 없는 집안에 있는 경우에는 자신의 도취 상태에 빠져 인생이 좀 다르게 흘러 갔더라면 자신이 모든 것을 이루었을 것이라는 생각을 하며 그 생각에 집착한다. 이런 유형들 중에는 최고 교육까지 받고 높은 위치에 있는 사람들도 있다. 만일 그들이 할 수 있는 것들을 세상에 내놓는다면 그것은 이미 어느 정도 가치 있는 일이 될 것이다. 그러나 그들은 그 상황을 자기도취를 위한 잘못된 수단으로만 사용한다. 그들이 사회 속에서 적극적으로 활동하기 위해 내세우는 조건은 매우 많다. 그들의 요구 중에는 시간적으로 충족시킬 수 없는 것들, 예를 들어 그들이 이전에 뭔가 했거나 배웠거나 알았다면, 또는 다른 사람들이 무엇을 했다면 혹은 안 했다면과 같은 요구들이 많다. 아니면 다른 이유 때문에, 예를 들어 그 남자나 그 여자가 그렇지만 않았더라면과 같은 실현 불가능한 요구들을 내세운다. 그것들은 아무리 훌륭한 의도였다고 하더라도 달성될 수 없는 요구들이기 때문에 순전히 게으른 변명일 뿐이다. 자신들이 놓쳐 버린 것에 대해 생각하고 싶지 않은 허울 좋은 수면용 술酒일 뿐이다.

그러므로 이 사람들의 마음속에는 적대적인 성향이 매우 많이 내재되어 있다. 그래서 그들은 다른 사람의 고통을 매우 쉽게 받아들이고 그것들을 본체만체하는 성향을 나타낸다. 인간에 대한 통찰력으로 빛났던 라 로슈푸코[9]가 대부분의 사람들에게서 그런 성향을 발견할 수 있다고 말한 것처럼 그들은 다른 사람의 고통을 매우 쉽게 참아낸다. 또 아주 날카롭고 비판적인 어투로 자신의 적대감을 표출하고, 어떤 것도 좋게 보는 법이 없으며, 모든 것을 조롱과 비방거리로 삼고, 혼자만 옳다고 하며, 모든 것을 비난한다. 우리가 이미 말한 바 있듯이 나쁜 것을 아는 것만으로는 충분치 않고 그것을 좀 더 개선하기 위해 자기 자신은 어떻게 할 수 있는지 자문해야 한다.

허영심 있는 성격은 그저 남들을 단번에 일축하고 신랄하게 조롱하고 비판하는 것만으로 만족한다. 심지어 그들은 그런 일에 매우 많은 연습이 되어 있을 정도다. 이 사람들은 놀랄 정도의 민첩성으로 아주 멋진 위트를 날리기도 한다. 위대한 풍자가들의 경우에서 보듯이 그들은 모든 것에서 위트와 민첩성을 보이기 때문에 때때로 다른 사람에게 상처를 주기도 하지만 거기에서 예술을 창조하기도 한다. 던져 버리는 듯한, 깔아뭉개 버리는 그 방법은 이런 성격을 가진 사람들이

---

9 라 로슈푸코(La Rorchefoucoult): 17세기 프랑스 작가. 인간 심리의 깊은 성찰이 담겨 있는 『잠언과 고찰』을 썼고, 인간이 자기애에 의해 움직인다고 말했다.

매우 자주 쓰는 표현 방법이며 평가절하 성향Entwertungstendenz 10이라고 부르는 것이다. 어떤 사람에게는 공격 포인트가 되는 것이 다른 사람에게는 의미고 가치다. 그것은 다른 사람의 가치를 떨어뜨림으로써 자신의 우월감을 느끼고자 하는 시도로 볼 수 있다. 무언가의 가치를 인정하는 것이 그에게는 모욕으로 느껴진다. 바로 그로부터 그 사람의 내면 깊은 곳에 자리하고 있는 허약함을 추론할 수 있는 것이다.

이런 태도에서 자유로운 사람은 거의 없기 때문에 이런 논쟁거리를 우리 자신에게 적용하는 척도로 사용하는 것도 필요하다. 우리가 이 짧은 시간 동안 수천 년의 문화 속에서 우리에게 익숙해진 것을 다 뿌리 뽑을 수 없다고 할지라도, 다음 순간에 곧 해로운 것으로 밝혀질 수 있는 판단들로 우리를 눈멀게 하지 않고 그것들에 속박되지 않는다면 그것만으로도 진일보한 것이다. 우리가 바라는 것은 우리가 전혀 다른 사람이 되는 것도, 또 그런 사람을 찾아내는 것도 아니다. 우리가 살고 있는 이 사회 안에서 다른 사람에게 손을 내밀고 그들과 함께 일하는 것이며 그것은 우리가 지켜야 할 하나의 법칙이다. 협동적인 일에 대한 요구가 더욱 많아지는 오늘날의 사회에서 개인적인 허영심이 차지할 공간은 없다. 바로 이런 시대야말로 그런 태도에서 비롯되는 모순점들이 특별히 예리하게 보이면서 그런 생각을 가진 사람들은 매우 쉽게 좌절하고 결과적으로 갈등에 말려 들거나

---

10 신경증적 질환을 가진 사람들이 불안정한 자아 감정을 높이고 다른 사람을 깎아 내리기 위해 표출하는 성격 특징이다.

측은하게 보인다. 우리 시대는 그런 허영심에 특히 불리한 시대로서 우리가 할 수 있는 최소한의 일은 허영심의 더 나은 표현 방법을 찾아내는 일이며, 적어도 어느 정도라도 그것을 일반적인 이익에 도움이 되는 방향에서 충족시켜야만 한다는 것이다.

　　허영심이 어떻게 나타나는지는 다음의 경우가 잘 보여 줄 것이다. 형제자매가 많은 집안의 막내였던 어느 젊은 여인은 어린 시절부터 극진한 애정을 받으며 자랐다. 특히 그녀의 엄마는 그녀에게 매우 헌신적이어서 그녀의 소원을 모두 들어 주었다. 그러나 신체적으로 몹시 허약한 막내는 갈수록 끝없는 요구를 하기에 이르렀다. 어느 날 그녀는 자기가 어디가 아프면 주변 사람들에 대한 자신의 지배력이 특히 강해진다는 것을 경험했다. 이제 그녀에게 병은 엄청나게 유리한 이점으로 보였다. 그녀는 다른 건강한 사람들이 나타내는 병에 대한 혐오감을 완전히 잊어버리고, 때때로 몸이 아파도 전혀 불쾌하지 않았다. 그녀는 이제 언제라도 무언가 원하는 것이 있고 그것을 관철하고 싶을 때는 아플 수 있을 만큼 연습이 되었다. 관철하고 싶은 것이 많았던 그녀는 언제나 아픈 것처럼 보였다. 어린아이에게나 어른에게나 아픈 듯한 느낌은 다른 사람에게 무제한의 지배력을 행사할 수 있는 권력이 되므로 가족들에 대해 그녀의 힘이 커진 느낌을 받는 것은 자연스러운 일이다. 그리고 아주 힘없고 연약한 존재와 관계될 때는 이 가능성이 엄청나게 높아지고 자연히 다른 사람들이 자기 안위를 염려하는 마음을 이용하는 방법을 만끽할 수 있었다. 식사할 때 밥을 잘 먹지 못하는 것만으로도 도움이 된다. 얼굴이 수척해 보이면 여러 가지 효과가 나타난다. 식구들은 여러 가지 요리를 개발하느라 분주해지고, 그녀에게는 또 누군가가 자기를 도와주기를 바라는 마음도 강해진다. 그런 사람들은 자기를 혼자 내버려 두는 것을 참지 못한다. 좀 아프다고 말하거나 무섭다는 말만 해도 원하는 상황은 금방 만들어진다. 그것은 아픈 것 같은 느낌이나 다른 어려움들을 말함으로써 위험한 상황을 만들어 내는 것과 다르지 않다. 마치 어떤 특별한 상황이 실제로 있는 것처럼 생생하게 꿈을 꿀 수 있다는 것이 벌써 사람들에게 그렇게 아픈 척하거나 무섭고 놀란 척하는 일이 얼마나 쉬운 일인지 보여준다고 할 수 있다.

그런 사람들에게는 아픈 느낌을 만들어 내는 것이 얼마나 간단한 일인지 모른다. 거짓말이나 왜곡, 상상력도 필요 없을 지경이다. 어떤 상황을 가정하고 상상하는 것만으로도 그런 상황이 실제로 있는 것 같은 효과를 가져 올 수 있다. 예를 들어 이들은 정말 속이 메스껍거나 어떤 위험이 닥친 것처럼 생각하기만 해도 구토를 하거나 공포를 느낄 수 있다. 보통 그들은 그런 상황을 어떻게 만들어 내는지 대놓고 말하기도 한다. 그녀는 때때로 정말 "마치 바로 다음 순간에 벼락 맞을 것만 같다"는 불안이 덮쳐 온다고 설명했다. 그런 사람들 중에는 정말 실제와 똑같은 생생한 느낌으로 몸의 균형을 잃어버리기까지 하는 사람도 있다. 일반 사람들은 그것을 상상이라거나 위장이라고는 생각조차 할 수 없을 정도다. 이런 방식으로 다른 사람에게 병의 전조를 알리거나 적어도 신경증적 증상을 느끼게 해 주는 데 성공하면 주위 사람들은 아픈 사람 옆에 머물러 있어야 하고 신경 쓰고 보호해 주어야만 한다. 그것은 이른바 공동체 의식을 요구하는 것이다. 아픈 사람은 이런 식으로 자신의 공동체 의식을 포기하기 때문에 권력적 위치를 만들어 낼 수 있다.

그런 상황에서는 다른 동료에 대한 폭넓은 고려를 요구하는 공동체 법칙과의 모순이 분명하게 드러난다. 이런 사람들에게는 일반적으로, 다른 사람의 행복과 고통을 이해하고 그를 상처받지 않게 하는 것이 쉽지 않다. 하물며 그를 도와준다는 것은 생각할 수도 없는 일이다. 만약 그들이 자신의 교양과 교육의 도움으로 온 힘을 다해 최선을 다한다면 혹시 다른 사람을 배려할 수도 있을 것이다. 그리고 대부분의 경우처럼 적어도 겉으로는 그들이 다른 사람을 매우 특별히 신경 쓰고 있다는 인상을 불러일으킬 것이다. 그러나 그런 그들의 행동의 근저에는 자기애와 허영심 이외에 아무것도 없다.

우리의 경우도 바로 그랬다. 우리 환자의 자기 식구들에 대한 걱정은 끝을 모를 지경이었다. 그녀의 어머니는 그녀에게 단 한 번 30분 늦게 아침 식사를 가져다 준 적이 있었는데, 그녀는 어머니에 대한 걱정에 사로잡혀 어쩔 줄 몰라 했다. 그녀는 자기 남편이 일어나서 어머니에게 아무 일 없는지 확인하고 올 때까지 진정하지 못했다. 어머니는 시간이 흐르는 동안 항상 정시에 시간을 맞추는 일에 완전히 익숙해졌던 것 같다. 그것은 남편의 경우에도 다르지 않았다. 남편으로서는 사업가로서 고객과 사업적 친구들을 관리하느라 일을 더 했을 뿐인데도 그가 약속했던 시간보다 조금 늦게 집에 돌아오면 자기 아내가 신경쇠약 상태에 있는 것을 발견하곤 했다. 그녀는 불안에 사로잡혀 땀에 흠뻑 젖은 채 완전히 고통에 일그러진 얼굴로 자기가 얼마나 끔찍한 고통을 이겨 냈는지 말했다. 그런 상황에서 그가 할 수 있는 일이라곤 정시에 나타나는 것 말고는 아무것도 없었다.

많은 사람은 그녀가 그렇게 하는 것이 그녀에게 무슨 큰 이익이 있겠느냐고 이의를 제기할지 모른다. 그렇지만 그것은 전체의 오직 한 부분kleiner Teil des Ganzen일 뿐이다. 삶의 이런저런 관계들 속에서 "명심해"라는 것은 위험을 알리는 신호이고, 이런 방식으로 다른 사람에 대한 길들이기가 시작되고 이루어져 온 것이다. 더 나아가 그녀는 무제한의 지배력에 뿌듯해져 자기의 허영심을 그런 식으로 충족시키려 한다는 것을 생각해 보면, 또 그녀의 의지를 관철시키기 위해 얼마나 많은 수고가 뒤따르는지 곰곰이 따져 보면, 이 여자에게는 이미 그런 태도가 일종의 필연적인 일이 되어 버렸다는 것을 이해할 수 있다. 그녀는 다른 사람이 자기의 말을 무조건적으로, 또 정시에 따르지 않으면 조용히 참고 살 수 없었다. 그러나 사람들이 함께 살아간다는 것은 어떤 사람이 정시에 온다는 그 한 가지 요소만으로 이루어지는 것이 아니기 때문에―그녀의 불안 상태로 지지되는―그녀의 명령조 행동에 따르는 수많은 다른 관계들이 있을 것임에 틀림없다. 그녀는 걱정이 너무 많아 다른 사람은 무조건 그녀의 말에 따라야 했다. 그러니까 우리의 결론은, 그녀의 걱정은 허영심을 충족하기 위한 수단이라는 것이다.

이런 태도는 어떤 사람에게 일 그 자체보다 자신의 의지 관철이 훨씬 더 중요해지는 상황까지 이어질 수 있다. 여섯 살짜리 소녀에 관한 다음 사례가 그것을 보여 줄 것이다. 소녀는 지독한 고집으로 똘똘 뭉쳐 있었으며 소녀의 머릿속에 어떤 생각이 떠오르면 무조건 그 것을 관철시키기 위해 물불을 가리지 않았다. 소녀는 나중의 결과가 어떻게 되든 자기 힘을 보여 주고 다른 사람을 굴복시키려는 욕망에 사로잡혀 있었다. 소녀의 어머니는 '어떻게^{wie}' 할 수 있는 방법만 알면 어떻게든 소녀와 친하게 지내려고 노력했고 항상 소녀를 정성껏 보살폈다. 어느 날 어머니는 딸이 제일 좋아하는 음식으로 소녀를 놀라게 해주려고 요리를 해 갖고 와서 말했다.

"네가 이 음식을 제일 좋아해서 이렇게 만들어 왔단다."

그러자 딸은 음식을 바닥에 내동댕이쳐 버리고는 발로 꾹꾹 밟으면서 소리쳤다.

"엄마가 이걸 나한테 가져왔기 때문에 난 그것이 싫어. 난 내가 원할 때만 그걸 원해."

한번은 어머니가 "쉬는 시간에 커피 마실래 아니면 우유 마실래?" 하고 묻자 소녀는 문 앞에 서서 알아 들을 수 있는 큰 소리로 "엄마가 우유라고 하면 난 커피를 마실 거고 엄마가 커피라고 말하면 나는 우유를 마실 거야"라고 중얼거렸다.

그것은 아이가 자기 의사를 명확하게 표현하는 경우였다. 그러나 말하지 않는 아이가 훨씬 더 많다는 것을 잊어서는 안 된다. 어쩌면 모든 아이가 이런 성향을 갖고 있는지도 모른다. 그들은 아무 소용 없는 일이나 오히려 더 해가 될 수도 있는 일에 무조건 자기 의지를 관철시키려고 사력을 다한다. 대부분의 경우 그런 아이들은 어떤 식으로든 자기 의지에 대한 특권의식을 갖고 있다. 그런 일을 만들 수 있는 계기는 오늘날 수도 없이 많다. 결과적으로 어른들 중에서도 다른 사람을 돕기보다 자기 의지를 관철시키려는 사람이 더 많다. 어떤 사람들은 허영심이 너무 강해 그것이 누가 보아도 자명한 일이고 자신의 행복에도 도움이 된다고 해도 다른 사람이 권하는 일은 절대로 하려고 하지 않는다. 그들은 대화를 하는 중에도 반대 의견을 내놓을 순간을 끊임없이 기다리는 그런 사람들이다. 너무나 심하게 자신의 허영심에 중독되어 "예"라고 말하고 싶어도 "아니요"라고 말해 버리는 경우도 있다.

자신의 의지를 계속 관철시키는 행위는 원래 집안에서만 가능하다. 그리고 어떤 때는 한 번도 가능하지 않은 경우도 있다. 이런 타입의 사람들 중에 어떤 사람은 낯선 사람과 만날 때는 극도의 따뜻함과 상냥함을 보이기도 한다. 어쨌든 이런 만남은 오래 지속되는 것이 아니며 아주 금방 깨져 버린다. 어쩌면 그들은 그 만남을 진실로 원하지 않았는지도 모른다. 그러나 여러 사람이 모일 기회가 많은 우리 삶에서 모든 사람의 마음을 얻었다가 이내 다른 사람에게 상처를 주는 사람도 눈에 띈다. 이런 사람들은 자신을 자기 가족 울타리 속에만 제한하려는 욕망을 갖고 있다. 바로 우리의 환자도 그런 사람이었다.

그녀는 집 밖으로 나가면 사랑스러운 행동을 했기 때문에 모든 곳에서 사랑을 받았다. 그러나 어쩌다 한 번 밖으로 나가면 곧바로 집으로 들어왔다. 언제나 가족에게 돌아가고자 하는 욕망은 그녀에게서 매우 다양한 모습으로 나타났다. 그녀는 모임에 나가기만 하면 곧 두통을 느껴 집으로 다시 돌아와야만 했다. 왜냐하면 그녀는 다른 사람들이 모인 곳에서는 집에서처럼 절대적인 우월감을 느끼지 못하기 때문이었다. 그녀가 자신의 문제인 허영심을 오로지 집안에서만 풀 수 있다는 사실은 외부에서 장애에 부닥쳤던 그 감정을 집안에서 해결해야만 한다는 것이며, 그렇기 때문에 항상 소란이 그치지 않았다. 결국 그녀는 그렇게 해서 낯선 사람들과 함께 어울리면 언제나 불안과 흥분 상태에 빠졌다. 그녀는 극장에도 갈 수 없었고 어떻게도 밖에 나갈 수 없게 되었다. 밖에서 그녀는 다른 사람들이 그녀의 의지에 굴복하는 느낌을 잃어버리기 때문이었다.

그녀가 원하는 상황은 가족 밖에서, 특히 거리에서 이루어질 수가 없었다. 예외적으로 그녀가 자기 식구를 가신Hofstaat으로 거느릴 때 말고는 밖으로 외출하는 것에 대해 혐오감을 갖는 것이 그 사실로 설명될 수 있었다. 그녀가 좋아하는 이상적인 상황은 끊임없이 자기에게 신경 쓰는 사람들로 둘러싸여 있는 것이었다. 연구에서 밝혀진 바에 의하면 그녀의 이런 행동 양식은 어릴 때부터 키워 온 것이었다. 그녀는 가장 어린 막내였고, 몸이 약하고 자주 병이 나 다른 사람에 비해 훨씬 따뜻한 보살핌을 받았다. 그녀는 귀염둥이로 사랑받는 상황을 꽉 움켜 쥐려고 했으며, 그것이 갖고 있는 모순점 때문에 그녀의 방식이 삶의 여러 조건에 의해 방해받지 않았더라면, 충돌을 일으키지만 않았더라면 평생 동안 그 방식에 안주했을 것이다. 그녀의 두려움과 불안 상태가 너무 격렬해 아무도 거기에 대항할 수 없었고, 그녀는 자신의 허영심을 해결하기 위해 나쁜 방법을 택한 것이었다. 그 해결책은 옳지 않았다. 왜냐하면 그녀에게는 인간적인 공동생활 조건에 자신을 굴복시키려는 의지가 없었기 때문이다. 결국 그 고통스러운 현상은 너무 지독해져 의사를 찾지 않을 수 없게 되었다.

그녀가 몇 년 동안 쌓아 올렸던 삶의 방식이 천천히 벗겨지기 시작했다. 그녀는 비록 의사에게 찾아왔지만 그 내면 깊숙한 곳에서는 변화할 준비가 되어 있지 않았기 때문에 그로부터 연유하는 커다란 저항을 극복해야만 했다. 그녀는 집안에서는 다시 모든 것을 지배하고 거리에서는 불안 상태에 빠지지 않기를 원했다. 그러나 하나는 또 다른 하나, 반대 조건이 없으면 불가능한 것이었다. 우리는 그녀에게 자기가 좋아하는 것은 누리고 싶어 하지만 싫어하는 것은 피하고 싶어 하는 무의식적인 계획의 포로였다는 것을 깨닫게 해 주어야만 했다.

이 사례에서는 특별히 허영심이 과도할 경우 그것이 평생 동안 짐이 되고, 인간의 진보를 저해하고, 결국 파국을 맞는다는 것을 극단적으로 보여 주고 있다. 그들은 오로지 유리한 점에만 눈을 돌리기 때문에 이런 관련성을 깨닫기 어렵다. 그런데 사람들은 공명심, 정확히 말해 허영심은 매우 가치 있는 특성이라고 확신하고 있다. 그러나 그들은 이런 성향이 사람을 항상 불만족스럽게 만들고 그에게서 안정과 수면을 빼앗아 간다는 사실을 모르고 있다.

또 한 가지 사례를 들어 보자. 스물다섯 살 청년이 마지막 시험을 앞두고 있었다. 그런데 갑자기 세상 모든 일에 대한 관심이 사라져 버린 듯한 느낌이 엄습해 와서 시험을 포기하게 되었다. 그는 온갖 비난으로 고통스러운 기분에 쫓기면서 자책했고, 자신이 무능력해졌다는 생각을 떨쳐 버릴 수 없었다. 어린 시절을 떠올리면서 그는 부모가 자신을 이해하지 못함으로써 자기의 발전을 가로 막았다는 식의 격렬한 반감을 부모에게 느꼈다. 이런 기분 속에서 그는 인간이란 원래 아무 가치 없는 존재고 세상은 자신에게 아무 관심도 없다고 생각했다. 그 생각 속에서 결국 그는 세상으로부터 고립되어 갔다.

여기에서 다시 숨어 있는 동인으로 작용하는 것은 자신이 시험대에 올라가는 것을 회피하려고 변명과 핑계거리를 찾으려는 허영심이다. 왜냐하면 시험을 치기 직전에 이 생각이 찾아왔고, **무대공포증** Lampenfieber이 생겨 그를 무력하게 만들고 극심한 불쾌감을 느끼게 만들었기 때문이다. 그 모든 것은 그에게 결정적인 의미가 있었다. 왜냐하면 그가 지금 모든 것을 하지 못하게 되어도 자존심은 구조될 수 있다. 그에게는 그를 비난할 수 없는 구명 조끼가 있었던 것이다. 그는 지금 아프고 어두운 운명으로 인해 무력해진 것이니까 그것으로 위로받을 수 있었다. 한 사람이 자신을 드러내기 싫어하는 이 태도에는 또 다른 형태의 허영심이 숨어 있다. 그것은 그가 자신의 능력을 보여야 하는 결단의 순간에 사태를 바꿔 버리는 역할을 한다. 그는 자기가 시험에 실패할 때 잃어버릴 영광을 생각하면서 자신의 능력을 의심하기 시작한 것이다. 그것은 결정적인 순간에 결심을 주저하는 모든 사람의 비밀인 것이다.

우리의 환자도 바로 이런 유형이었다. 그의 설명에 의하면 그는 원래 항상 그랬다. 어떤 결정을 내려야 하는 상황이 되면 언제나 마음의 동요를 느끼고 불안해 했다. 한 사람의 행동 노선, 생활 패턴의 연구에 몰두하고 있는 우리에게 그것은 제동 걸기, 멈추기라는 행동 외에 아무것도 아니다.

그는 4남매 중 맏이면서 유일한 아들이었고, 형제 중 유일하게 대학 교육을 받기로 결정된 사람이었다. 그래서 식구들의 모든 기대를 한 몸에 받고 있었다. 그의 아버지는 그의 야망을 끊임없이 북돋워 주었고, 그가 언젠가는 훌륭한 사람이 되리라고 앞질러 예언하기도 했다. 말하자면 그는 주위에 있는 모든 사람보다 뛰어나야 한다는 한 가지 목표를 향해 뛰고 있었다. 그런데 그는 지금 자기가 그 모든 것을 할 수 있게 될지 확신하지 못한 채 결정의 순간에 다다랐고, 그의 허영심은 그로 하여금 퇴각을 강요한 것이다.

그리하여 야심과 허영심의 원칙이 언제나 그러하듯이 주사위는 던져지고 앞으로의 길을 막아 버린 것이다. 허영심은 공동체 의식과의 풀 수 없는 모순 관계에 빠졌으며 출구는 보이지 않았다. 우리가 발견한 것은 어릴 때부터 허영심 있는 사람들이 늘 그러하듯 항상 공동체 의식을 깨트리고 자기만의 길을 가고자 하는 방식 그대로라는 것이다. 그는 마치 자신의 환상 속에서 어떤 도시의 지도를 손에 들고 도시의 이곳저곳을 걸어 다니며 자신만의 생각으로 그 지도에 그려 넣은 곳에서 자기가 원하는 것을 찾으려는 사람과 같았다. 물론 그는 그가 원하는 것을 찾을 수 없다. 그러면 그는 현실을 원망하기만 하면 되는 것이다. 허영심이 있고 고집이 센 사람들의 운명은 대체로 그렇게 흘러간다. 다른 동료 인간과의 모든 관계 속에서 그는 때로는 강제적으로 때로는 간계와 술책을 써서 자기 원칙을 관철하려고 한다. 그는 항상 기회를 엿보고 있다가 다른 사람을 부당하다고 몰아세우고 그의 잘못을 지적하기에 바쁘다. 그리고 다른 사람보다 자기가 더 똑똑하고 더 낫다는 것을 — 적어도 자기 자신에게만이라도 — 보여 주는 데 성공하면 매우 기뻐한다. 그러나 상대는 그것에 전혀 신경 쓰지 않거나 그가 걸어 오는 싸움을 받아 들여 얼마 정도 싸우지만 곧바로 그 자신의 승리나 패배로 끝난다. 그러나 그의 의식 속에서는 언제나 자신의 우월성과 정당성에 대한 확고한 믿음이 있다.

그것은 아주 싸구려 재주다. 사람은 누구나 이런 식으로 자기가 원하는 것을 상상할 수 있다. 이번 사례에서와 마찬가지로 갑자기 어떤 사람이 대학 공부를 하게 되거나 책에서 만나는 지혜에 패배를 인정하고 굴복하거나, 아니면 진짜 자신의 실력이 드러나는 시험을 봐야 하는 상황이 닥치면 자기가 얼마나 부족한지 자각할 수밖에 없다. 그가 지금까지 사물을 봐 왔던 왜곡된 생각 속에서 그는 그 상황을 너무 크게 과장되게 생각하고, 삶의 행복과 자신의 전체 의미가 시험대에 오르게 된 것처럼 느끼는 것이다. 그는 어느 누구도 견뎌 낼 수 없는 초긴장 상태에 빠져 들게 된다.

조금이라도 새로운 만남이 이루어지면 그에게는 특별히 커다란 사건이 되어 버린다. 모든 대화, 모든 단어 하나하나가 그에게는 자신의 승리나 패배의 관점에서 반대로 돌려지고 재해석된다. 그런 허영심이나 공명심, 교만을 자기의 주된 행동 양식으로 갖고 있는 사람에게는 그것이 중단 없는 투쟁이 된다. 그것은 그를 끊임없이 새로운 어려움에 빠뜨리고 삶의 진정한 기쁨을 빼앗아 간다. 왜냐하면 삶의 기뿜이란 삶의 진정한 조건을 긍정하는 사람만이 누릴 수 있기 때문이다. 그러나 그것을 부정하고 타인에 대한 관심을 억제하고 행복과 기쁨으로 향하는 모든 길을 막는 사람은 다른 사람에게 행복과 만족을 의미하는 모든 것이 자신에게만은 거부되고 있음을 발견하게 된다.

그가 다른 사람에 비해 고양된 느낌이나 우월감을 꿈속에서는 느낄 수 있다 하더라도 현실에서는 그것이 어느 곳에서든, 어떤 방식으로든 이루어지는 일이 없다. 그가 어쩌다 한 번 정말 자신의 우월감을 확인했다고 믿었더라도 그의 우월감에 의문을 던지는 것을 기쁨으로 알고 있는 사람들이 그를 에워싸고 있다는 것을 발견한다. 그에 대항할 수 있는 방법은 아무것도 없다. 우월성을 인정해 달라고 누구한테도 강요할 수 없다. 그에게는 자신에 대한 자신만의 거만하고 불확실한 판단이 남아 있는데, 그것은 다른 사람에게 의존하고 있기 때문에 언제나 위협받고 있다. 이런 식의 행동 양식을 가진 사람은 진정한 성공에 도달할 수 없고 또 다른 사람을 도와줄 수도 없다. 이 상황에서 이길 수 있는 사람은 아무도 없다. 모든 사람이 공격 대상이 되고 계속 굴욕에 노출되어 있다. 마치 그것은 이 사람들이 실제로는 그렇지 않더라도, 남보다 더 훌륭하고 더 우월하게 보여야만 하는 과제를 지고 있는 것과 같다.

한 사람의 가치가 다른 사람을 얼마나 도와주느냐에 의해 정당화된다면 사정은 달라진다. 그렇게 되면 그에게 가치는 저절로 따라온다. 그것이 혹시 논쟁거리가 된다고 하더라도 그 힘은 그리 크지 않다. 그럴 경우 그 사람은 그저 조용히 있어도 된다. 왜냐하면 그는 모든 것을 허영심에 걸지 않기 때문이다. 결정적인 것은 자신으로 향했던 시선이고 끊임없이 자신의 인격적 고양을 추구하는 것이다. 허영심 있는 사람의 역할은 항상 기다리는 사람이며 받는 사람이다. 끊임없이 주위를 서성이면서 "내가 뭐를 줄 수 있을까?"라고 소리 없이 묻는, 성숙한 공동체 의식을 가진 사람을 그의 옆에 세워 놓는다면 사람들은 금방 그 어마어마한 가치의 차이를 인식하게 될 것이다. 왜냐하면 진정한 가치는 오직 다른 사람에게 도움을 주는 행위에서만 나오기 때문이다.

이렇게 해서 우리는 수천 년 전에 인류가 이미 섬뜩하리만큼 확실하게 예감했던 관점에 다다르게 된다. 그것은 성경책에도 나와 있는 "주는 것이 받는 것보다 복되도다"라는 구절이다. 우리가 오늘날 이 성경 구절의 의미를 숙고해 보면 그것은 아득하게 오래된 인류의 경험에서 우러나온 표현이라는 것을 알게 된다. 여기에서 의미하고자 하는 것은 감정, 정서^{Stimmung}다. 그것은 주고, 지원하고, 도와줄 때의 감정이며, 주는 사람에게 저절로 생기는 감정으로서 정신생활에 저절로 균형감과 조화로움을 선사하고 마치 신의 은총처럼 느껴지게 하는 것이다. 반면에 받는 데 익숙한 사람들은 대부분 산만하고 불만족스러운 느낌을 갖게 된다. 그리고 행복해지기 위해서 무엇을 더 성취해야 하고 무엇을 더 손에 넣어야 하는지에 대한 생각에 끊임없이 사로잡혀 있다. 전자의 경우는 충일감을 느끼고 후자는 공허함을 느낀다. 후자의 시선은 한 번도 다른 사람의 필요나 요구에 응한 적이 없었고 심지어 다른 사람의 불행을 자기의 행복으로 느낀다. 그러므로 그에게 화해와 평화라는 생각은 애당초 불가능하다. 그는 자기의 고집이 만들어 낸 법칙에 다른 사람들이 무조건 복종하기를 요구하고, 현재 존재하는 하늘이 아닌 다른 하늘을, 다른 생각과 느낌을 요구한다. 짧게 말해 그의 불만족과 뻔뻔함은 끔찍하리만치 크고 절대로 충족될 수 없다.

어쩐지 중요한 사람인 것처럼 과장되게 옷을 입는 사람들도 있는데, 그들은 자신의 허영심을 겉으로 드러내며 원시적인 형태를 보여 주려 한다. 그들은 사치스럽게 치장하고 그렇게 해서 눈에 띄게 다른 사람들 앞에서 잘난 체하고 싶어 한다. 옛날에 사람들이 번쩍거리게 보이고 싶어 했던 것처럼, 현재도 미개한 종족들이 자기를 과시하고 싶어서 머리에 긴 깃털을 꽂는 것처럼 그들은 요란스러운 장신구를 달고 화려하게 치장한다. 멋있게 옷을 입고 최신 유행 옷을 입는 것을 최고의 기쁨으로 여기는 사람들도 수없이 많다. 이런 종류의 사람이 걸치는 소품들과 다양한 장식품들은 그들의 허영심을 드러내는 것이며, 실제로는 적에게 공포를 느끼게 하려는 목적의 대담한 표어나 전쟁에서 쓰이는 깃발이나 무기들과 같은 역할을 한다. 특히 남성들이 좋아하는 에로틱한 형체들, 문신 등의 그림들은 그들의 뻔뻔함을 드러낼 뿐이다.

우리는 그런 모습을 볼 때마다 뻔뻔함은 말할 것도 없고 야심적이고, 남을 압도할 만큼 위풍당당하게 보이고 싶어 하는 분위기를 느낀다. 그들이 수치심 없이 행동할 때마다 많은 사람이 그들에게서 대단한 듯, 잘난 척하고 싶어 한다는 느낌을 받는다. 또 다른 사람들은 그들이 고집 세고 감정 없이 행동할 때, 완고함과 폐쇄성을 보여 줄 때 비슷한 감정을 느낀다. 그러나 그것은 겉모습일 뿐이고 그들은 조야하고 거친 기사도를 가진 사람들이라기보다 잘 흔들리고 약하고 겁 많은 사람들이다. 특히 사내아이들에게서는 둔감성과 공동체 의식에 대한 적대적인 태도까지 발견할 수 있다. 이런 종류의 허영심에 지배되는 사람들은 다른 사람이 고통받는 놀이를 즐긴다. 그래서 그들의 감정에 호소하는 일은 사람이 할 수 있는 일 중 가장 최악이 될 것이다. 왜냐하면 그렇게 함으로써 그들의 태도가 그렇게 굳어지는 것을 더 자극할 수 있기 때문이다. 예를 들어 그들은 부모가 매달리면서 고통을 호소하면 부모의 고통을 보면서 오히려 우월감을 느낀다.

허영심이 가면을 쓰기 좋아한다는 사실은 이미 언급했다. 허영심이 있는 사람들은 다른 사람들을 지배하기 위해서 대부분 이런 마스크를 쓸 필요를 느낀다. 그들의 마음을 자기에게 붙잡아 두려는 것이다. 그러므로 우리는 어떤 사람의 사랑스러움과 친절과 환영하는 몸짓에 바로 감격한 듯 행동해서는 안 되고 거기에 미혹되어서도 안 된다. 그 사람은 오히려 투사이고 목적을 갖고 다른 사람을 대하며 지배하려는 공격자일지도 모르기 때문이다. 왜냐하면 그런 싸움의 첫 번째 단계는 상대방을 안심하게 하고 아무것도 조심하지 않는 방임 상태로 만드는 것이기 때문이다. 친절하게 다가오는 듯한 이 첫 번째 단계에서는 그 사람이 공동체 의식으로 충만한 것처럼 보인다. 그러나 두 번째 단계에서는 그것이 착각이었음이 밝혀진다. 사람들이 흔히 "그 사람에게 실망했다"고 말하듯이 그들은 두 가지 얼굴을 가진 사람들이다. 처음에는 사랑스러운 얼굴이지만 그 다음에는 호전적인 성격을 드러내는 동일한 사람의 두 얼굴이다.

이렇게 아양을 떨고 아첨하는 태도는 나중에 사람들의 혼 빼앗기*Seelenfängerei*로 바뀔 수 있다. 이 사람들은 처음에는 극도의 친절과 헌신을 보여 주지만 그것은 이미 그들의 승리를 의미하는 것이다. 그들은 입버릇처럼 순수한 인간애를 되뇌고 행동으로 그것을 보여 줄 수 있다. 대부분 그들은 그것을 전시 행동처럼 보여 주기 때문에 경험이 있는 사람은 조심스러워한다. 이탈리아의 범죄심리학자는 이렇게 말한 적이 있다.

"어떤 사람의 이상적인 태도가 일정한 정도를 넘어서고, 선량함과 인간성이 환상적일 때 그것은 확실히 의심할 만하다."

이 말은 조금 신중하게 받아들일 필요가 있지만, 이 관점이 이론적으로나 현실적으로 근거가 있다는 사실을 외면해서는 안 된다. 괴테도「베네치아 에피그람」[11]에서 이와 같은 생각을 표현한 바 있다.

> 서른 살 때 모든 아첨꾼이 나를 십자가에 못 박았다.
> 세계를 제대로 알기만 했더라면……
> 배신당한 자들은 배신하는 자가 되리라.

일반적으로 이런 유형들은 쉽게 간파당한다. 우리는 아첨하는

---

11 1796년에 괴테가 쓴 성찰적 잠언시.

사람들을 좋아하지 않는다. 그것은 역겨운 느낌을 준다. 그리고 곧 그들을 경계하게 된다. 야심 있는 사람이라면 오히려 그런 방법을 쓰지 않을 것이다. 그러므로 그런 식으로 행동하기보다 차라리 더 단순하고 소박한 태도를 보이는 것이 나을 것이다.

우리는 이미 「일반론」에서 심리적 실패가 일어나는 상황에 대해 알게 되었다. 그런 경우, 주위 사람들과 투쟁 관계에 놓여 있는 아이들을 교육할 때의 어려움이 문제가 된다. 교육자들은 삶의 논리에 바탕한 의무감을 의식하고 있겠지만 이 논리를 아이들에게도 적용할 수 있는 방법을 갖고 있지 않다. 그러므로 우리가 할 수 있는 유일한 방법은 가능한 한 그들과의 투쟁적 상황을 피하는 것이다. 아이를 대상이 아니라 주체로 대하고 우리와 완전히 동등한 권리를 가진 존재로, 동료로 간주하고 대할 때 그 상황에 도달할 수 있을 것이다. 그렇게 되면 아이들이 억압당한 느낌과 무시당한 느낌 때문에 투쟁적 위치로 빠지는 것을 막을 수 있다. 아이들은 그런 상황에서 우리 문화의 영향을 받아 그릇된 야심에 쉽게 빠진다. 그 공명심은 모든 우리의 생각 속에, 행동과 성격 특성 속에 섞여 있고 규칙적으로 우리의 삶을 더 어렵게 만들어 주며, 그럼으로써 때때로 매우 심각한 혼란과 패배, 인격의 붕괴를 초래한다.

매우 특이하게도 우리가 원래 인간이해 자료들을 가져 왔던 원천인 동화들 속에는 이런 허영심과 그에 따른 위험성을 보여 주는 사례가 많이 있다. 여기서 그와 관련된 동화 한 편을 언급해 본다면, 그것은 매우 과격한 방법으로 고삐 풀린 허영심의 전개와 그에 따른 자동적인 파국의 상황을 생생하게 보여 준다. 바로 안데르센의 동화 「식초단지Essigkrug」[12]다. 한 어부가 자기가 잡은 물고기를 도로 풀어 주었다. 물고기는 그에 대한 보답으로 소원 하나를 말하면 이뤄 주겠다고 약속했다. 소원은 이루어졌다. 그러나 그것에 만족할 수 없었던 야심적인 어부의 아내는 백작부인이 되고 싶었고, 그다음에는 여왕이 되고, 결국에는 신 그 자체가 되고 싶어 했으므로 어부를 그 물고기에게 계속 돌려 보냈다. 그러자 물고기는 마지막 소원에 극도로 분노해 마침내 어부를 영원히 떠나 버렸다.

공명심이 점점 커지면 그 한계를 모르게 된다. 동화 속에서뿐만 아니라 현실에서도, 또한 허영심 있는 사람들의 뜨거워진 영혼 속에서도 권력에 대한 욕망은 신이라는 이상형Gottheitsideal으로까지 높아질 수 있다는 것은 매우 흥미로운 사실이다. 오래 찾아다닐 필요도 없이—이 경우처럼 그렇게 심각한—바로 그런 사람들을 만날 수 있다. 그들은 자기가 마치 신인 것처럼, 아니면 신의 자리를 대신하는 존재인 것처럼 직접적으로 그렇게 행동하거나 곧바로 신이 될 수 있을 것 같은, 그런 소원과 목적을 갖고 행동한다. 이렇게 신과 비슷해지려는 욕망Gottähnlichkeitsstreben은 그가 가진 성향 중에서 가장 최고점이며, 그것은 그의 인간적 경계를 뛰어넘는 것이다. 오늘날에는 현실에서 그런 경향이 극도로 자주 눈에 띈다. '심령론과 텔레파시'라는 이름 아래 모이는 사람들의 모든 노력과 관심은 그들에게 주어져 있는

---

12 이 동화는 그림 형제의 『어부와 그의 아내』를 아들러가 혼동한 것으로 보인다.

한계를 뛰어넘으려 하고, 인간들이 갖고 있지 않은 힘을 소유한 듯이 생각하며, 때때로 시간까지도 멎게 만들려는 데 모아져 있다. 예를 들어 죽은 사람의 망령들과 접촉하려고 시도함으로써 시간과 공간을 초월하려는 것이다.

　　우리가 더 깊이 들어가면 많은 사람이 적어도 신의 옆자리에 앉고 싶어 하고 그 자리를 확보하고자 하는 성향을 갖고 있다는 것을 알 수 있다. 아직도 사람들을 신과 닮게 만드는 것을 교육 이념으로 삼고 있는 학교들이 많다. 과거에는 그 자체가 종교 교육의 본질이었다. 그로부터 어떤 결과가 생겨났는지 우리는 전율을 느끼면서 확인했고, 이제는 좀 더 합리적인 이상을 찾아야 할 것이다. 그러나 이런 성향이 인간의 마음속에 깊이 뿌리 내리고 있음은 이해할 만하다. 거기에는 심리학적인 이유 말고도, 인간은 신의 형상을 본떠서 창조되었다는 성경 구절에서 인간의 본질에 대한 최초의 인식을 얻게 된다는 사실이 큰 역할을 하고 있다. 그 인식은 아이들의 영혼 속에 매우 깊고 중대한 인상을 남겨 놓는다. 성경은 매우 훌륭한 작품으로서 그것을 이해할 만큼 성숙하면 언제나 경탄하면서 계속 읽을 수밖에 없게 된다. 그러나 어린아이들에게 성경을 가르치려고 하면 적어도 그에 따른 해석이 붙어야만 한다. 그렇게 해야만 그들이 겸손하게 살 수 있고 마술적 힘을 상상하지 않고, 또 자신들이 신의 형상을 따라 창조되었으므로 모든 것이 자기들의 의사에 복종할 것을 요구하지 않도록 배울 수 있다.

　　그것과 매우 흡사하고 또 매우 자주 만나는 것은 모든 소원이 성취되는 게으름뱅이 나라의 이상향Schlaraffenland이다. 아이들이 그런 동화 속 장면들을 현실로 착각하는 일은 없을 것이다. 그러나 아이들이 마술Zauberei에 대해 엄청나게 큰 관심을 갖고 있다는 것을 생각하면 그들이 적어도 이런 쪽에 생각이 많고 깊은 환상을 품는다는 것은 의심의 여지가 없다. 마술에 대한 생각과 다른 사람에게 마술을 거는 따위의 생각은 인간에게 매우 깊이 각인된 것이고 꽤 나이가 들 때까지 그 생각에서 벗어나지 못하는 사람도 많다.

여성이 남성에게 끼치는 영향력도 그와 비슷하다. 어느 누구도 그와 같은 마술적인 생각과 느낌에서 자유롭지 못하다. 마치 자기 파트너의 마술적 힘에 완전히 빠져 버린 듯 행동하는 사람들을 어렵지 않게 만날 수 있다. 이 생각은 중세 시대의 기억을 떠올리게 한다. 그 시대에는 여자의 마술적 힘에 대한 믿음이 훨씬 광범위하게 퍼져 있어 어떤 여자들은 마녀로 간주되어 대수롭지 않은 이유로 목숨을 잃기도 했다. 이 사태는 악몽처럼 전 유럽을 뒤흔들었고 부분적으로는 유럽의 운명까지 바꿔 버렸다. 이 광기로 말미암아 수백만 명의 여자가 희생된 것을 생각하면 그것을 그저 단순한 오류로만 치부할 수는 없을 것이다. 그것은 종교 재판이나 세계 전쟁과도 비교될 수 있다.

단지 자신의 허영심을 충족하기 위해서 종교적 욕구의 만족 Befriedigung religiöser Bedürfnisse을 그릇된 방법으로 추구하는 현상도 만날 수 있다. 그것은 신과 닮으려는 노력의 흔적 속에 아직도 남아 있다. 예를 들어, 특히 심리적으로 쇠약한 사람에게 그것이 어떤 의미를 갖는지 생각해 보라. 그들은 모든 것을 던져 버리고 신과의 결합을 꿈꾸며 신과 일대일로 대화한다. 그들은 경건한 행동과 기도로 신의 의지를 자기가 원하는 방향으로 조정하려 하며 신과 아주 가깝다고 느끼고 신과 소통할 수 있다고 생각한다. 그 현상들은 그러나 순수한 종교적 자세라고 부를 수 있는 것들과 너무나 많이 동떨어져 있기 때문에 벌써 정신 병리학적인 인상을 준다. 잠자기 전에 기도를 드리지 않으면 잠을 잘 수 없다고 말하거나 만일 자기가 그렇게 하지 않으면 멀리 있는 누군가에게 불행한 일이 일어날 것만 같다고 이야기하는 사람들도 있다. 사람들은 그 전체를 허풍으로 생각한다. 그런 말을 애써 긍정적으로 생각하면 그것은 이런 상황으로 이해할 수 있다.

"내가 이렇게 기도하면 그에게 아무 일도 일어나지 않을 것이다."

그것은 자기 자신의 마법의 힘을 아주 쉽게 느끼고 믿게 만들어 준다. 왜냐하면 그는 어떤 일정한 시간까지 다른 사람의 불행을 막아 주는 것이 실제로 성공한 것처럼 느끼기 때문이다. 그런 사람들의 백일몽 같은 것에서도 그들이 모든 인간적인 한계를 훨씬 뛰어넘는 것을 꿈꾼다는 것을 알 수 있다. 그것들은 공허한 작업이다. 사물의 현실적인 본질에서는 아무것도 바꿀 수 없는, 오직 상상 속에서만 무언가를 이루어 내는 것이다. 그것은 그 사람들이 현실과 가까워지는 것을 방해할 뿐이다.

우리의 문화 속에서 사람들은 때때로 돈이 엄청난 마법을 부린다고 믿고 있다. 많은 사람이 돈만 있으면 무엇이든 할 수 있다고 생각한다. 그러므로 공명심과 허영심이 어떤 방식으로든 돈이나 재산에 집착하는 것은 놀랄 일이 아니다. 물질의 소유를 위해 쉬지 않고 노력하는 것, 그것을 병적이거나 인종적인 문제로 생각하는 것도 이해할 수 있다. 이런 마법의 힘을 손에 넣고 그것을 통해 매우 고양된 느낌을 받기 위해 전력을 기울이는 현상도 허영심의 발로 외에 아무것도 아니다. 이렇게 돈이 아주 많았던 부자 중 한 사람은 그가 충분히 많이 가지고 있었음에도 계속 돈을 향한 집착을 보였는데, 시초의 착란 상황이 지난 뒤 "말이죠, 그건 엄청난 힘이에요. 사람을 자꾸자꾸 끌어 당긴다니까요"라고 고백한 적이 있다. 이 사람은 그 사실을 알고 있었지만 다른 사람들은 그것을 깨닫지 못하는 경우가 많다. 권력을 소유한다는 것은 오늘날 돈과 명예와 깊이 연관되어 있다. 부와 소유를 향한 노력은 많은 사람에게 매우 자연스러운 일이기 때문에 돈을 좇는 많은 사람이 다른 것이 아닌 바로 허영심에 매달리고 있다는 것을 깨닫지 못한다.

마지막으로 한 가지 사례를 소개한다. 그것은 다시 한 번 모든 개별 현상들의 단면을 보여 줄 것이며 동시에 허영심이 아주 큰 역할을 하고 있는 다른 현상을 이해할 수 있게 도와줄 것이다. 그것은 황폐화Verwahrlosung의 상황이다. 한 남매에 관한 이야기이다. 남동생은 그다지 능력이 없고, 누나는 매우 탁월한 능력이 있다고 소문이 자자했다. 누나와의 경쟁에서 더 이상 이길 수 없다고 느낀 남동생은 그 경주를 포기하고 말았다. 그는 처음부터 누나에게 뒤떨어져 있다는 느낌을 받았고, 사람들이 그의 앞에 가로놓인 모든 장애물을 치워 주었음에도 그는 커다란 부담을 짊어진 듯이 느꼈다. 그것은 그에게 자신의 무능력에 대한 인식만을 가중시켰다. 주위 사람들은 그에게 어렸을 때부터 누나는 인생의 어려움을 훨씬 쉽게 극복할 수 있겠지만 너는 좀 더 작은 일들만 감당할 수 있을 것이라는 식의 이야기를 자주 했다. 그렇게 사람들이 누나의 더 뛰어난 능력을 강조함으로써 그는 사실과 다른 자신의 부족함을 스스로 믿게 되었다. 이런 정신적 부담을 안고 그는 학교에 들어 가 비관주의에 빠진 채 청소년 시절을 보냈다. 그는 무슨 수를 쓰든 자신의 부족함을 자인하는 상황만은 피하려고 노력했다.

나이를 먹으면서 더 이상 바보 같은 소년이라는 인상을 주지 않고 어른처럼 대접받고 싶다는 욕구가 커져 갔다. 자주 어른들의 모임에 참여해 시간을 보낸 것은 열네 살이 지날 무렵이었다. 그의 뿌리 깊은 열등감은 그에게 영원한 상처와 같은 것이어서 그로 하여금 어른처럼 행동할 수 있다는 것에 계속 집착하게 만들었다. 그는 얼마 전부터 창녀 집에 드나 들었다. 그러나 그렇게 하려면 돈이 필요했다. 어른 흉내에 정신이 팔려 있던 그가 아버지에게 돈을 달라고 하는 것은 스스로도 용납할 수 없는 일이었으므로 기회 있을 때마다 아버지의 돈을 몰래 꺼내 썼다. 그는 도둑질에 대해 아무 거리낌도 느끼지 못했다. 그는 어른이기 때문에 아버지의 금고에 손대는 것도 괜찮다고 생각했다. 그가 학교에서 낙제 위험에 직면할 때까지 사건은 그렇게 흘러갔다. 시험에서 떨어진다는 것은 그가 어떤 경우에도 허용할 수 없는, 자신의 무능력을 드러내는 증거가 될 수밖에 없었다.

그렇게 되면서 그에게 이상한 현상이 나타났다. 그는 갑자기 양심의 가책을 느꼈고, 그것 때문에 몹시 압박을 느낀 나머지 학업에

막대한 지장을 받았다. 그러나 그것 때문에 상황은 오히려 개선될 여지가 생겼다. 그가 만일 시험에서 낙방하면 그에게나 다른 사람에게나 그것이 하나의 변명이 될 수 있었다. 그가 양심의 가책으로 인해 고문당하고 있어 누구라도 그런 처지에서는 시험에 떨어질 수밖에 없었다는 그럴듯한 이유가 되는 것이다. 공부할 때도 그는 심하게 산만해 집중하지 못하고 끊임없이 다른 것만 생각했다. 그렇게 낮이 지나고 밤이 되면 그는 피곤해서 잠자리에 들었고, 의식적으로 공부해야 한다고 생각했지만 실제로 자기가 해야 할 과제에 대해 전혀 신경 쓰지 못했다.

그러나 다음에 이어진 사태는 그가 자신의 역할을 완수할 수 있게 도와주었다. 그는 밤에 때때로 일어나야만 했기 때문에 하루 종일 피곤해서 졸리고 어떻게 해도 정신을 차릴 수 없었다. 그런 사람에게 우리는 그가 생각하는 것과 마찬가지로 누나와 경쟁해야 한다고 말할 수 없는 것이다. 잘못이 있는 것은 그의 무능력이 아니라 그 운명적인 상황이었다. 그는 후회하고 있었고 양심의 가책 때문에 잠시도 마음의 평화를 누릴 수 없었다. 그렇게 해서 그는 모든 비난에 대해 무장한 상태고 시험에 떨어지든 붙든 어느 쪽으로도 보호될 수 있었다. 그에게는 무슨 일도 일어나서는 안 되는 것이었다. 만일 그가 실패한다고 해도 그 여러 가지 상황 때문에 누구도 그가 능력이 없다고 주장할 수 없는 것이다. 그가 성공하면 사람들이 인정하고 싶어 하지 않겠지만 그의 유능함 때문이며, 그가 여러 가지 어려움에도 불구하고 유능함을 증명한 것이 되는 것이다.

허영심은 사람으로 하여금 그런 비약으로 빠지도록 유혹하곤 한다. 이 경우는 전혀 사실과 다른, 잘못 오인된 무능력이 밝혀지는 것을 막기 위해 인간이 얼마나 위험에 빠질 수 있는지, 얼마나 황폐한 상태에 빠지게 되는지 상세하게 보여 주고 있다. 그런 혼란과 잘못된 방법은 점점 가중된 공명심과 허영심을 인간의 삶으로 끌어들인다. 그에게서 솔직담백함을 빼앗고 진정한 인간적 기쁨과 생의 희열과 행복을 죽여 버린다. 자세히 들여다 보면 그 뒤에 숨어 있는 것은 진부한 착오 이외에 아무것도 아니다.

2. 질투심

질투심Eifersucht은 사람들 사이의 관계에서 매우 자주 나타나기 때문에 우리의 눈길을 사로잡는 성격 특징이다. 이때의 질투는 사랑하는 사람들 사이의 감정뿐만 아니라 모든 인간관계 속에 나타나는 문제가 된다. 특히 어린 시절 한 형제가 다른 형제보다 뛰어나기 위해 노력하는 것은 공명심과 동시에 질투심도 발달하게 만든다. 또한 그와 함께 적대적인 전투 자세도 그 싹을 보이게 된다. 공명심의 다른 형태인 질투심은 무시당한다는 느낌으로부터 발생하며, 그것은 사람들에게 전 생애에 걸쳐 혹처럼 뗄 수 없는 성격이 된다.

아이들에게는 일반적으로 특히 어린 동생이 태어났을 때 이 질투심이 규칙적으로 나타난다. 그렇게 되면 부모의 관심은 온통 어린

동생에게 쏠리고, 그때 나이 많은 아이는 왕좌에서 쫓겨난 왕과 같은 기분이 들게 된다. 특히 그 이전에 매우 따뜻한 아늑함 속에서 자랐던 아이는 매우 쉽게 질투심을 느낀다. 한 아이에게서 그 사태가 얼마나 극단까지 발전될 수 있는지 한 소녀의 다음 사례가 보여 줄 것이다. 그 아이는 여덟 살이 될 때까지 세 번이나 살인을 저질렀다.

소녀는 어느 정도 발육이 뒤진 아이였다. 아이는 그 연약함 때문에 모든 일을 면제받았으며 비교적 유리한 환경에 있었다. 그러나 그 상황은 소녀가 여섯 살이 되었을 때 여동생이 태어남으로써 갑자기 급변했다. 소녀의 마음속에 상상하기 힘든 변화가 일어나 소녀는 동생을 격렬히 미워하게 되었다. 어찌할 줄 모르고 당황했던 부모는 엄한 훈육 방법을 취했고, 아이의 잘못에 대해 꼬박꼬박 대가를 치르게 했다. 그러던 어느 날 마을 옆을 흘러가는 시냇물 속에서 아주 작은 여자아이가 죽은 채 발견되었다. 시간이 얼마 지나지 않아 이 사건은 다시 반복되었고, 소녀가 또 다른 아이를 물속으로 밀어 넣으려는 순간 잡혔다. 소녀는 자신의 행위를 자백했고, 관찰을 위해 정신병원에 보내졌다가 결국 소년원으로 이감되었다.

이 사례에는 소녀의 질투심이 자신의 여동생으로부터 더 어린 다른 소녀에게로 전이된 것이다. 소녀가 소년들에게는 어떤 적개심도 나타내지 않았다는 것이 눈에 띈다. 그것은 마치 소녀가 살해당한 어린 여자아이들에게서 동생의 모습을 보게 되었고, 그 아이를 죽임으로써 자기가 무시당한 데 대한 복수심을 만족시키려 했던 것처럼 보인다.

질투심의 싹은 조금 더 쉽게 일깨워지는데, 형제들이 남자와 여자로 섞여 있을 때 더욱 그렇다. 우리의 문화에서는 여자아이들이 그다지 호의적인 대접을 받지 못한다. 그것은 오늘날에도 중층적인 구조로 남아 있다. 소년은 훨씬 더 많은 기쁨으로 받아들여지고 더 많은 걱정과 사랑으로 보살핌을 받는다. 남자아이는 여자아이에게는 완전히 배제되어 있는 여러 가지 특권을 누리고 산다.

그런 관계에서 반드시 그렇게 격렬한 적대감이 발생하는 것은 아니다. 나이 많은 형제가 어린 동생에 대해 매우 강한 애착을 느끼면서 동생에게 마치 엄마가 된 듯 보살피는 경우도 있다. 그러나 심리학적으로는 그 첫 번째 경우와 그렇게 다르지 않다. 손위 언니가 어머니의 자리를 대신하면 언니는 다시금 우월한 자의 위치가 되며 권력을 자유롭게 행사할 수 있고 지배할 수 있다. 그것은 아주 위험한 상황으로부터 매우 가치 있는 것을 창조할 수 있는 계기가 되기도 한다.

질투심이 쉽게 일어나는 또 다른 형태는 형제자매들 사이의 격화된 경쟁 관계이다. 여자아이는 무시당한다는 느낌으로부터 고통과 상처를 받고 그것은 그녀를 계속 앞으로 전진하게 만드는 힘이 된다. 그렇게 치열하게 노력해 남자 형제를 뛰어넘는 일이 드물지 않게 발생한다. 그때 신체적으로 유리한 상황이 여자아이에게 도움이 된다. 사춘기 무렵까지는 여자아이들이 사내아이보다 정신적으로나 육체적으로 훨씬 빨리 성장한다. 그런데 그다음부터 사내아이는 천천히 뒤진 부분을 따라 잡는다.

질투심은 매우 다양한 형태로 나타난다. 그것은 다른 사람에 대한 불신, 엿보기, 비교하기, 무시당할지도 모른다는 두려움 속에 들어 있다. 그중에서 어떤 것이 뚜렷하게 나타날지는 공동체적 삶을 위해 그때까지 이루어졌던 준비 상태에 따라 다르다. 질투심은 그 당사자를 갉아먹기도 하고 대담하고 정열적인 행동으로 발전시키기도 한다. 그것은 상대를 무너뜨리려는, 게임을 망치는 자의 행동 속에도 있고 상대에 대한 지배권을 누리기 위해 자유를 제한하고 다른 사람을 붙잡아 매려는 노력 속에도 나타난다. 인간관계 속에서 질투심을 관철시키기 위해 가장 많이 애용되는 방법은 다른 사람에게 어떤 법칙 같은 것을 강요하고 그것으로 구속하려는 것이다. 예를 들어 사랑이라는 이름 아래 어떤 법칙을 강요하는 행위, 즉 상대를 다른 사람에게서 격리하려 하고 그가 시선을 어떻게 돌려야 하는지, 그의 행동과 모든 생각까지 조정하는 행동 지침을 내릴 때, 그것은 스스로도 어쩔수 없는 자신만의 정신적·특징적 행동 패턴을 드러낸다. 질투심은 다른 사람의 지위를 떨어뜨리고 비난하려 할 때, 또 그와 비슷한 목적이 있을 때도 사용된다. 그 모든 것은 다른 사람의 의지의 자유를 빼앗고 그를 가로막고 붙잡아 매기 위한 수단이다. 이런 행동을 매우 놀랍게 묘사한 「네토쉬카 네스바노바Netotschka Njeswanowa」라는 도스토옙스키의 소설이 있다. 거기서는 한 남자가 자기 부인의 모든 삶을 억압하고 그녀에 대한 지배권을 행사하고 있다.

그러므로 질투심은 권력을 위한 투쟁의 매우 색다른 형태라고 볼 수 있다.

3. 시기심

권력과 우월감을 향한 노력 속에서 사람들은 다양하게 시기심^{Neid}이
라는 성격 특징도 보여 준다. 자기 인생의 목표와 그에 도달하기까지
의 거리가 바로 그가 느끼는 열등감이다. 그것은 그를 몹시 압박하기
때문에 그의 태도와 행동을 관찰했을 때, 이 사람은 아직도 자신의
목표에서 멀리 떨어져 있구나 하는 인상을 받게 한다. 낮은 자기 평가
와 충족되지 못한 느낌 속에서 그는 계속 다른 사람이 그보다 앞서
고 있는지 뒤처져 있는지 재고, 그가 무엇을 성취했는지 계산하면서
스스로 위축감을 느낀다. 그가 남들보다 더 많이 갖고 있어도 마찬가
지다. 이 위축된 감정은 위장된, 충족되지 못한 허영심의 표시다. 더
많이 갖고자 하는 욕망, 모든 것을 갖고자 하는 욕망의 표시다. 그러
나 그런 사람들은 자신이 모든 것을 갖고 싶어 한다고 말하지 않는
다. 왜냐하면 공동체 의식의 검열을 통해 차마 그렇게 말할 수 없기
때문이다. 그렇지만 그들의 행위 속에는 모든 것을 갖고 싶어 하는 욕
망이 감춰져 있다.

　　시기심은 이런 비교 행위에 의해 끊임없이 자극을 받고 그럼으로
써 행복의 가능성은 점점 더 줄어든다. 그러나 우리 모두는 공동체
의식을 갖고 있기 때문에 시기심에 저항하고 일반적으로 그것을 좋
아하지 않는다. 어떤 형태의 시기심도 가지지 않은 사람은 거의 없다.
우리는 모두 시기심에서 자유롭지 못하다고 고백할 수밖에 없다. 굴
곡 없이 평탄한 삶을 살고 있는 사람에게는 시기심이 잘 나타나지 않

겠지만 상처받고 억압받는 사람들이나 돈이나 음식, 옷, 따뜻함에서 결핍을 느끼는 사람들, 또 미래를 위한 전망이 불투명하고 현재의 힘든 상황에서 빠져나갈 수 있는 출구가 보이지 않는 사람들은 이런 시기심에 훨씬 더 많이 노출될 수밖에 없다. 도덕이나 종교가 아무리 그것을 금지하고 있다 하더라도 어쩔 수 없다. 그것은 극히 자연스러운 일이고 이해할 만한 일이다. 그렇게 우리는 가진 것이 없는 자들의 시기심을 이해한다. 그러나 어떤 사람이 그런 상황에서도 시기심에 지배당하지 않는 사람이 있다면서 그 증거를 가져온다면 그것 또한 이해할 수 없는 일일 것이다. 그러므로 오늘날 인간의 정신적 상황에서는 이 요인이 꼭 함께 계산되어야 한다. 만일 제한 폭을 너무 넓게 잡으면 개인에게나 집단에서나 시기심이 불타오르는 것을 피할 수 없게 될 것이다. 이렇게 시기심이 나타나는, 거부감을 피할 수 없는 상황을 인정하지 않으면 우리는 그런 상황에서 시기심과 또 그와 결부된 증오심을 없애 버릴 방법을 찾지 못하게 된다. 우리 사회 속에 살고 있는 모든 사람에게 처음부터 하나는 확실히 짚어 두어야 한다. 그런 시기심의 싹을 시험하지 말아야 한다는 것이고, 그것을 선동해서도 안 되고 그것이 확실히 나타날 수밖에 없는 현상을 야기하지 않고 확대시키지 않기 위해서 여러 가지 예의와 세심한 감정을 갖고 행동해야 한다는 것이다. 그것이 그리 대단하게 개선되지는 않는다 하더라도 사람들에게 요구할 수 있는 것이다. 다른 사람에 대한 자신의 순간적인 우월성을 내보여서는 안 된다는 것이다. 왜냐하면 그것 때문에 다른 누군가에게 상처를 줄 수 있기 때문이다.

우리는 이런 성격 특징들에서 개인과 사회가 불가분의 관계에 놓여 있음을 보게 된다. 어느 누구도 공동체 안에서 자신을 분리시켜서 다른 사람에게 과시해서는 안 된다. 그것은 동시에 반대쪽에서도 반작용의 힘을 불러일으키게 되며 그 시도를 방해하려는 행동을 촉발시킬 것이다. 시기심은 언제나 행동과 행동 규범을 촉구한다. 그것은 다시금 동등성을 추구하며, 인간들 간의 동등한 가치라는 목표를 향해 간다. 그렇게 우리는 사고 과정을 통해서나 우리의 감정이입을 통해서 인간적인 사회의 근본 원칙에 가까워지며 그것은 어떤 일이 있어도 손상받아서는 안 되는 것이다. 다른 곳에서 즉시 반작용의 힘에 의해 압박을 받아서도 안 된다. 이른바 사람의 얼굴을 가지고 있는 인간이면 누구나 동등하다는 법칙 Gesetz der Gleichheit alles dessen, was Menschenantlitz trägt을 침해해서는 안 된다.

시기심의 표현 형태는 이미 표정으로, 특히 시선에서 쉽게 알아볼 수 있다. 시기심의 움직임은 생리적으로도 표현되며 이야기하는 모습에서도 포착된다. 노란색 혹은 창백한 시기심이라고 말할 때 그것은 질투의 감정이 우리의 혈액 순환에도 영향을 미친다는 사실을 암시하는 말이다. 신체적으로 표현했을 때 시기심은 외부 모세혈관의 수축 외에 다름 아니다.

교육학적 인식과 관련해서 볼 때, 우리가 시기심을 이 세상에서 완전히 제거해 버릴 수 없는 한, 적어도 일반적으로 인류의 이익에 도움이 될 수 있게 하고, 정신생활에 별 커다란 충격 없이 생산적으로 만들 수 있는 그런 방법을 모색해 봐야 한다. 이 점은 개인과 전체에

다 해당된다. 개인적 삶에서는 아이들에게 자의식을 높여 줄 수 있는 활동을 만들기 위해 노력해야 한다. 국제적인 국면에서는 다른 민족의 복지 수준이 높아지는 것을 보면서 뒤처진 느낌을 받고 동시에 아무짝에도 쓸모없는 질투심을 느끼는 민족들에게 그들이 더 융성하게 발전해 나갈 수 있는 방법을 제시해 주고, 그것을 가능하게 만들어 주는 것이 유일한 방법이다.

시시때때로 질투심에 가득 찬 사람은 공동생활에 유익하지 않다. 그는 언제나 다른 사람에게서 무언가를 빼앗고, 그의 처지를 어떻게든 약화시키고 방해하려는 욕구를 갖고 있으며, 자기가 이루지 못한 것에 대한 변명을 찾는 데만 급급하고, 그것에 대해 다른 사람을 탓하려는 성향을 보인다. 그는 투사, 시합을 망치는 사람, 다른 사람과의 관계에서 남에게 인색한 사람, 공동생활을 위해 유용한 사람이 될 준비를 전혀 하지 않은 사람의 모습을 하고 있다. 그는 다른 사람의 입장에 감정이입을 하려는 노력을 전혀 하지 않기 때문에 다른 사람을 이해할 수 없으며, 자신의 섣부른 판단으로 다른 사람에게 상처를 주게 된다. 다른 사람이 그의 행동 방식 때문에 괴로움을 받더라도 그는 거리낌이 없다. 시기심은 심지어 아주 가까이에 있는 사람의 고통을 오히려 즐기기까지 하는 상태로 몰고 갈 수 있다.

4. 인색함

인색함^{Geiz}은 시기심과 아주 비슷하고, 그것과 연결되어 있다. 인색함
이란 여기서 돈을 모으는 따위의 행위에만 국한되어 있는 것이 아니
라 좀 더 일반적 형태를 뜻한다. 그것은 본질적으로 어떤 사람이 다
른 사람에게 기쁨을 주지 않으려는 행동에서 표출된다. 그는 사회 전
체에나 개인에게 도움이 되는 것에 인색하고 오직 자신만의 가련한
보물을 안전하게 지키기 위해 주변에 높은 벽을 쌓는다. 인색함은 한
편으로는 공명심과 허영심, 또 한편으로는 질투심과 관련이 있다. 한
사람이 이 모든 성격을 동시에 갖고 있다고 주장해도 전혀 지나친 말
이 아니다. 그러나 누군가가 어떤 사람에게서 어느 한 성격 특징을 확
인했다고 해서 또다시 그에게 다른 성격 특징도 있을 것이라고 주장
한다면 그는 인간의 생각에 대한 뛰어난 통찰력을 갖고 있는 사람은
아니다.

인색함은 오늘날 문화 속 인간에게도 조금씩 나타난다. 그는 기
껏해야 극단적인 관대함을 통해 그것을 덮고 가릴 수 있을 뿐이다. 그
관대함이란 다른 사람의 희생을 딛고 서서 관용적인 제스처를 통해
자신의 인격을 고양시키려는 시도며, 아주 작은 호의를 나눠 주는 것
에 불과하다. 상황에 따라서 인색함이 인간 삶의 아주 귀중한 특성인
것처럼 보일 수도 있다. 예를 들어 어떤 사람이 자신의 시간과 노동력
을 아껴서 매우 훌륭한 일을 성취해 냈을 경우다. 현대에는 과학적이
고 도덕적인 어떤 흐름이 있어서 바로 시간의 절약을 전면에 내세워

모든 사람이 시간과 노동력에서 '경제적으로' 행동할 것을 요구하기도 한다. 그것은 이론적으로 매우 그럴듯해 보인다. 그러나 이런 근본 원칙이 어딘가에서 실질적으로 적용되는 것을 보면 그 속에 권력과 우월성의 목표가 모든 것을 통제하고 지배하고 있는 것을 볼 수 있다. 이론적으로 얻어진 이런 기본 원칙은 대부분 오용되기 쉽고, 시간과 노동력을 아끼는 사람은 그것과 연관된 부담을 자기에게서 떼어 내 다른 사람에게 전가시키려고 노력하게 될 것이다. 그와 같은 관점은 오로지 일반적인 효용성에 부합되는지의 척도로만 평가한 것이다.

기술 시대의 전체적 발전은 사람을 기계처럼 취급하고 그에게 생활을 위한 기본 원칙을 강요하는 행위에 근거하고 있다. 기술 활동을 위한 법칙은 어느 정도까지는 정당화될 수도 있지만 인간적인 공동생활과 관련해서는 황폐화, 고독화, 인간관계의 축소화를 가져올 뿐이다. 그러므로 절약하는 것보다는 주는 것을 근본 원칙으로 삼는 것이 좋을 것이다. 그것을 왜곡해서도, 오용해서도 안 되고 누군가가 다른 사람을 이용하려고 할 때 그것을 저지해야만 한다.

5. 증오심

전투적인 삶의 자세를 갖고 있는 사람에게서 증오심Hass을 발견하기는 그리 어렵지 않다. 어린 시절에 이미 나타나곤 하는 증오심의 싹은 가끔씩 매우 높은 정도까지 이르러 분노 폭발 상황까지 갈 수 있으

며, 겉으로는 표현되지 않는 조금 더 완화된 형태인 앙심Nachträglichkeit
도 나타난다. 그것으로써 한 사람의 입장이 매우 예리하게 확인되고,
그가 어느 정도까지 그런 성격을 드러낼 수 있는지 알게 되면 그를 평
가하는 데 매우 용이하다. 그것은 그에게 개인적이고 특징적인 색깔
을 부여한다.

증오심의 대상은 매우 다양할 수 있다. 증오심은 어떤 사람 앞에
놓여 있는 과제와 관련될 수 있다. 그것은 또 어떤 사람, 어떤 민족, 어
떤 계층, 다른 쪽의 성, 혹은 한 종족과 관련된다. 증오심이 항상 직선
적이고 솔직하게 드러나지 않는다는 점을 잊어서는 안 된다. 그 대신
에 그것은 매우 잘 포장되어 비판적인 태도kritische Haltung와 같은 매우
세련된 형태를 취하기도 한다. 그것은 또 어떤 사람이 모든 종류의 대
인관계를 기피할 때 완전히 최고조가 된다. 때때로 사람이 얼마만큼
의 증오심을 가질 수 있는지 마치 번개의 섬광이 비친 것처럼 밝게 드
러나는 경우도 있다. 그것은 군 복무에서 면제된 어떤 환자가 엄청난
인명 손실과 잔혹한 학살과 참상에 관한 기사를 신문에서 읽고 얼마
나 기뻐했던지 이야기한 사례에서 잘 드러난다.

이런 현상 중 많은 것은 범죄의 영역에서 많이 발견된다. 증오심은
사회 속에서 조금 완화된 정도로도 나타나며 매우 큰 역할을 한다. 그
것은 전혀 상처를 주지 않고 전혀 거부감을 주지 않는 형태로도 나타날
수 있다. 높은 증오심을 반영하는 인간혐오주의Menschenfeindschaft에도 적
용될 수 있다. 심지어 그런 적대감과 인간 증오가 날뛰는 철학적 사조
도 있고 사람들이 가끔씩 만나게 되는—그것을 훨씬 더 민낯으로 드

러낸 적대적인 행위―난폭하고 잔인한 행위들도 그와 같은 것들이다. 유명인들의 전기에서도 한순간 베일이 벗겨진 증오심이 드러나는 것을 볼 수 있다. 또 그릴파르처[13]가 시적 작품에는 인간의 잔인성이 살아 숨 쉬고 있다고 말할 때도 그런 경우이다. 그것은 절대로 깨뜨릴 수 없는 진실을 내포한다기보다 인간성을 가장 소중하게 여겨야 하는 예술가들이 예술 작품을 만들기 위해서 어떠한 증오심과 잔인성까지도 가질 수 있는 지를 말하는 것이다.

증오심에서 파생된 영향은 셀 수 없이 많다. 여기서 우리가 계속 추적해 들어갈 수 없는 이유는 인간에 대한 증오심과 관련된 수많은 개개의 성격 특징의 모든 연관성을 파헤치려면 너무 많은 작업을 해야 하기 때문이다. 특히 어떤 직업에서는 어느 정도 적개심이 없다면 도저히 선택할 수 없는 직업도 있다고 말할 수 있다. 그러나 그 말은 적개심이 없으면 절대로 그 직업을 수행할 수 없다는 뜻이 아니다. 오히려 그 반대다. 적개심이 있는 어느 누군가가 어떤 직업, 예를 들어 군인과 같은 직업을 가지겠다고 결정하는 그 순간, 그의 모든 적대적 성향이 적어도 외형적으로는 그 조직에 부합하는 형태로 맞춰진다는 뜻이다. 그것은 그가 그의 조직에 맞춰 가는 적응의 결과며, 동료들과의 연대감 속에서 공동체 의식 때문에 완화된 것이다.

적개심이 특수하게 잘 위장된 것 중 하나로 부주의Fahrlässigkeit라

---

13 그릴파르처(Grillparzer): 19세기 오스트리아 극작가이자 시인. 대표작으로 『사포』, 『금양모피』 등이 있고, 그리스 전설이나 사실을 제재로 비극과 사극을 썼다.

는 행위를 들 수 있다. 그것은 부주의함과 태만 때문에 발생하는 어떤 사람이나 물건의 가치에 가해지는 좋지 않은 행위들과 손상들을 말한다. 그것은 또한 행위자가 공동체 의식이 그에게 부과하는 모든 고려를 무시해 버림으로써 발생하기도 한다. 법학에서는 그에 대한 논의가 활발하게 이루어졌지만 오늘날까지도 명확한 결론에는 이르지 못했다. 어떤 위반 행위나 부주의한 행동을 범죄로 간주할 수 없다는 것은 자명한 사실이다. 그것은 똑같은 행위가 아니기 때문이다. 예를 들어 누군가가 화분을 창문가에서 너무 멀리 놓았기 때문에 조금이라도 그것을 건드리면 지나가는 사람의 머리 위로 떨어지는 상황과, 그 사람이 그것을 제대로 어떤 사람의 머리 위에 던지는 행위가 같은 것일 수는 없다. 그러나 그렇게 주의가 태만한 사람의 행동 방식에는 종종 범죄 행위와 똑같은 적개심이 그 근저에 놓여 있을 수 있다는 사실을 간과해서는 안 된다. 그러므로 태만한 행동을 연구하는 것은 인간을 이해하기 위한 좋은 단서가 될 수 있다. 법학에서는 이런 상황을 그 행위자에게 의식적인 의도가 없었다는 이유로 정상참작 상황이라고 인정한다. 그러나 무의식적이고 적대적인 행동 방식에도 의식적이고 악의적인 행동과 마찬가지로 똑같은 정도의 증오심이 포함되어 있다는 것은 의심의 여지가 없다. 이 두 경우에 모두 공동체 의식이 결여된 사람들이 중심에 서 있다. 아이들이 놀고 있는 모습을 관찰해 보면 그들 중 어떤 아이들은 다른 아이들에게 별로 주의를 기울이지 않는 모습을 볼 수 있는데, 그들이 좋은 친구가 아닐 것이라는 결론은 그러므로 정당하다고 볼 수 있다. 그러나 다른 곳에서도 그런 예측에 대한 확인

을 얻을 때까지 기다려 볼 수도 있다. 그러나 그 아이가 끼여 있을 때
는 언제나 좋지 않은 일이 발생한다는 것이 확인된다면 그 아이는 다
른 사람에 대한 배려심 같은 것이 없는 아이, 옆에 있는 사람의 기쁨
과 고통에 대해 관심을 기울이는 데 익숙하지 않은 아이라고 결론지
어도 무방할 것이다.

　이 같은 관점에서 우리의 경제적인 활동을 눈여겨 볼 필요가 있
을 것 같다. 이런 부주의함을 적개심으로 확신한다는 것은 특별히 대
단한 것이 아니다. 왜냐하면 경제적 생활에서 중요한 행위들은 다른
동료 인간에 대한 배려심(우리는 매우 바람직한 일로 생각하지만)이라고
는 털끝만큼도 보여 주지 않기 때문이다. 우리의 경제적인 생활에서
는 수많은 결정과 시도를 하게 되며 이런 경제 활동을 수행하는 사람
들은 그 행위로 언제나 다른 사람에게 불이익을 끼친다는 사실을 똑
똑히 보여 준다. 그 행동에 뚜렷하게 의식적이고 악의적인 의도가 있
었다고 하더라도 일반적으로 어떤 처벌도 받지 않는다. 부주의함 같
은 행동에는 적어도 어느 정도 공동체 의식이 결여되어 있기 때문에
우리의 사회적 삶을 훼손시킨다. 왜냐하면 좋은 의도를 갖고 있는 사
람이라고 하더라도 그런 상황에서는 극단적인 개인 보호 외에 아무
것도 필요 없다고 확신하기 때문이다. 그러나 이때 이런 개인적인 자
신의 보호는 거의 언제나 다른 사람의 이익 침해와 결부되어 있다는
것을 간과하고 있는 것이다. 이런 사실과 여러 가지 혼란 상황에 대해
인식하게 된 것은 최근의 일이다. 이런 현상에 주의를 기울이는 것은
아주 유익한 일이다. 왜냐하면 개개의 인간에게 어떤 상황에서는 그

의 공동체 의식으로 보아 너무 자명하고 옳은 요구들을 실현시키기가 매우 어렵기 때문이다. 그러므로 여기에서도 출구를 찾는 것이 필요하다. 그로 인해 개인들이 공공의 유익을 촉진하기 위해 좀 더 쉽게 협업할 수 있기 때문이다. 때때로 그런 일이 자동적으로 일어나는 경우도 있다. 인간들의 대중적 혼이 항상 거기에 작동하고 그것을 할 수 있는 한 잘 지켜 내기 때문이다. 심리학도 이런 현상에 동참해 주어야 한다. 그것은 단지 경제적 관련성을 이해하기 위해서만이 아니고, 여기에서 함께 작동하고 있는 심리 작용을 이해하기 위해서다. 그것은 개개인에게 혹은 일반 대중에게 우리가 무엇을 요구하고 무엇을 기대할 수 있는지 알아낼 수 있게 도와준다.

부주의함은 가정과 학교와 생활 전반에 널리 퍼져 있는 현상이다. 우리의 삶의 모든 분야에서 그것을 발견할 수 있다. 자신의 동료를 전혀 배려하지 않는 유형의 인간들이 언제나 어딘가에서 전면으로 떠오른다. 그것은 물론 대부분 처벌을 받는다. 그리고 배려심이 없는 인간의 행위 방식은 너무 불행한 결과를 낳는다. 때때로 그것은 그러나 너무 오래 걸린다. 하느님의 물레방아는 천천히 돌아간다^{Gottes Mühlen mahlen langsam}. 너무 오래 걸려 사람들이 그것들 간의 인과관계를 더 이상 파악할 수 없게 된다. 왜냐하면 그들은 그 연관성을 알지 못하고, 제대로 추이를 지켜보지 않아 대부분 이해하지 못하기 때문이다. 그렇게 되면 자기의 부당한 운명에 대한 한탄의 소리는 점점 커져 가고 대부분 그 탓을 다른 사람에게 돌린다. 그것은 상대방의 배려 없는 행동을 참아 주기만 했던 그 사람이 시간이 지나면서 자신의 선의의 노력을 포기해 버리고 그를 밀쳐 내고 떠나 버렸기 때문이다.

　부주의한 행동이 때때로 표면적인 정당성을 확보하는 경우가 있긴 하지만 그것을 자세히 살펴보면 다른 사람에 대한 엄청난 적대감을 발견하게 된다. 예를 들어 어떤 운전자가 과속을 해 다른 사람을 차로 치었을 때 자기에게 급한 약속이 있었노라고 자기변호를 하는 경우다. 우리는 그런 행동에서 자기 자신의 개인적이고 사소한 일을 다른 사람의 행복이나 아픔보다 훨씬 더 심각하게 생각하고, 그런 행동으로부터 발생할 수 있는 위험을 간과해 버리는 사람들이 있다는 것을 발견할 뿐이다. 자신이 지키고자 하는 이해와 일반적인 공공의 행복 사이에 벌어진 간극에서 그의 적개심이 어느 정도인지 분명하게 인식할 수 있다.

제3장

비공격적인 성격의 특징

이런 성격 특징의 유형에는 다른 동료 인간에 대한 적대적인 공격성을 직선적이고 분명하게 보여 주기보다 바깥에 있는 관찰자에게 적대적인 고립feindselige Isoliertheit의 인상을 주는 모든 현상들이 속해 있다. 여기에서는 마치 적개심의 전체적인 흐름이 선회해서 다른 우회로를 찾아낸 것처럼 보인다. 다른 사람에게 결코 상처를 주지 않지만 삶과 다른 사람들에게서 뒤로 물러나 모든 접촉을 피하고 자신만의 고독 속에서 다른 사람에게 협력을 거부하는 그런 사람의 모습이 떠오른다. 그러나 인간의 과제는 오직 공동의 협력을 통해서만 해결될 수 있으므로 자신을 고립시키는 사람은, 사회를 솔직하고 직선적으로 공격하고 사회의 발전을 위해 필요한 행동을 게을리하는 다른 사람과 마찬가지로 똑같은 적개심을 갖고 있다고 의심할 수 있다. 이 분야에 대한 연구 범위는 매우 광범위하다. 거기에서 우리는 몇 가지 눈에 띄는 현상에 대해 좀 더 깊은 연구를 하게 될 것이다. 제일 처음으로 우리가 살펴볼 사항은 다음 내용이다.

1. 물러서기

물러서기^{Zurückgezogenheit}라는 행동은 다양한 방식으로 나타난다. 늘 뒤로 물러서는 사람들은 말을 별로 하지 않거나 전혀 하지 않는다. 누군가가 그에게 말을 걸어도 그 사람을 쳐다보지도 않고 그의 말을 듣지도 않으며 주의를 기울이지 않는다. 모든 관계, 심지어 아주 단순한 관계에서도 우리는 사람들을 서로 갈라놓는 냉랭함을 보게 된다. 그들은 누군가에게 손을 내밀 때, 무언가 말할 때의 어조, 다른 사람과 인사를 주고받을 때의 그 세세한 방식과 표현에서 그것을 느낄 수 있다. 그들은 자신과 다른 사람들 사이에 거리^{Distanz}를 벌리는 모습이 항상 눈에 띈다. 이런 고립적 현상에서 우리는 다시 익히 알려진 공명심과 허영심의 성격 특징을 만나게 된다. 그것은 여기서 자신을 다른 사람에게서 분리시키는 특별한 형태를 띤다. 자기 자신이 뒤로 물러남으로써 자신의 특별함과 우월함을 보여 주고 싶어 하는 것이다. 그렇게 해서 그들이 얻는 것은 있지도 않은, 자신의 상상 속에서만 느끼는 최대한의 영광이다.

　이런 태도에는 표면적으로 악의 없는 자세지만, 호전적인 적대감이 분명히 존재한다. 물러서기는 더 큰 집단에서도 나타날 수 있다. 우리는 가족이란 단위가 외부로부터 차단되어 있는 집단이라는 사실을 잘 알고 있다. 자세히 관찰해 보면 그들은 다른 가족보다 더 높고 더 훌륭한 존재가 되고 싶어 하는 상상에 매달리고, 적개심을 갖고 있는 사람들이라는 것을 발견하게 된다. 이런 고립적 성향은 더 나아가 계급이나 종교, 종족, 국가로 옮겨 간다. 그리고 거기서 극단적으로 명확한 그림을 볼 수 있다. 예를 들어 낯선 도시나 산책길 같은 곳에서, 집들의 건축 구조 같은 것에서 몇 개의 계층이 서로 신분에 따라 나뉘어 있는 것을 볼 수 있다. 우리의 문화에서 매우 깊게 뿌리 내리고 있는 현상은 사람들이 매우 쉽게 잘못된 방향으로 유도된다는 사실이다. 그들은 이런 식으로 국가로, 종교로, 계급으로 분리된다. 그것으로부터 나오는 결과는 적대적인 투쟁밖에 없고, 그것은 시간이 지나면 낡아 빠진, 쓸모없고 힘없는 전통이 되어 버린다. 대부분의 경우가 그런 것처럼 개개의 인간들은 이런 방식을 통해 잠재적 반대편으로 이용될 수 있으며, 서로 적대적으로 대립하게 된다. 이런 행동을 주도하는 사람들의 목적은 다름 아닌, 자신들이 좀 더 쉽게 명령을 내리고 그들을 조정하기 위해서며 개인적인 허영심을 만족시키기 위해서다. 그런 적대감의 특징으로 볼 수 있는 것은 어떤 계급이나 민족을 특별히 뛰어난 존재로 느끼게 만들어, 배타적인 정서를 자극한다는 것이다. 자기가 속한 집단의 정신세계나 문화를 선택받은 것이나 매우 뛰어난 것으로 칭송하는 반면, 다른 집단에 대해서는 오직 나쁜 점만 지적하고 부풀린다. 적대감이 높아지는 데 따르는 위험과 가능성은 사람들이 일반적으로 일부 선동가들의 연설만을 집중적으로 듣는다는 것이고, 자신만의 적대적인 생각과 관심 때문에 다른 사람의 적대감을 휘젓고 확대시키려고 애쓴다는 것이다. 그러나 세계 대전과 같은 불행한 사건이 일어나면 아무도 책임지려 하지 않는다. 그들은 자신만의 불확실성 속에서 우월성과 독립성을 추구하면서 다른 사람들의 희생 위에서 그것을 실현시키려고 노력하는 유형의 사람들이다.

물러서기와 같은 행위에는 그런 한 개인의 운명과 전체의 세계가 놓여 있다. 이런 사람들은 앞서 나가면서 문화의 진보를 이룩해 가는 데 결코 적합한 사람들이 될 수 없다.

2. 불안

자신의 주변 세계에 대한 한 사람의 적대적인 태도에서 우리는 드물지 않게 불안^{Angst}의 특징들을 발견한다. 그것은 이런 사람들의 성격에 특별한 색깔을 부여한다. 불안은 한 사람의 아주 어린 시절부터 노년에 이르기까지 오랜 세월을 그와 함께 동반하는 극히 일반적인 현상이다. 그것은 그 사람의 삶을 가차 없이 비참하게 만들고 인간관계를 지극히 어렵게 만들어 평화로운 삶과 생산적인 활동의 기초를 구축하는 것을 방해한다. 왜냐하면 그 두려움은 인간적인 삶의 모든 관계에 관련되기 때문이다. 그것은 한 사람에게 외부세계를 두려워하게 할 뿐 아니라 자신만의 내면세계에 대해서도 공포를 느끼게 만든다. 그는 두려움을 느끼기 때문에 사교 모임을 피하는 것만큼이나 혼자 있는 고독함도 두려워한다. 걱정이 많은 사람은 자신만을 생각하려 하고, 그 결과 다른 주위 사람들에게 줄 것이 남지 않은 그런 유형이다. 그가 한 번 삶의 어려움 앞에서 슬쩍 도망가는 태도를 갖게 되면 이 관점에 불안이 더해져 매우 심화되고 견고해진다. 실제로 새로운 일을 시작하기 전에 늘 먼저 불안부터 앞서는 사람도 있다. 그는 무엇인가를 시도하려고 할 때 집을 떠나야 할지, 동반자와 헤어져야 할지, 어떤 직책을 맡아야 할지, 사랑을 시작해야 할지 결정하지 못한 채 어쩔 줄 모른다. 삶이나 같은 동료들에게서 극도로 소외되어 있기 때문에 응석받이 아이들의 경우처럼 익숙한 환경에서 조금만 변화가 생겨도 공포가 엄습하고 불안에 떨게 된다.

그런 상황에서 그의 인격과 수행 능력의 발전은 심각하게 저하되곤 한다. 그러나 그가 항상 즉각적으로 떨기 시작한다거나 거기에서 도망치는 것은 아니다. 그의 걸음은 점점 느려지고 그는 여러 가지 핑계와 변명을 찾아낸다. 때때로 자신의 걱정하는 자세가 새로운 상황의 압박 때문에 생겨나는 것임을 전혀 알지 못한다.

재미있는 것은 이런 사람들이 과거나 죽음을 매우 빈번하게 생각한다는 것이며, 그것은 거의 억제 장치 역할을 한다는 사실이다. 과거에 대한 생각은 눈에 띄지 않는, 그렇지만 자신을 압박하기 위한 매우 좋은 수단이다. 죽음과 질병, 광기에 대한 공포 또한 이런 사람들에게서 발견되며, 그것은 모든 일에서 빠져나가기 위한 변명을 찾는 것이다. 그들은 모든 것이 허영 심리라거나 인생은 너무 짧다거나 무슨 일이 일어날지 알 수 없다는 사실을 강조하며 핑계를 대기도 한다. 그런 방식으로 "저편에 대한 종교의 위안"이 작용할 수 있다. 그것은 사람들에게 그의 본래적인 목표를 저편에서 찾게 하고 지상에 존재하는 것은 지극히 불필요한 노력으로, 그의 발전 단계에서 무가치한 단계로 바라보게 만든다. 허영심이 자신을 시험 대상으로 삼는 것을 참지 못하기 때문에 모든 일을 거부하는 것이 첫 번째 유형이라면, 두 번째 유형으로 하여금 삶에 적응할 수 없게 만드는 것은 그들이 염원하는 신처럼 되고 싶다는 불가능한 소망과 다른 사람을 뛰어넘으려는 우월성의 목표와 다른 사람을 지배하려는 똑같은 공명심 때문이다.

아이들에게는 초기의, 원시적인 형태로 불안이 나타난다. 아이들을 혼자 내버려 두면 그때마다 불안 신호를 보낸다. 그러나 그런 아이들의 동경은 절대로 충족되는 법이 없다. 왜냐하면 누군가 그에게 다가가면 아이는 그와 함께 있는 상황을 또 다른 목적으로 이용한다. 어머니가 아이를 또다시 혼자 내버려 두면 아이는 분명한 불안 현상으로 어머니를 다시 부른다. 그러므로 엄마가 있든 없든 거기에서 변한 것은 아무것도 없다는 사실을 의미한다. 아이의 그리움은 엄마에게 자기의 시중을 들게 하고 엄마를 지배하기 위한 목적에서 출발한 것이다. 그런 현상은 아이들을 독립적으로 만드는 방법을 찾기 힘들게 만든다. 그런 식으로 아이에게 잘못된 대접을 하면 다른 사람을 붙잡아 두려고 하는, 그에게 어떤 헌신을 강요하고 자신을 사랑하게 만들려는 시도를 계속하게 된다.

아이들이 불안을 나타내는 방식은 일반적으로 잘 알려져 있다. 예를 들어 밤에 불을 꺼버리면 외부와의 관련성과 좋아하는 사람과 함께 있는 느낌이 차단되면서 불안 표현이 뚜렷이 나타난다. 그렇게 되면 무서워서 외치는 아이의 울음소리로 인해 밤이 되어 찢어 없어진 연결이 복구된다. 누군가가 급히 달려오면 그 상황은 위에서 언급했던 대로 다시 그렇게 전개된다. 아이는 점점 더 많은 요구를 하게 되며 불을 켜달라고 하거나 자기 옆에 있어 달라거나 자기와 놀아 달라고 요구한다. 그것을 다 들어주면 아이의 불안은 연기처럼 사라져 버린다. 그러나 그런 지배 관계가 위협받는 순간이 오면 이전 행동이 다시 나타나고 다시금 아이의 지배권이 견고해진다.

성인들의 삶에서도 그런 현상이 보인다. 그것은 광장 공포증 Platzangst으로, 사람들이 혼자서는 밖으로 나가지 않으려 하는 심리 현상을 말한다. 우리가 종종 길거리에서 보게 되는 것처럼 그들은 불안하게 웅크리고 앉아 주위를 둘러보고 그 자리에서 꼼짝도 하지 않으려 하거나 적에게서 도망치는 것처럼 거리로 달려가는 모습들을 보인다. 때때로 그들은 길을 건너는 것을 도와달라고 부탁하기도 한다. 그러나 그들은 약하거나 병든 것이 아니다. 오히려 매우 잘 걸을 수 있고 다른 사람들보다 대부분 더 건강할 수도 있다. 그러나 별로 중요하지 않은 조그만 어려움 앞에서 즉시 공포 발작을 일으키는 것이다. 그런 사람들은 가끔씩 집을 떠나는 순간부터 두려움과 불안에 사로잡힌다. 이런 광장공포증 현상들은 너무도 특이하다. 그런 사람들은 자신이 어떤 적의 추적 목표가 되어 있다는 생각과 감정에서 놓여나지 못한다. 그들은 무엇인가가 자기와 다른 사람들을 확연하게 구별 지어 준다는 망상에 사로잡혀 있다. 이런 태도는 가끔 그들의 공상적 인 생각에서도 표현되는데, 예를 들어 그들은 자기가 어딘가에서 떨어질 수도 있다고 믿는다. 그런데 그것은 우리가 볼 때 그들이 어딘가 아주 높은 곳에 서 있다고 착각하는 것 외에 다름이 아니다. 그런 불안이 야기하는 병적 현상과 특이점 속에는 다시금 권력 욕구와 우월성을 향한 목표가 흔들리고 있음을 보게 된다. 그리고 이 경우에도 삶은 다시 압박감에 빠져 들고, 그는 불행한 운명이 바로 옆에 위협적으로 다가 와 있음을 알게 된다. 왜냐하면 많은 사람에게 불안이란 보살펴 주는 누군가가 자기 옆에 있어야만 한다는 욕구 외에 아무것도 아니기 때문이다. 자기 방에서조차 떠날 수 없다면 그것은 모든 것이 그의 불안 밑에 굴복한다는 의미다. 그는 다른 사람에게 갈 필요가 없지만 다른 사람이 모두 자기에게 와야 한다는, 다른 사람에게 부과한 규칙을 통해 그는 다른 사람을 지배하는 왕이 되는 것이다.

개개인을 공동체와 연결시켜 주는 연대감을 통해서만 사람들의 불안은 제거될 수 있다. 자기 자신이 다른 사람과 연결되어 있음을 의식하는 사람만이 불안 없이 생을 통과해 갈 수 있다.

1918년의 혁명 상황[14] 동안 발생한 매우 재미있는 사례가 있다. 여러 명의 환자가 갑자기 진료 시간에 올 수 없다고 통보해 왔다. 이

---

14 1918년에 오스트리아-헝가리 제국은 세계대전의 패배로 해체됐다. 그리고 오스트리아공화국이 탄생했다.

유를 묻자, 그들은 한결같이 다음과 같이 대답했다.

"지금은 아주 불안한 시대입니다. 그러므로 이제 누구를 만나게 될지 알 수 없어요. 그런데 옷을 잘 입고 있으면 불쾌한 일을 당할 수 있거든요."

당시 사람들 사이의 불만과 혼란 상황은 엄청났다. 그런데 왜 하필이면 어떤 사람들만이 이런 결론을 이끌어 냈을까? 그런 생각을 한 사람들이 왜 꼭 그들이어야 했을까? 그것은 우연이 아니고 그들이 다른 사람들과 접촉하지 않았던 사람들이었으므로 그 상황에 대해서 안전하다고 느낄 수 없었던 것이다. 그러나 다른 사람들은 자신을 사회에 소속된 것으로 바라보고 있어 별다른 불안을 느끼지 않고 평상시와 똑같이 일을 할 수 있었다.

별로 해가 될 것은 없지만 고려할 가치가 충분한 불안의 한 형태는 수줍음 Schüchternheit이다. 수줍음에는 불안에 대해 우리가 이야기했던 모든 내용이 그대로 적용된다. 그런 성격이 아이들에게서 나타나면 좀 더 간단한 상황일 수 있다. 그들의 수줍음은 늘 다른 사람과의 접촉을 피하게 하고 그것을 끊어 버릴 가능성을 의미하지만, 그들에게 열등감이나 다른 사람과 다르다는 특별함 같은 감정들이 있을 때는 남들과의 접촉에서 얻어지는 기쁨까지 앗아가 버린다.

3. 소심함

자기 앞에 놓인 과제를 매우 어렵게 느끼고 그것을 해낼 자신이 없다고 생각하는 등의 특징을 보여 주는 것이 **소심함**^{Zaghaftigkeit}이다. 일반적으로 이 성격에서는 천천히, 느리게 앞으로 나가는 동작, 즉 망설이는 행동이 나타난다. 그런데 그 사람과 앞에 놓인 삶의 문제 사이의 거리는 그렇게 빨리 줄어 들지 않는다. 때로는 그 자리에 머물러 있다. 어떤 사람이 자기 앞에 당면하고 있는 문제에 빨리 착수해야 하는데 갑자기 전혀 엉뚱한 곳에서 발견되는 것과 같은 경우가 이런 사례에 해당된다.

지금 막 시작해야 하는 직업에 자신이 전혀 들어 맞지 않는다는 것을 발견한 경우도 있다. 그는 그 직업에서 여러 가지 어두운 측면을 발견하고는 자신이 갖고 있는 논리와 어긋난다는 것을 깨닫고 그 직업을 선택하기가 불가능하다고 생각하게 된다. 소심함의 외적 표현 형태는 느려진 동작 말고도 확실한 조치와 준비, 즉 그 일을 하지 않은 것에 대한 책임에서 벗어나고자 하는 변명을 미리 준비해 놓는 행위 등도 포함된다.

개인심리학은 이렇게 널리 퍼져 있는 현상, **거리의 문제**^{Das Problem der Distanz}라고 불리는 현상에 해당하는 수많은 사례를 갖고 있다. 개인심리학은 하나의 관점을 확립했으며, 그로부터 우리는 한 사람의 입장을 확실하게 평가할 수 있게 되고, 세 가지 삶의 커다란 문제를 해결해야만 하는 사람 앞에 놓여 있는 거리를 측정할 수 있다. 첫 번째는 사회적 과제를 어떻게 해결하느냐의 문제로, 나와 너의 관계의 문제, 그 자신과 다른 사람과의 접촉이 올바른 방법으로 확립되어 있는지 아니면 그것을 방해하고 있는지의 문제다. 두 번째는 삶의 문제로서 직업에 관한 것이고, 세 번째는 사랑과 결혼의 문제다. 한 사람이 세 가지 문제를 어떻게 해결하는지, 그 방법과 그가 저지르는 과오 사이에 놓여 있는 거리로부터 우리는 그의 개성, 인격, 삶의 방식에 관한 결론들을 이끌어 낼 수 있다. 그리고 거기에서 다시 우리의 인간이해에 대한 자료를 얻고 활용하게 될 것이다.

그런 경우에 나타나는 근본 특징은 일반적으로 한 사람이 자신과 자신의 과제 앞에 커다란 거리를 벌려 놓는다는 것이다. 이런 상황을 좀 더 주의 깊게 들여다보면 그 자세에는 어두운 면뿐만 아니라 밝은 면도 있다는 사실을 알게 된다. 소심한 사람은 오직 밝은 면 때문에 이런 입장을 선택하게 되었을 것이라고 추정하게 된다. 많은 장애물을 헤치고 들어가서 그 일을 하게 되면 좀 더 완화적인 상황, 자신감이나 개인적인 허영심이 상처받지 않은 채 그대로 남겨지는 상황을 예측할 수 있다. 상황은 좀 더 안전한 것이다.

그는 줄타기댄서처럼 일하고 있지만 그의 아래에는 안전망이 팽팽히 당겨져 있음을 알고 있다. 거기에서 떨어지더라도 부드럽게 떨어질 것이고 상처를 받지 않을 것이며 약간 부담을 지고 자신의 일에 다시 다가가면 된다. 실패하더라도 그의 자존심은 손상되지 않는다. 왜냐하면 여러 가지 이유 때문에 그걸 할 수 없었다, 단지 좀 늦었다거나 너무 늦게 그 일을 시작했다거나 그와 비슷한 이유를 대면서, 그렇지 않았더라면 그 일을 훌륭하게 마무리했을 것이라고 자신에게 말할 수 있기 때문이다. 그러니까 그것은 그의 인격적 결점 탓이 아니라 시시하고 작은, 부수적이고 하찮은 상황 때문이어서 그에게는 하등의 책임이 없다는 것이다. 그러나 만일 그 일이 성공하면 그것은 아주 커다란 일이 된다. 누군가가 자기 일을 열심히 해서 마치면 사람들은 그것을 별로 대단하게 생각하지 않는다. 그것이 성공하리라는 것은 자명하다. 그러나 누군가가 그 일을 아주 늦게 시작했음에도, 일할 수 있는 시간이 조금밖에 없었고 준비 상황이 나빴음에도 그 일을 마치면 그는 아주 다른 사람이 되어 서 있게 된다. 그는 말하자면 이중 승리자가 되는 것이다. 왜냐하면 그 일을 하기 위해서 남들은 두 개의 손이 필요한데 그는 한 개의 손으로 그것을 완수했기 때문이다.

이것은 말하자면 심리적 우회의 이점이다. 그런 자세는 한 사람의 공명심과 허영심을 드러낸다. 그것은 적어도 스스로가 무대의 주인공이 되고 싶어 한다는 사실을 보여 준다. 그 모든 것은 자신이 특별한 힘을 갖고 있는 것처럼 보이기 위한 자기 이미지 높이기 전략이다.

이제 우리는 자신 앞에 놓여 있는 문제를 회피하려 하고, 그럼으로써 스스로 어려움을 가중시키고 해야 할 일에 전혀 다가가지 못하거나 그저 주저하면서 다가가는 사람들을 이해할 수 있게 되었다. 그들이 과제를 둘러싸고 우회하는 동안 그들은 삶의 나쁜 특이점들, 게으름, 나태, 잦은 이직, 비행, 그 밖의 것들에 빠짐없이 연루된다. 또 자신의 그런 입장을 외적인 태도에 노골적으로 드러내는 사람들도 있다. 그들은 때때로 매우 나긋나긋한 태도를 보이며 모든 사안에서

뱀처럼 유연한 모습을 보인다. 그것은 틀림없이 우연이 아니다. 그러므로 우리가 백번 양보하더라도 그들은 순전히 자기들이 풀어야 하는 문제 앞에서 언제나 달아나는 성향을 가진 사람들이라고 판단할 수 있다.

삶의 현장에서 나온 다음의 생생한 사례가 그것을 명확하게 보여 줄 것이다. 환자는 자기 삶에 대해 완전히 실망했고, 사는 일에 싫증이 났으며 오직 머릿속에 자살에 대한 생각만 갖고 있었다. 이 세상의 그 무엇도 그에게 기쁨을 가져다 주지 않았다. 그는 이미 삶을 끝내 버린 것 같다는 느낌을 강하게 풍기고 있었다. 상담에서 알아낸 것은 그가 세 형제 중 맏이였으며 극도로 야심적인 아버지의 아들이라는 것이다. 그의 아버지는 꺾일 줄 모르는 열정으로 생을 헤쳐 왔으며 상당한 성공을 거둔 사람이었다. 우리 환자는 그가 제일 총애하는 아들이었고 언젠가는 아버지의 뒤를 이을 사람으로 인정받고 있었다. 어머니는 일찍 돌아가셨다. 계모와도 사이가 좋았다. 그것은 아마도 아버지의 세심한 보호와 사랑을 받고 있기 때문이었을 것이다.

첫째 아이로서 그는 힘과 권력에 대한 열렬한 숭배자였다. 그는 어떤 제국주의적인 분위기를 내뿜었다. 그는 학교에서 곧바로 일등 자리를 차지하게 되었고, 학교를 졸업하고 나서 곧 아버지의 사업을 이어 받았으며, 주변 사람들에게 마치 자선사업가처럼 행동했다. 그는 항상 매우 친절한 어조로 이야기했고 직원들에게 최고 봉급으로 대우해 주었으며 그들의 어떤 부탁도 항상 잘 들어 주었다.

그러나 1918년 혁명 이후 그의 내면의 본질적인 무언가가 조금씩 변하기 시작했다. 그는 종업원들의 반항적인 행동 때문에 얼마나 화났는지 따위를 한탄하느라 한가할 틈이 없었다. 종업원들이 과거에는 간청해야만 가능했던 일들을 이제는 당연한 권리인 것처럼 당당하게 요구하게 되었다. 그의 분노는 극심해져 사업을 그만두겠다는 생각으로 머릿속이 늘 복잡했다.

그는 새로운 문제 앞에서 결국 사업을 그만둠으로써 상황을 회피해 버렸다. 그 이외에는 아주 마음 좋은 사장이었다. 그는 힘의 균형 관계가 침해받는 상황에서 더 이상 따라갈 수 없었고, 그의 세계관은 자신의 전체 공장 영업뿐만 아니라 자신에게도 방해가 되었다. 만일 그가 집안의 주인이라는 사실을 사방에 과시하는 일에 그렇게 열정적이지 않았다면 별로 괴로움을 느끼지 않았을지도 모른다. 그에게 자신의 힘을 과시하는 것 말고 더 중요한 일은 없었다. 그러나 그것은 상황의 논리적인 변화에 따라 어려워졌고 이제 더 이상 그 일은 그에게 어떤 기쁨도 주지 않았다. 그러므로 뒤로 물러나 모든 일에서 손을 떼고 싶어 한 그의 행동은 말을 잘 듣지 않는 종업원들에 대한 공격이며 고발이나 마찬가지였다.

그의 허영심은 어느 정도까지만, 즉 일정한 조건하에서는 유지될 수 있었지만 갑자기 새로운 상황에서 발생한 자가당착과 모순들은 제일 먼저 그 자신에게 명중되었다. 그의 원칙은 이제 더 이상 유효하지 않은 것으로 밝혀졌다. 그는 완고하고 일방적인 성격 때문에 방향을 조정할 가능성을 잃어 버렸고, 다른 원칙을 받아들이는 데 실패하고 말았다. 또한 권력과 우월성을 오직 하나의 목표로 삼아 왔으므로 변화에 따라가지 못하는 사람이 되었으며, 그에 따라 허영심이 너무 강해지는 것을 내버려 둔 것이다.

그의 다른 생활에 대해 두루 살펴본 결과, 그는 사교적인 관계에서도 극히 제한적으로만 사람과 교류하고 있었다. 그의 그런 성격과 분위기 때문에 주위에는 오로지 그의 우월감을 인정해 주고 그의 의지에 따라 주는 사람들만 모여든 것이 틀림없었다. 게다가 그는 매우 날카로운 비판자이자 이성적인 사람이어서 때때로 매우 예리하고 적중하는, 사람을 깎아내리는 촌평을 하곤 했다. 그런 행동은 자기 주변에서 사람들을 내모는 결과를 가져왔고, 그는 평생 동안 거의 진정한 친구 없이 살게 되었다. 그렇게 사람들과의 교류 없이 살아오면서 결핍된 부분을 각종 오락과 재미와 기쁨으로 보충할 수밖에 없었다.

그가 그의 삶에서 정말로 실패한 부분은 사랑과 결혼 문제였다. 그에게 그런 운명이 닥치리라는 것은 오래전부터 예견된 일이었다. 사랑이란 것은 아주 깊은 동지적 관계를 의미하는 것이므로 한 사람에게 지배욕이 너무 강할 때는 유지되기 어렵다. 그는 지배자가 되기를 원했으므로 결혼 상대를 선택할 때도 그 점을 진지하게 고려해야 했다. 그러나 지배욕이 있고 우월감을 느끼고 싶어 하는 유형들은 종종 사랑의 상대를 택할 때도 항상—그다지 약한 타입이 아닌—그를 정복하는 것이 또 다른 승리를 의미하는 상대에게 기우는 경향이 있다. 그렇게 해서 거의 비슷한 성격의 두 사람이 합쳐지면 그들의 생활은 끊임없는 싸움의 연속이 된다. 우리 환자의 부인도 그런 성향의 사람이었고, 어떤 점에서는 그보다 더 지배욕이 강한 사람이었다. 두 사람은 자신들의 원칙에 충실했고, 그 지배권을 공고하게 세우기 위해 여러 가지 방법을 동원했다. 그 과정에서 그들은 자연히 서로 멀어졌지만 완전히 헤어질 수는 없었다. 왜냐하면 그런 사람들은 항상 자신의 승리를 확인하고 싶어 하기 때문에 전쟁터를 쉽게 떠나지 못하는 법이다.

그는 당시 꾼 꿈을 말해 주었다. 꿈속에서 어떤 소녀와 이야기하고 있었는데, 소녀는 왠지 심부름하는 사람처럼 보였고, 그가 데리고 있는 경리직원 여자와 매우 닮아 있었다. 그는 그녀에게 "나는 어쨌든 귀족의 핏줄이란 말이야"라고 소리쳤다.

이 꿈에 어떤 생각이 반영되어 있는지 이해하기는 어렵지 않다. 우선 그가 사람을 아래로 내려다 보는 방식이 눈에 띈다. 모든 사람이 그에게는 심부름하는, 배우지 못한, 비천한 사람으로 보였다. 여자일 경우에는 특히 더욱 그랬다. 우리는 그가 부인과 자주 싸운다는 사실을 기억하고 있다. 그러므로 여기서는 꿈에 나타난 여자 뒤에 그의 부인이 숨어 있으리라고 추측할 수밖에 없다.

아무도 그를 이해하지 못했고 그 자신도 스스로를 잘 이해할 수 없었다. 왜냐하면 그는 비할 데 없이 고집이 세고 오만하고 허영심이라는 목표를 갖고 있었기 때문이다. 그가 사람들과 멀어지는 것과 비례해 그의 오만도 높아졌다. 그는 자신을 고귀한 사람으로 대접해 주길 원했으나 어디에서도 정당성을 인정받을 수 없었으며, 그는 다른 사람의 가치를 인정하려 들지 않았다. 그가 갖고 있는 인생관이나 견해 속에는 우정도 사랑도 차지할 공간이 없었다.

그런 행동들을 정당화하기 위해 내놓는 이유들은 매우 특징적인 면을 갖고 있었다. 그 이유들은 대부분 매우 이성적이고 자명하게 들린다. 그러나 그것들은 어딘가 다른 곳에서 온 것 같은, 앞에 있는 그 상황에는 들어맞지 않는 것들이다. 예를 들어 어떤 사람은 사람들과 가까워져야겠다는 생각으로 술집에 드나들기 시작한다. 거기서 술을 마시고 카드놀이나 그 비슷한 것들로 시간을 보내면서 그런 식으로 친구들과 아는 사람들을 모아야겠다고 생각한다. 그러고 집에 밤늦게 돌아 오니 잠이 모자라서 아침에 일어나기 힘들다. 그러나 모임을 가져야 하니 아침에 일어나지 못하는 건 당연한 일이야 등의 핑계를 대면서 다른 것에 탓을 돌린다. 그렇다고 해도 그가 자신의 맡은 바에 충실하기만 하면 어쨌든 넘어갈 수 있다. 그러나 사교 모임에 푹 빠져서 우리가 기대하는 곳이 아닌 다른 곳에서 그를 갑자기 발견하게 된다면 그가 아무리 그럴듯한 이유를 갖다 붙인다 해도 그의 행동은 옳지 않은 것이다. 젊은 사람들에게 흔한 경우지만, 직업을 선택해야 하는 상황에서 갑자기 어떤 정치에 대한 관심을 나타낸다면 그것 역시 바람직한 사태가 아니다. 정치란 어쨌든 매우 중요한 사안이기는 해도 자기 자신과 다른 사람들을 바보로 만들면서 자신의 직업 선택에 어떤 결정이나 미래 직업에 대한 준비를 하지 않고, 정치에 관심을 갖는 것 외에 아무 일도 하지 않는다면 매우 잘못된 일이라고 할 수 있다.

우리가 위의 경우에서 분명하게 인식한 것은 우리로 하여금 올바른 길을 가지 못하게 하는 것은 객관적 경험이 아니고 사물에 대한 우리의 개인적인 견해라는 것이며, 우리가 사안들을 어떻게 생각하고 평가하느냐에 달려 있다는 사실이다. 인간들이 저지르는 수없이 많은 오류가 우리 앞에 놓여 있다. 그런 경우 오류의 전체 사슬과 오류의 가능성이 가장 문제가 된다. 우리는 이런 논의에 대한 상세한 조사를 통해 그런 사람의 전체적인 인생 계획 문제를 상세히 다룸으로써 이런 오류들을 파악하게 하고, 가르침을 통해 그가 그것을 극복할 수 있도록 도와주어야 한다. 그것이 이와 같은 교육적 활동의 특징이라고 할 수 있다. 교육이라는 것은 무엇보다 오류를 제거하는 것이라고 할 수 있기 때문이다. 그가 스스로 초래한 오류 때문에 삶이 어떻게 잘못된 방향으로 발전하고 어떤 비극으로 끝날 수 있는지 전체적 연관성을 아는 것이 필요하다. 이런 연관성에 대해서 알고 있었거나 적어도 그것을 예감하고 있었던, 네메시스Nemesis[15]라는 복수의 여신에 관한 신화를 만들어 냈던 고대 그리스 사람들의 지혜를 경탄의 마음으로, 온갖 찬사를 보내면서 바라볼 수밖에 없다. 그런 잘못된 성장 발전은 항상 일반적인 인류의 사고방식에 맞게 일하거나 또 인류의 이익을 위해서 일하는 것을 방해한다. 대신에 자기 자신의 권력욕에 사로잡혀 그것을 해결할 방법을 찾고, 자기 목표를 우회하거나, 또는 다른 사람들의 이익을 팽개쳐 버리고 끊임없이 자신의 욕심에만 집착하게 할 뿐이다. 그것은 실패할지도 모른다는 두려움에 떨면서 목표에 접근해 가는 —그런 사람이 스스로 불러 들이는— 여러 가지 불행을

---

15 인간의 분별없는 행동, 오만이나 교만에 대한 신의 노여움과 벌을 의인화한 여신.

보여 주고 있다. 대개의 경우 그것들은 신경증적^{nervös} 증상들을 불러일으키며 특별한 목적과 의미를 그 속에 갖고 있다. 그것은 자신감을 잃게 만들어 사람들이 어떤 행동을 하지 못하게 저지하고 깊고 깊은 나락으로 한걸음씩 가까이 다가가게 만드는 무시무시한 위험과 연결되어 있다.

이 사회는 일탈자에게 어떤 공간도 주지 않는다. 중요한 것은 융통성과 적응 능력이다. 다른 사람과 협동할 수 있고 다른 사람에게 도움이 되어 줄 수 있는 능력이다. 다른 사람보다 우월하기 위해 지도자를 자처하는 것이 아니다. 이 사실이 얼마나 옳은 말인지는 많은 사람이 스스로 이미 알고 있거나 주위에 있는 사람을 통해서 배우게 된다. 그런 사람도 좀 더 유리한 상황이었다면 눈에 띄지 않고 조용히 자신의 일상을 영위하며 매우 상냥하게 행동하고 다른 사람에게 방해가 되지 않을 것이다. 그러나 그의 권력에 대한 집착은 다른 사람을 따뜻하게 대하지 못하게 하며 다른 사람도 그에게 따뜻해지기 어렵다. 그는 종종 테이블에 아무 말 없이 앉아서 즐겁고 활발하게 움직이는 사람의 모습과 거리가 먼 행동을 보이며 사회에 도움이 될 만한 일을 별로 하지 않는다. 그는 많은 사람이 모인 곳에서 말하기보다는 둘만의 대화를 더 즐긴다. 혹은 아주 특이한 행동을 보이기도 하는데, 예를 들어 자기만 항상 옳다고 주장하며 아무도 관심을 갖지 않는 아주 사소한 일에서까지 자기주장만 내세운다. 그렇게 되면 사람들은 그가 무엇에 대해 말하든지, 그에게 본질적으로 무엇이 옳고 그른지는 아무 상관 없다는 것을 알게 된다. 그에게 중요한 것은 오직 다른 사람이 틀렸음을 증명하는 것뿐이다. 또 그는 어떤 상황에서는 종종 수수께끼 같은 행동을 보여 주기도 한다. 왜 그런지 이유도 모르면서 그저 피곤해하고 일을 잘 진척시키지도 못하면서 성급해하며 잠을 잘 수 없고 아무런 힘도 없다고 불평한다. 그리고 딱히 그럴듯한 이유도 없이 각종 불평불만을 털어놓는다. 그는 겉으로 보기에는 아픈 사람인 것 같다. 그는 신경증을 앓고 있는 것이다. 그러나 실제로 그 현상은 사실 그대로의 현실로부터 자기 자신의 관심을 돌리려는 자기기만에 불과하다. 그런 방법이 선택된다는 것은 결코 우연이 아니다. 한 사람이 불안 때문에 밤이 되면 수반되는 자연적인 모든 현상을 거부한다면, 그런 행동 속에 어떤 반항심이 숨어 있는지 생각해 보았을 때, 그 사람은 이 지상의 삶을 순탄하게 이어 갈 수 있는 사람이 될 수 없다는 것을 이해하게 된다. 왜냐하면 그의 행동 근저에는 밤을 없애 버리고 말겠다는 생각이 자리 잡고 있기 때문이다. 그는 그것을 자기가 정상적인 삶에 적응하기 위한 조건으로 요구하는 것이다. 그가 그렇게 실현 불가능한 조건을 내세운다는 것은 동시에 그의 사악한 저의를 드러내는 것이다. 그는 근본적으로 언제나 "아니요"라고 말하는 사람인 것이다.

이런 종류의 모든 신경증적 현상은, 그런 사람이 매우 깊은 열등감을 가지고 어떤 과제 앞에서 극심한 충격에 휩싸이는 그런 순간에 생겨난다. 그는 그것을 좀 더 천천히 하려고 어떤 핑계를 찾거나, 좀 더 완화된 조건에서 할 수 있기를 원하거나, 거기서부터 아주 빠져나올 수 있는 이유를 찾으려고 급급해진다. 그는 그렇게 함으로써 자동적으로 인간적인 사회의 존속을 위해 필요한 과제로부터 도망치게 되며 우선적으로 자기와 가까운 사람에게, 더 나아가서는 주위의 모든 다른 사람에게 피해를 주게 된다. 우리가 인간이해에 대한 지식을 더 많이 갖고 있었거나, 논리적이고 내재적인 인간 사회의 규칙을 위반했을 때 종종 그로부터 훨씬 나중에 생겨나는 비극적인 운명 사이에 존재하는 그 무시무시한 인과관계에 대해서 미리 자세하게 알았더라면 아마도 이런 것들은 진작에 이 세상에서 사라져 버렸을지도 모른다. 그 원인과 결과 사이의 시간이 너무 길기 때문에, 그리고 대부분 그 사이에 들어서는 수많은 복합적인 요인 때문에 우리는 일반적으로 이런 관련성을 더 정확하게 포착해서 교훈적인 점을 배우고 다른 사람들에게 교훈을 주기가 매우 힘들다. 우리가 이와 같은 수많은 사람의 삶의 태도들을 파악하고 한 사람의 개인사에 대해 좀 더 많은 자료를 확보한 다음에야 비로소 아주 힘들게 그런 관련성을 조망하고 어디에서부터 무엇이 잘못되었는지 말할 수 있게 될 것이다.

4. 부적응의 표현으로서 제어되지 않은 충동

어떤 사람들은 아주 특이한 행동들을 함으로써 매우 눈에 띄는 모습을 나타내는데, 우리는 그런 행동들을 '교육받지 못한 태도Unerzogenheit'로 인식하게 된다. 손톱 물어뜯기를 멈추지 못하는 사람, 내적인 힘에 못 이겨 끊임없이 콧구멍을 파는 사람, 억제할 수 없이 음식을 먹어

대는 사람들이 이에 해당되는데, 그들의 행동은 제어되지 않은 정열의 인상을 불러 일으킨다. 자신의 탐욕을 채우기 위해 어떤 장애물도 상관없이 아무런 수치심도 느끼지 못하면서 굶주린 늑대처럼 먹을 것에 엎어지는 사람을 계속 관찰하다 보면 그런 현상들이 필시 무언가를 의미할 수밖에 없다는 것이 분명해진다. 후루룩대면서 먹거나 우적우적 씹는 소리를 커다랗게 내는 것도 그런 행동들이다. 엄청나게 크게 한 입 물고는 눈 깜짝할 사이 그것을 씹지 않고 삼켜 버리는 행동이나 그것을 먹어 치우는 빠른 속도를 보면 놀라움에 어안이 벙벙할 지경이다. 그러나 눈에 띄는 것은 그런 외적인 형태만이 아니라 그 식사의 양과 횟수다. 그들이 보여 주는 태도는 음식을 먹는다고 상상할 수도 없을 만큼 괴이하다.

교육받지 못한 행태의 또 다른 모습은 눈에 띌 정도로 뚜렷이 드러나는 불결함에서도 표현된다. 여기서 의미하는 것은 할 일이 너무 많아 차려입을 수 없는 그런 사람들을 말하는 것이 아니고, 매우 힘든 일을 해야만 하는 사람들에게서 종종 발견되는 자연스러운 너저분함도 아니다. 우리가 말하는 사람들은 보통 힘든 일을 하는 사람이 아니라 일과 전혀 상관없는 사람들이다. 그런데도 그들은 외형적인 무질서와 더러움에서 결코 벗어나지 못한다. 거기에는 거의 무언가 부자연스럽고 낯선 것, 무질서한 것, 상스러운 것 들이 있는 것 같다. 그것은 쉽게 흉내 내기 어려운 것들이고 그 사람들에게만 특징적인 것이어서 그가 어쩌다 다른 모습으로 저쪽에서 걸어 오면 그 사람인지 알아 보기조차 힘들 정도이다.

이런 표출 행태는 흔히 교육받지 못한 사람들의 외형적인 특징들이다. 그는 그것들을 통해 이해할 만한 신호를 우리에게 보낸다. 즉 그는 제대로 함께 일할 수 없으며 다른 사람과 확연히 구별되는 사람들이라는 것이다. 우리는 이런 이상한 버릇이나 모습을 하고 있는 사람에게서 다른 동료 인간들을 위해 아무것도 해 줄 것이 없는 사람이라는 인상을 받는다. 우리의 관심을 끄는 것은 이런 현상 그 자체보다 이런 이상한 버릇들이 대부분 어린 시절에 그 기원을 둔다는 사실에 있다. 이 세상에 완전히 똑바르고 곧게 성장하는 아이들은 없다. 우리가 주목하고자 하는 것은 어떤 잘못에서 영원히 벗어나지 못하고 반복하는 사람들이 있다는 상황이다.

왜 그런 현상이 일어나는지 조사해 보면 동료 인간과 자기 일에 대한 이들의 다소 회피적, 거부적인 태도에 부딪히게 된다. 그들은 원래 삶과 동떨어져 있고 싶어 하는, 협력을 거부하는 사람들이다. 그렇기 때문에 그들이 왜 도덕적인 토론이나 논의를 통해 그런 나쁜 습관들에서 벗어나지 못하는지 이해할 수 있게 된다. 삶에 대해 이런 입장을 갖고 있는 사람들이, 예를 들어 손톱을 물어뜯는다고 해도 그것은 전혀 잘못이 아니다. 삶에서 벗어날 수 있는 더 좋은 방법이 있을 수 없기 때문이다. 사회로부터 멀리 떨어져 살고 싶은 사람들에게는 일상적으로 더러운 옷을 입고 다니거나 찢어진 치마를 입고 나타나는 것 외에는 더 이상 효과적인 방법이 없다. 어떤 직무가 요구하는, 그가 다른 사람들의 주목이나 비판이나 경쟁을 신경 써야 하는 것에서 그것보다 더 확실하게 자신을 잘 보호해 주는 것은 없다. 그가 이런 식으로 행동하는 것 외에 사랑이나 결혼 같은 것들로부터 도망칠 수 있게 도와주는 것이 또 있을 수 있겠는가? 그는 그렇게 해서 저절로 경쟁으로부터 빠져 달아나고 자기의 그 나쁜 버릇에 대해서도 "나에게 이런 나쁜 버릇만 없었더라면 나는 모든 것을 이룰 수 있었을 텐데……. 그러나 나에겐 이런 나쁜 버릇이 있는 걸 어찌하겠는가?"라며 핑계를 댈 것이다.

그런 식의 나쁜 습관이 어떻게 자기 보호 수단이 되며, 주위 사람들에 대한 지배 관계를 만들어 내는지, 다음 사례가 잘 보여 줄 것이다. 야뇨증을 앓고 있는 스물두 살 아가씨의 이야기다. 그녀는 자녀들 중 끝에서 두 번째였고, 어릴 때부터 몸이 약해 어머니의 각별한 보살핌을 받고 자랐으며, 어머니에 대해 몹시 강한 애착을 드러냈다. 그녀가 갖고 있는 나쁜 습관과 불안 증세와 밤만 되면 소리를 질러 대는 행동 때문에 그녀는 낮이나 밤이나 어머니를 옆에 묶어 둘 수 있었다. 그것은 그녀에게 승리를 의미했고, 그녀의 허영심에 향유를 뿌려주는 것과 같았으며, 다른 형제들에 비해 어머니를 자기 옆에 붙잡아 두는 것을 훨씬 용이하게 만들어 주었다. 그녀가 이런 특별한 행동으로 인해 다른 관계들, 즉 학교나 친구 관계나 모임을 피할 수 있었다는 것이 또 다른 특징이었다. 그녀는 외출해야 하는 상황이 되면 불안해서 어쩔 줄 몰라 했다. 성인이 된 뒤 저녁에 밖으로 심부름을 하러 나가는 일이 많아지자 그녀에겐 저녁때 밖에 나가는 것이 고역이었다. 그녀는 항상 완전히 지치고 불안에 싸인 채 돌아왔으며 밖에서 있었던 수많은 위험 상황과 끔찍한 일들에 대해 이야기하곤 했다.

이 모든 현상은 이 처녀가 끊임없이 어머니 근처에 있어야만 되는 상황임을 암시하고 있다. 그러나 경제적인 상황이 여의치 않아 그녀도 돈벌이할 방법을 모색하게 되었다. 마침내 취직 자리를 얻었지만, 이틀 만에 오래된 나쁜 버릇인 야뇨증을 보이고 말았다. 그녀의 직장 사람들은 한바탕 소동을 벌였고, 그녀는 그 자리에서 해고되었다. 사태의 본질을 이해할 수 없었던 어머니는 그녀에게 심한 비난을 퍼부었다. 그러자 그녀는 자살 시도를 했고, 병원으로 실려 갔다. 어머니는 하늘이 무너지는 절망감에 빠져 다시는 그녀 옆에서 떠나지 않겠다고 맹세해야만 했다.

위의 세 가지 사건, 즉 야뇨증과 밤에 혼자 있는 것에 대한 불안, 자살 시도 등은 하나의 동일한 목표를 향하고 있다. 그것들은 우리에게 다음과 같이 말하고 있는 것이다.

"나는 엄마 옆에 있어야만 해. 엄마는 계속해서 나한테만 신경 써야 해."

이렇게 해서 어떤 버릇들은 매우 깊은 의미를 갖게 되며 우리는 사람들을 그 의미에 따라 판단할 수 있다는 것을 알게 된다. 그런 잘못을 제거하는 것은 우리가 그들을 제대로 완전히 이해할 수 있을 때만 가능하다는 것도 알게 된다.

어린아이들에게 나타나는 그런 나쁜 버릇들은 대부분 주위 사람들의 주의를 자기에게 돌리기 위한 것이며 자기도 중요한 역할을 하고 싶어 하며 어른들에게 자신의 약함과 무능함을 보이기 위한 것이라는 사실을 우리는 대체로 이해하게 되었다. 그렇게 되면 어른들은 어찌할 줄 몰라 하고, 아이들은 더 힘센 사람이 되어 유리한 위치에 서게 된다. 같은 의미에서 그런 나쁜 버릇들은 낯선 사람이 방문했을 때 더 심하게, 대부분 매우 불쾌한 방식으로 드러난다. 다른 때는 매우 얌전하던 아이들도 때때로 낯선 손님이 집 안에 들어서면 도깨비에게 홀린 것처럼 굴 때가 있다. 아이는 그럴 때 자기도 뭔가 영향을 끼치려고 하는 것이며 자기의 목적이 만족할 수 있는 정도에 이르기 전에는 그런 시도를 멈추지 않는다. 그런 아이들은 나이를 먹어도 나쁜 버릇을 계속하며 그것으로 일반적인 사회의 요구를 회피하고, 또 다른 어려움을 야기하는 행동을 버리지 못한다. 바깥으로 드러나는 이런 현상들 뒤에는 지배욕과 허영심이 감추어져 있고, 그것들은 매우 특이한 형태로 나타나기 때문에 알아 보기 힘든 채 머물게 된다.

제4장
기타 성격의 표출 방식

1. 명랑함

한 사람이 얼마나 큰 공동체 의식을 갖고 있는지 측정하기 위해서는 그가 얼마나 다른 사람을 도와주고 격려하며 기쁨을 줄 준비가 되어 있는지 살펴 보면 된다. 기쁨을 가져다 주는 능력은 외적인 모습에서 이미 커다란 관심을 불러 일으킨다. 그들은 우리에게 쉽게 다가오고 우리는 단지 느낌만을 갖고도 다른 사람에 비해 그들에게 호감을 갖는다. 우리는 완전히 본능적으로 그들의 행동을 공동체 의식을 나타내는 특징으로 느끼는 것이다. 그들은 매우 쾌활한 본성을 갖고 있는 사람들이며 우울하거나 걱정스러운 분위기를 띠지 않고, 다른 사람에게 자기가 갖고 있는 걱정을 떠 넘기려 하지도 않고, 그것으로 그들을 힘들게 만들지도 않는다. 다른 사람과 함께 있을 때 명랑함을 발산하며 삶을 더 아름답게, 가치 있는 것으로 만든다. 그들의 행동, 그들이 우리에게 다가오는 방법, 말하는 법, 우리의 관심에 주의를 기울이고 효과적인 방법을 찾아내려 애쓰는 태도 등에서 우리는 그들이 좋은 사람이라는 것을 그대로 느낄 수 있다. 그뿐만 아니라 그들의 전체적인 외적 모습, 그들의 표정과 몸짓, 즐거운 감정, 그리고 그 웃음에서도 알 수 있다. 인간의 깊은 내면까지 통찰했던 심리학자 도스토옙스키는 "지루한 심리학적 연구를 하는 것보다는 그 사람이 웃는 것을 보면 그에 대해 훨씬 많은 것을 알아낼 수 있고 이해할 수 있다"고 말한 바 있다. 웃음은 사람들 사이를 연결해 주는 미묘한 뉘앙스뿐만 아니라, 적대적이고 공격적인 다른 웃음, 예를 들어 남의 불행을 보고 기뻐하는 마음Schadenfreude 같은 측면도 갖고 있기 때문이다. 도대체 웃는다는 것이 불가능한 사람들도 있다. 그들에겐 사람과 사람 사이의 깊은 관계가 불가능하고, 즐거움을 만들어 내고 명랑한 분위기를 이끌어 내려는 마음이 완전히 결여되어 있다. 상당히 많은 사람이 다른 사람들에게 즐거움을 주는 일에 부적합할 뿐만 아니라 반대로 자기가 들어 가 있는 어떤 상황에서도 다른 사람의 삶을 고통스럽게 만들어 주는 성향을 갖고 있다. 또한 마치 이 세상의 모든 불빛을 꺼버리겠다는 듯이 어슬렁거리고 돌아다니는 사람처럼 행동하는 경우를 볼 수 있다. 그들은 아예 웃을 수 없거나 억지로만 웃을 수 있는 사람들이다. 때문에 단지 삶의 기쁨의 허상만을 보여 줄 수 있다. 그러므로 왜 어떤 얼굴이 공감과 호의를 불러일으키는지 이해할 수 있다. 그 얼굴이 같은 동료 인간의 기쁨을 주는 사람이라는 인상을 불러일으킬 수 있을 때만 가능하다. 이것으로써 호감과 반감에서 느껴지는 난해함이 투명하게 밝혀지고, 더 쉽게 이해할 수 있게 되었다.

이런 유형과 반대되는 유형에 우리는 평화 방해자^{Friedensstörer}라는 이름을 붙여 줄 수 있다. 그들은 끊임없이 이 세상을 눈물의 골짜기라는 식으로 표현하며 우리의 삶을 고통으로 휘저으려고 한다. 이런 태도가 심해지면 그에 대한 인식이 경악으로까지 바뀔 수 있다. 끔찍하게 커다란 짐을 지고 살아가는 것처럼, 그렇게 보이려고 끊임없이 노력하는 사람들도 있다. 그들은 작은 어려움이라도 크게 부풀리거나 미래에 대해서 오로지 비극적인 전망만 하거나 기쁜 일이 있을 때도 서슴지 않고 불길한 예언을 하곤 한다. 그들은 자기 자신에게뿐만 아니라 다른 사람에게도 항상, 어느 때나 비관적이며 어딘가 자기 주위에서 기쁜 일로 흥분하고 있으면 불안해 한다. 그리고 인간적인 모든 관계에 삶의 어두운 면을 집어 넣으려고 한다. 그들은 그것을 말로만 하는 것이 아니라 자신의 행동과 요구를 통해 다른 사람들의 즐거운 삶과 성장을 가로 막는다. 그들의 표정은 "나는 이렇게 힘든 문제를 안고 있어"라고 말하며, 그들은 마치 카리아티드¹⁶와 같이 행동한다.

---

16 카리아티드(Karyatide): 고대 그리스 신전 건축에서 건물을 떠 받치고 있는 여신 모양의 석조 기둥. 그리스의 아크로폴리스에 있다.

2. 사유 방식과 표현 방법

많은 사람의 사고와 표현 방법은 때때로 석고 조각과 같은 인상을 준다. 그래서 지나쳐 갈 수 없게 만든다. 그들이 생각하는 것과 말하는 것은 '스페인 장화를 신은' 것처럼 꽉 죄어 있는 듯 보인다. 그들은 언제나 똑같은 모습으로 생각하고 말하기 때문에 사람들은 그들이 어떻게 나올지 미리 알고 있다. 사람들은 이런 똑같은 어조를 이미 피상적인 신문 뉴스나 저질 소설에서 많이 보아 왔기 때문이다. 그것은 공허한 말장난일 뿐이며 볼품없는 꽃들로 만들어진 꽃다발과 비교할 수 있다. 사람들은 그들의 입에서 그들이 즐겨 쓰는 표현인 "보복을 한다"라든가 "경을 치다" 혹은 "비수를 찌르다"라는 표현들을 듣게 되고, 그들은 되건 안 되건 각종 외래어들을 섞어서 말한다.

이런 표현들은 어떤 사람을 이해하는 데 어느 정도 공헌하는 것이 사실이다. 왜냐하면 사람들이 보통 잘 사용하지 않거나 사용할 수 없는 사고방식이나 상투어들이 있기 때문이다. 매우 상스럽거나 저질적인 형식의 진부함이 말하는 사람의 태도에서 우러나오기 때문에 심지어 말하는 사람까지도 놀라게 만든다. 누군가가 끊임없이 속담 같은 것을 앞세우거나 말하고 생각하는 모든 것에서 인용문만을 내세운다면 다른 사람의 판단이나 평가에 대한 공감이 결여되어 있음을 증명할 뿐이다. 실제로 이런 식의 언어 습관에서 절대로 벗어나지 못하고 그런 점에서 어떤 퇴행성을 입증하는 사람들도 많이 있다.

3. 학생 같은 태도

우리는 성장 과정의 어느 한 지점에서 딱 멈춰 버린 듯한 인상을 주는
사람을 매우 빈번하게 만나곤 한다. 그들은 학창 생활을 벗어나지 못
한 듯 보인다. 집에서나 삶에서, 사회에서나 직업에서 항상 학생들 같
다. 무언가를 말할 순간이 되면 마치 말할 기회를 빨리 잡으려는 사
람처럼 주의를 기울이고 귀를 쫑긋 세운다. 그들은 항상 사회의 어디
에선가 발생하는 어떤 질문에 대해서도 재빨리 대답하기 위해 노력한
다. 마치 남들보다 더 많은 것을 알고 있으며, 좋은 평가를 기대할 만
하다는 것을 나타내려는 듯이 보인다. 그런 사람들의 본질 속에는
삶의 어떤 일정한 형태에서만 안정감을 느끼고, 자기들의 학생 같은
태도가 들어 맞지 않는 상황에서는 더 이상 편안히 있지 못하겠다는
듯한 태도가 들어 있다. 이런 유형에도 여러 가지 수준의 차이가 존
재할 수 있다. 나쁜 경우에 그는 매우 건조하고, 냉정하고, 가까이 다
가가기 힘든 분위기를 풍긴다. 아니면 모든 것을 알고 있거나 혹은
규칙과 공식에 따라서만 분류하려는 매우 학자연한 태도를 나타내기
도 한다.

4. 원칙적인 사람과 융통성이 없는 사람

항상 규범적으로 생활하는 것은 아니더라도 학생 같은 분위기를 풍기

는 유형들이 있다. 그들은 모든 삶의 현상을 어떤 원칙 속에 가두어 넣으려 하고, 모든 상황에서 일단 한 번 세워 놓은 원칙대로 행동하고자 하며, 그로부터 절대 벗어날 수 없다. 모든 것이 자신에게 익숙한, 올바른 방향으로 가고 있지 않으면 편안하게 있을 수 없다고 믿는다. 그들은 대부분 융통성이 없는 사람들Pedant이다. 우리는 그들에게서 매우 불안해하는 인상을 받는다. 그들은 삶의 끝없는 과정을 몇 개의 규칙과 공식에 끼워 맞추고자 애쓴다. 단지 그 이유 때문에, 그렇지 않으면 그들이 아무것도 할 수 없고 당혹감에 빠질 것을 알기 때문이다. 그들은 사전에 규칙을 알 수 있을 때만 경기를 함께 치를 수 있다. 자신들이 규칙을 알 수 없는 상황에서는 그냥 도망쳐 버린다. 자기들이 규칙에 정통하지 않은 게임들이 치러질 때는 상처를 받고 모욕을 느낀다. 이런 방식으로도 매우 큰 권력을 행사할 수 있다는 것은 자명하다. 그들은 다른 사람에게 자신들의 행동 규칙을 강요한다. 우리는 이때 수많은 자기 양심만 고집하는 반사회적 태도unsoziale Gewissenhaftigkeit의 경우들을 생각해 볼 수 있다. 우리는 이 사람들이 제어할 수 없을 정도의 지배욕과 허영심으로 가득 찬 사람들이라는 것을 확인하게 된다.

그들이 제아무리 부지런히 일하는 사람들이라 하더라도 그들에게는 항상 융통성 없는 태도와 건조함이 몸에 배어 있다. 종종 이런 현상들은 그들에게서 주도권을 억제하고, 판에 박힌 성격과 괴팍스러운 특성을 부여한다. 그들 중 어떤 사람은 항상 보도의 가장자리로만 가는 습관이 있고, 어떤 사람은 특정한 보도블록만 찾아서 밟고 다닌다. 또 어떤 사람은 자기에게 익숙한 길이 아닌 다른 길에서는 꼼짝도 하지 않으려 한다. 삶의 광범위한 다양성 속에서도 이 유형들은 할 수 있는 일이 많지 않다. 자기 원칙만 고수하기 때문에 그것은 종종 엄청난 시간 낭비를 불러 오고 자기 자신이나 주변과의 불일치를 가져 온다. 자기에게 익숙하지 않고, 규칙을 갖고 있지 않은 새로운 상황에 부딪히면 그들은 좌절한다. 왜냐하면 그들은 그것에 대한 준비가 되어 있지 않고, 규칙이나 마법의 공식 없이는 그 상황에 대처할 수 없다고 믿기 때문이다.

그들은 가능한 한 변화를 회피하려고 한다. 예를 들어 계절이 봄으로 넘어가는 데도 어려움을 느낀다. 왜냐하면 그들은 이미 너무 오랫동안 겨울에만 적응해 왔기 때문이다. 그들은 따뜻한 계절이 되어야외로 나가거나 사람들과 더 많은 접촉을 하는 상황에 질겁하며 매우 불편해한다. 또 봄이 되면 매번 불쾌함을 느낀다고 호소한다. 새롭게 변화된 환경에 적응하기 힘들어 하기 때문에 주도권이 그리 많이 필요하지 않은 일만 한다. 그들 스스로 변하지 않는 한 사람들은 그들을 항상 그런 곳에만 앉혀 놓으려고 한다. 그러나 그것은 선천적인 특성이나 절대로 변하지 않는 현상이 아니다. 그것은 삶에 대한 그릇된 자세며, 아주 강한 힘으로 그의 영혼에 자리를 차지하기 때문에 그것으로부터 벗어나기가 여간 힘들지 않은 것뿐이다.

5. 굴종과 비굴함

마찬가지로 주도권을 요하는 일에 적합하지 않은 유형으로 하인 같은 자세^{Dienerhaftigkeit}가 몸에 밴, 오직 다른 사람이 내리는 명령을 수행할 때만 편안하게 느끼는 사람들이 있다. 봉사하는 사람에게는 법과 규칙만 있을 뿐이다. 이런 유형은 벅차오르는 감정으로 봉사할 수 있는 자리만 찾는다. 이런 봉사적인 자세는 삶의 아주 다양한 관계 속에서 발견된다. 그들의 외적인 태도, 항상 몸을 숙이거나 굽실거리는 자세에서도 그것을 금방 확인할 수 있다. 그들은 늘 허리를 더 깊숙이 구부리려는 경향을 보이며 다른 사람의 말에 항상 귀를 기울인다. 그러나 그것은 그가 들었던 말의 의미를 곰곰이 숙고하려는 것이 아니라 오로지 그것에 동의를 표하고 그 명령을 수행하기 위해서다. 그들은 스스로 항상 복종적으로 보이는 것에 가치를 두며 그런 성향은 때때로 믿을 수 없을 정도로까지 나타난다. 진정한 기쁨을 느끼면서 스스로 복종하는 사람들도 있다. 항상 다른 사람 위에 군림하려는 유형에서 사람들의 이상형을 찾을 수 있다고 말하는 것은 아니다. 단지 우리는 복종하는 행위를 통해서만 삶의 과제의 진정한 해결책을 찾으려는 사람들의 어두운 측면을 밝혀 보려는 것이다.

복종하는 것이 삶의 법칙이 되어 버린 듯한 사람, 그런 사람들이 수없이 많이 존재한다는 사실이 떠오른다. 여기에서 의미하는 것은 봉사하는 일에 종사하는 계급이 아니라 여성이라는 성^{性}을 주목하고자 하는 것이다. 여성은 복종해야만 한다는 사실은 명문화되어 있지 않지만 모든 사람의 머릿속에 각인되어 있는 법칙이며, 수없이 많은 사람이 아직도 그런 생각을 도그마처럼 확고하게 붙들고 있다. 그들은 여성이란 오직 복종하기 위해 존재한다고 믿는다. 그 결과 이제는 여성들도 우위를 차지하려고 노력하게 되었다. 이제까지 그런 견해가 인간들의 모든 관계를 오염시키고 파괴시켜 왔지만 아직까지도 그것은 뿌리 뽑히지 않는 미신처럼 존재하고, 여성들 중에서도 많은 추종자가 자신들이 영원한 법칙 아래에 있다고 믿고 있다. 그런 견해를 가지고 있던 누군가가 그것으로 어떤 이익을 보았다고 알려진 사례는 단 하나도 없다. 심지어 어떤 사람이 나서서 "여자들이 그렇게 복종하지 않았더라면 모든 것이 훨씬 나아졌을 것이다"라고 한탄하는, 그런 시대가 다가오고 있다.

굴종을 아무 문제 없이 받아들이는 사람은 없을 것이라는 사실은 차치하고라도 그런 여자들은 대부분 황폐해지고 자립적이지 못하다. 다음 사례가 그것을 잘 확인시켜 줄 것이다. 이 여자는 매우 저명한 사람의 부인으로서 남편이랑 사랑해서 결혼했지만 위에서 언급한 그런 도그마를 엄격하게 신봉하고 있었다. 남편 또한 그런 믿음을 가지고 있었다. 그녀는 시간이 지남에 따라 완전한 기계로 변해 갔으며, 그녀에게는 의무와 일, 또다시 의무 외에는 아무것도 남아 있지 않았다. 그 밖의 모든 독립적인 활동은 그녀에게서 사라져 버렸다. 그런 일에 익숙해진 그녀의 주변 사람들은 그것을 그렇게 충격적으로 받아들이지 않았고, 그것은 별다른 이익이 있는 것도 아니었다. 이 경우는 남편이 비교적 매우 높은 지위를 차지하고 있었기 때문에 아주 커다란 문제로까지 확대되지는 않았다. 그러나 엄청나게 많은 사람이 여자들의 그런 복종적인 자세를 여자 자신의 자연스러운 숙명으로 생각한다는 점을 고려하면, 그 속에 숨겨진 엄청난 양의 갈등 요소를 인식하지 않을 수 없다. 왜냐하면 남편에게 그런 복종이 자명한 일로 여겨진다면 그는 일이 생길 때마다 화를 낼 것이다. 왜냐하면 그런 복종은 실제로 거의 불가능하기 때문이다.

사람들은 때때로 성격적으로 보다 더 굴종적인 여자들을 발견하며, 그 여자들은 그렇기 때문에 지배욕에 불타는, 잔인한 성격을 드러내는 남자들을 찾는다. 그러나 이런 부자연스러운 관계들은 얼마 지나지 않아 커다란 갈등에 빠져든다. 사람들은 가끔 이 여자들이 복종을 아주 가소롭게 여기며 그것이 얼마나 말도 안 되는 일인지 증명하느라 애쓴다는 인상을 받곤 한다.

우리는 이미 이런 어려움에서 빠져나올 수 있는 길을 알고 있다. 남자와 여자가 같이 사는 삶은 어느 누군가가 복종해야만 하는 것이 아니라 동지적 관계, 일의 공동체가 되어야만 한다. 그것이 만일 아직도 이상향에 지나지 않는 것이라면 적어도 그에 대한 기준은 만들어져야 할 것이다. 그것을 통해 한 사람이 얼마만큼의 문화적 성숙을 나타내는지, 또 아직도 얼마나 뒤떨어져 있는지, 어디에서 잘못되고 있는지 등을 알 수 있을 것이다.

굴종의 문제는 양성 간의 관계에만 국한되지 않고, 그것에 익숙해져 있지 않은 남자들에게도 수많은 어려움을 만들어 주며 부담이 되고 있다. 그리고 또 국민들 전체의 삶에서도 중요한 역할을 한다.

고대 사회에서는 경제적 상황과 지배 구조가 노예 제도^{Sklaverei} 위에 구축되었고, 아마도 지금 살고 있는 사람들 중에도 그런 노예 계급 출신이 있을 것이다. 그렇게 극명한 대조를 이루는 두 계급이 수 세기 동안 같이 살아왔다는 사실과 오늘날까지도 어떤 나라에서는 원칙적으로 카스트 제도가 남아 있다는 사실 등을 생각해 보면 사람들의 정서 속에 아직도 굴종의 원칙과 그에 대한 요구들이 남아 있으며 그와 같은 굴종적 유형을 형성하게 되었을 것이라는 사실을 이해할 수 있다. 잘 알려진 것처럼, 고대 시대에는 노동이란 노예들이 해야 하는 굴욕적인 일이며, 주인은 그런 일로 자신을 더럽혀선 안 되고 더 나아가 명령을 내리는 사람일 뿐만 아니라 모든 좋은 특성을 한 몸에 지니고 있는 사람들이라는 견해가 지배적이었다. 지배 계층은 '최상의 것'으로 이루어진 사람들이며, 그리스어의 단어 아리스토스^{Aristos}에는 최고의 인간과 지배권이라는 두 가지 의미가 있다. 귀족정치^{Aristokratie}란 최고 사람들의 통치인 것이다. 여기서 결정적인 것은 단지 권력 수단이지 검증을 거친 미덕이나 탁월함이 아니다. 검증과 분류는 기껏해야 노예들에게만, 그러니까 복종하는 사람들에게만 해당되었을 뿐이다. 최고의 사람들이란 권력을 행사하는 바로 그 사람들이었다.

오늘날에 이르기까지 이 견해는 인간 존재의 두 가지 모습인 주인과 노예의 서로 다른 불협화음을 통해 영향을 받아 왔고, 그것은 사람들을 서로 더 가깝게 만들려고 노력하는 이 시대에 와서 모든 뜻과 의미를 상실하게 되었다. 위대한 사상가인 니체마저 훌륭한 사람들의 지배권을 인정하고 다른 사람들의 복종을 요구했다는 사실을 기억해 보라. 오늘날까지도 사람들은 인간을 봉사하는 사람과 지배하는 사람으로 분류하려는 생각을 머릿속에서 제거하기가 아주 어려우며 우리가 우리 자신들을 타인과 완전히 똑같이, 평등하게 느끼는 것도 쉽지 않다. 그러나 이런 관점을 소유한다는 것 자체가 이미 진보를 의미하며 그것은 우리를 도와 심각한 오류로부터 보호해 줄 것이다. 왜냐하면 너무나 복종적인 성격이 되어 버려 항상 누군가에게 아무것도 아닌 일에 감사를 표하며 끊임없이 자신들이 이 세상에 존재한다는 사실을 미안해하고 그러면서 기쁨을 느끼는 사람들이 아직도 있기 때문이다. 그렇지만 우리는 그들이 이런 태도를 매우 잘 소화하고 있다고 추측해서는 안 된다. 그들은 그 사실을 매우 불행하게 느끼고 있기 때문이다.

6. 거만함

바로 이전의 유형과 완전히 반대되는 유형의 사람은 스스로 잘난 체하는, 항상 제일 높은 자리를 원하는 사람들이다. 그들에게 삶이란 "어떻게 하면 모든 사람보다 뛰어날 수 있을까?"라는 영원한 물음 외에 다른 것이 아니다. 이런 역할은 인간적인 삶에서 여러 가지 실패를 동반한다. 만일 그들의 태도 속에 너무 과도한 적대적 공격심이나 행동이 숨어 있지 않다면, 그들이 조금이라도 도움이 된다면, 사람들은 그들을 어느 정도 받아들일 수 있다. 그들의 모습은 대부분 어떤 지휘자가 필요한 곳에서, 어떤 명령을 내리는 자리나 조직에서 발견할 수 있다. 이런 자리에서 그들은 대부분 열정적으로 일한다. 국가가 격동 속에 휘말리거나 하는 불안한 시대에는 그런 성격들이 자연히 위로 떠오른다. 그리고 맨 위쪽 자리를 차지하는 사람들이 바로 그들이라는 것은 너무나 자명한 일이다. 왜냐하면 그들은 그런 몸짓, 행동, 태도, 동경, 또 대부분은 그런 자리에 필요한 준비 작업과 자질을 갖추고 있기 때문이다. 그들은 집에서도 항상 명령하는 사람들이며 마부나 운전자, 대장 역할을 할 수 없는 게임 등을 전혀 마음에 들어 하지 않는다. 그들 중에는 종종 다른 사람이 지휘를 하거나 자신이 명령을 따라야만 하는 위치에 서면 곧바로 무능력 상태에 빠지는 사람도 있으며, 자신이 뭔가 명령할 일이 생기면 흥분해서 날뛰기도 한다.

누군가 준비 작업을 더 잘했더라도 지배욕이 평소에 훈련되어 있지 않으면 지도자의 위치를 잘 감당하지 못한다. 평화로운 시기에도 그런 사람들은 어떤 작은 모임에서든, 그것이 직업적인 일이든 사교 모임 일이든 항상 앞자리에 있곤 한다. 그들은 항상 전면에 있다. 왜냐하면 그들은 항상 앞으로 나서며 거창한 말들을 하곤 하기 때문이다. 그들이 인간적인 공동생활의 규칙들을 심하게 위반하지 않는 한 그런 일에 대해 반박할 필요는 없다. 그러나 그런 성격들을 과대평가하는 오늘날의 풍조에는 동감하기 어렵다. 왜냐하면 그들도 절벽 앞에 서 있는 사람들이기 때문이다. 그들은 확실히 대오를 잘 맞추지 못하는 사람들이며, 결코 아주 좋은 선수들이 될 수 없는 사람들이다. 그들은 극도로 긴장하고, 안정되어 있지 않고, 큰 일에서나 작은 일에서나 자신들의 탁월함을 드러내고 싶어서 어쩔 줄 모르기 때문이다.

7. 기분에 좌우되는 사람

삶과 자신들의 일에 관한 입장에서 항상 몹시 기분에 좌우되는 사람들에 대해 그것은 선천적인 현상이라고 말한다면 심리학은 오류에 빠져 있는 것이다. 그들은 모두 몹시 야심적이고 매우 예민한 성격을 가진 사람들에 속하기 때문에 자신들의 삶에 대한 불만에서부터 여러 가지 탈출구로 빠져 나가기 위해 노력한다. 그들의 예민함은 뾰족 나온 촉수와 같다. 그들은 자기 입장이 정해지기 전에 그것으로 삶의 여러 가지 상황을 미리 알아 보려고 한다.

항상 명랑한 기분에 들 떠 있는 듯한 사람들이 있다. 그들은 무언가를 과시하거나 삶의 밝은 측면만 찾으려 하고 그것에 방점을 찍으려 노력하며 기쁨과 명랑함 속에서 삶에 필요한 기본 구조를 구축하려 한다. 여기서도 다양한 수준 차이는 있을 수 있다. 그중에는 항상 어린아이같이 명랑한 행동kindlich heiteres Verhalten을 드러내는 사람도 있다. 그들의 어린아이 같은 방식에는 어딘지 모르게 마음을 상쾌하게 만드는 것이 들어 있어 자기에게 주어진 과제를 회피하는 것이 아니라, 놀이를 하듯이 예술적인 방법으로 다루고 완수하곤 한다. 그 매력적인 아름다움과 호의적인 태도에서 이런 사람들을 능가할 수 있는 유형은 아마도 없을 것이다.

그러나 그들의 삶에 대한 명랑한 기조가 너무 지나쳐 비교적 진지하게 다루어야 할 상황을 가볍게 취급하고, 그럼으로써 어린아이 같은 본질을 드러내며, 삶의 진지함이나 심각함과 너무 동떨어져 그들로부터 좋은 인상을 받기가 힘든 사람들도 있다. 사람들은 이들이 무언가 하고 있을 때 항상 불안감을 느낀다. 이들은 너무 쉽게 어려움을 뛰어 넘으려 하기 때문에 신뢰감을 주기 어렵다. 이런 인식에 따라서, 대부분의 사람들은 그들이 어려운 과제를 스스로 회피하려고 하지 않을 경우라도 그런 과제들을 처음부터 그들에게 맡기지 않으려 할 것이다. 아주 드물게 사람들은 그들과 아주 힘든 상황에서 만난다. 그럼에도 몇 마디 호의적인 인사를 나누지 않고 그들과 헤어지기는 힘들다. 왜냐하면 이 세상에서 숱하게 만나는 까다로운 불평가들에 비하면 이런 유형은 그래도 항상 기분 좋게 만날 수 있으며, 우리는 정반대의 다른 사람들, 예를 들어 항상 슬프고 우울한 얼굴로 돌아다니면서 자기가 만나는 모든 일에 대해 오직 암울한 면만 들여다보려는 사람에 비해 이 사람들에게서 훨씬 많은 호감을 느끼기 때문이다.

8. 불운한 사람

사회적인 삶의 절대적 진리에 반대해 그것과 모순에 빠지는 사람들이 그들의 삶의 어느 지점에서라도 꼭 저항에 부딪히리라는 것은 말할 필요조차 없는, 심리학적으로 자명한 사실이다. 그들은 대부분 그것으로부터 아무것도 배우지 못하며 자기가 당하는 불행을 부당하고 개인적인 불운으로, 그들을 쫓아다니는 힘든 운명으로 간주한다.

그들은 손대는 일마다 실패하고 성공하지 못했던 것, 불운했던 일들만 생각하며 평생을 보낸다. 때때로 자신들이 어떤 거대한 힘에 의해 희생당한 것처럼 자신의 실패를 그렇게 남들에게 과시하려는 경향도 가지고 있다. 그들의 이런 관점을 조금만 깊이 숙고해 보면 여기서도 다시 허영심이 아주 못된 역할을 하고 있다는 사실을 알게 된다. 그들은 결국, 마치 어두운 운명의 장난이 오직 자기만 괴롭힌다는 듯이 생각한다. 천둥 치는 날에는 벼락이 자기만 맞힐지도 모른다는 생각을 하고, 혹시라도 자기 집에만 도둑이 들어올지도 모른다는 생각으로 자신을 괴롭힌다. 간단히 말해 그들은 인생의 모든 어려움이 닥칠 때 불운이 자기 자신만 골라서 찾아온다는 식으로 생각하며 괴로워한다.

그렇게 과장된 생각은 오직, 어떤 식으로든 자신을 사건의 중심으로 생각하는 사람들만이 범하곤 한다. 실제적인 그의 본질은 엄청난 허영심에 가득 차 있으면서도 자신을 항상 불운에 쫓기는 사람으로 생각할 때, 그 모습은 몹시 겸손해 보일지도 모른다. 그들은 모든 적대적인 힘이 항상 자기에게만 관심을 두고 쫓아 온다고 말하곤 한다. 그들은 이미 유년 시절에도 자기 처지를 한탄하면서 시간을 보냈다. 또한 도둑이나 살인자 혹은 또 다른 무서운 사람들에게 쫓겨 왔다고 생각하며 아직도 모든 유령과 귀신들이 자신을 괴롭히는 것 말고는 다른 것엔 관심이 없다고 믿는다.

그들의 그런 기분은 종종 외적인 모습에서도 표현된다. 그들은 우울한 표정을 짓고 항상 구부정한 태도로 다닌다. 그리고 행여 남들

이 자신이 얼마나 커다란 짐을 지고 있는지 알아채지 못할까 봐 노심
초사한다.

그들은 부지불식간에 자신의 전 존재를 통해 무거운 건물을 떠받
치고 있어야만 하는 카리아티드를 연상케 한다. 그들은 모든 것을 과
도하고 심각하게 받아들이며 비관적으로 바라본다. 이런 기분으로는
무슨 일에 손대건 잘되기 힘들다는 것은 너무나 확실하다. 그들이 불
운의 까마귀라는 사실은 그들 자신만을 괴롭히는 것이 아니라 다른
사람들도 불행에 빠뜨린다. 여기에도 다른 것이 아닌 허영심이 숨어
있는데, 심각한 경우에는 잘난 체하는 행동 이외에 다른 것이 아니다.

9. 종교성

불운한 사람들은 때때로 종교에 빠져들기도 한다. 그러나 여기에서도
그들은 변함없이 과거와 똑같은 행동을 한다. 그들은 호소하고 한탄
하고, 끊임없이 자신의 고통으로 사랑하는 신을 괴롭힌다. 그들은 자
기 자신만의 문제로 그에게 다가가는 것 말고는 아무것도 알지 못한
다. 그런 행위에서 그토록 숭배하고 사모하는 신이 원래부터 자신만
을 위해 존재해야 한다는 의식을 드러낸다. 자기에게 일어나는 모든
일은 신에게 책임이 있고 특별히 열심히 기도하고 그 밖에 특별한 종
교적 헌신을 바치는 등의 기교적인 수단을 통해 신을 유혹할 수 있다
고 믿는다. 짧게 말해 그 사랑하는 신은 과거에 그가 무슨 일을 했든

관계없이, 현재 하는 행위를 통해 그에게만 관심을 가져야 한다는 것이다.

이런 종류의 종교적 숭배에는 무시무시한 이단성이 숨어 있음을 인정해야 한다. 만일 이전과 같은 종교 재판의 시대가 오면 바로 이런 사람들이 제일 처음 화형을 당할지도 모르는 일이다. 그들은 신에 대해서도 다른 사람에게 했던 것처럼, 그 상황을 개선하기 위해 어떤 행동을 하느니보다는 한탄하고 불평하고 울기만 한다. 그들은 자신이 먼저 무엇을 할지 생각하지 않고 오직 다른 사람에게만 요구한다.

그것이 어떤 지경에까지 이를 수 있는지 다음 열여덟 살짜리 소녀의 경우가 보여 줄 것이다. 그녀는 대체로 얌전하고 유능하고 무엇보다 매우 야심찼다. 그녀는 종교적인 모든 의무를 성실하게 다하는, 종교적인 의미에서도 매우 뛰어난 존재였다. 그런데 어느 날부터 자기 자신을 심하게 책망하기 시작했다. 자기는 충분히 경건하지 못하고 종교적인 계율을 어겼으며 죄 많은 생각들을 자주 했다는 것이었다. 그녀는 하루 종일 스스로를 나무라면서 시간을 보냈다. 주변 사람들은 그녀의 정신 상태를 심각하게 의심하기 시작했다. 왜냐하면 그녀는 평소에 어떤 조그만 일도 나무랄 데 없는 사람이었기 때문이다. 그녀는 항상 구석에서 웅크리고 앉아 울며 자신에 대한 비난을 그치지 않았다.

어느 날 한 사제가 그녀에게 모든 죄를 용서하고 이제 어떤 죄에서도 자유롭다고 선포해 주어야겠다는 생각을 하고 실행에 옮겼다. 그다음 날 길거리에서 사제와 마주치자 그녀는 큰 소리로 외쳤다. 신부님은 이제 자신의 모든 죄를 떠 안았으니 더 이상 교회에 갈 자격이 없다는 것이었다.

그 사례는 더 이상 논의할 필요가 없었다. 우리는 이 경우에도 공명심이 얼마나 깊숙이 이 문제를 관통하고 있는지 알 수 있었다. 공명심은 그 소유자로 하여금 자신을 미덕과 악덕, 순결과 불결, 선과 악에 대한 심판자로까지 생각하게 만든다는 것을 잘 보여 준다.

제5장

감정

감정이란 성격 특징들이 나타나는 고조된 정서 상태다. 그것은 제한된 시간 속에 정신기관의 상태가 표출되는 것으로서, 우리에게 알려진 혹은 알려지지 않은 어떤 필요에 의해 갑작스럽게 또 일정한 방향성Zielrichtung을 가지고 방출된다. 그것은 수수께끼 같은 애매모호한 현상들이 아니다. 어떤 의미에 맞기만 하면, 한 사람의 삶의 방법과 기본 노선에 맞으면 언제든지 발생하는 현상이라고 할 수 있다. 그것 역시 변화를 가져오는 데 목적이 있으며 상황을 자기에게 유리하게 변화시키려고 한다. 그것은 목적을 가진 강한 움직임으로서, 다른 가능성을 통해 자기의 목적을 관철시키는 것을 아예 포기한 사람만이 그런 수단을 동원할 수 있다. 좀 더 자세히 말해 관철시킬 수 있는 다른 가능성을 믿지 못하거나 더 이상 믿지 않는 사람들이 감정에 의지하게 된다.

감정의 한 가지 측면은 여기에서도 다시 열등감이다. 그것은 부족하다는 느낌이며, 그것을 느끼는 사람으로 하여금 힘을 총동원해 다른 때보다 더욱 큰 움직임으로 그것을 처리하도록 몰고 간다. 고조된 힘의 긴장을 통해 자신이 전면에 나서고 승리를 누리는 사람이 되어야 하는 것이다. 적이 없으면 분노도 없는 것처럼 이런 감정도 그 자신의 승리만을 목적으로 하고 있다. 우리의 문화에서는 대부분의 사람들이 그와 같이 격화된 움직임을 동원해 자신을 관철시키려고 하며, 그것이 일반적인 방법으로 선호되고 있다. 이런 식으로 자신의 인정 욕구를 관철할 가능성이 없다면 분노를 폭발시키는 것이 아무 의미도 없을 것이며 사람들도 그렇게 하지 않을 것이다.

우월성이라는 목표 달성에 자신감을 갖고 있지 못하며 불안을 느끼는 사람은 그 목표를 포기하지는 못하고 이런 감정의 도움으로 그것을 격화시킴으로써 목표에 가까워지려고 한다. 그것은 열등감으로 자극받은 사람이 어떤 충동에 사로잡혀 어쩔 수 없이 자기의 모든 힘을 쥐어짜, 거칠고 야만적인 종족들처럼 자신의 현실적인 혹은 자기의 목표에 맞는 인정 욕구를 추구하는 하나의 방법이다.

감정도 인격의 본질과 매우 밀접한 관련이 있으며, 한 개인에게만 특별한 것이 아니라 규칙성을 갖고 수많은 사람에게 특징적으로 나타난다. 그것은 모든 사람에게 주어져 있는 것으로, 단지 그와 같은 처지에 놓이기만 하면 똑같은 형태로 나타난다. 우리는 그것을 정신기관의 감정 준비성^{Affektbereitschaft}이라고 명명한다. 그것은 인간적인 모든 것과 깊이 연관되어 있으며 모든 사람이 느낄 수 있다. 우리가 어떤 사람에 대해 반 정도라도 알게 되면 그 사람을 현장에서 직접 피부로 느끼지 않아도 그의 본질에 속하는 감정들을 추측할 수 있다.

정신과 육체의 긴밀하고 내적인 용해성 때문에 감정과 같이 정신생활에 개입되는 과정은 그의 효과를 육체에도 나타낸다. 감정의 생리적인 동반 현상은 혈관이나 호흡기관(빨라진 맥박, 얼굴이 빨개지거나 창백해지는 것, 호흡 작용 변화 등), 내분비 호르몬에서의 변화로 나타난다.

A. 분리적 감정

1. 분노

한 사람의 권력욕이나 지배욕을 구체화시키는 감정이 분노다. 이 표출 행태는 자신에게 대항하는 모든 저항을 재빨리, 그리고 힘에 의해 진압해 버리려는 분명한 목적을 노출시킨다. 우리의 지금까지의 연구에 따르면, 분노하는 사람은 모든 힘을 결집해서 자신의 우월성을 추구하려 한다. 인정 욕구 추구라는 목표가 때때로 그와 같은 힘의 도취로 변질되는 것이며, 이런 사람들은 자기의 권력 감정이 조금이라도 침해되면 분노를 폭발시킴으로써 대응한다. 그들은 아마도 이미 자주 시험해 보았을 그런 방법으로 가장 쉽게 다른 사람을 지배하며 자신의 의지를 관철할 수 있다고 느끼는 사람들이다. 그것은 매우 고상하고 좋은 방법은 아니다. 그러나 대개의 경우 그것은 효과가 있으며 많은 사람이 어떤 어려운 상황이 닥쳤을 때 분노 폭발을 통해 다시금 인정받고 자신의 의지를 관철한 적이 있다는 것을 기억하고 있을 것이다.

분노 폭발이 적어도 어떤 부분에서는 정당성을 인정받을 가능성이 있는데, 여기에서는 그런 경우들을 다루지 않을 것이다. 여기서는 분명하고 강하게 전면에 드러나는 감정들을 논의하려고 하며, 습관처럼Gewohnheitsmäßig 그런 감정을 드러내는 사람들을 다루려고 한다. 어떤 사람들은 분노를 폭발하는 과정에서 하나의 체계를 드러내기도 한다. 그들은 그 방법 외에 다른 것은 전혀 알지 못한다. 그들은 몹시 교만하고 매우 예민해서 누군가 자기와 나란히, 혹은 자기보다 더 위에 있는 상태를 참지 못하며, 자신이 항상 우월하다는 감정을 필요로 한다. 그들은 그러므로 누군가가 자기 옆으로 다가오는지, 아니면 자기가 제대로 충분히 높게 평가받는지 알기 위해 신경을 곤두세운다. 그것은 보통 극심한 불신의 행태를 보이며, 그들은 실제로 아무도 신뢰하지 않으려 한다. 또한, 위에서 다루었던 성격들과 경계를 맞대고 있는, 유사한 다른 성격 특징들도 가지고 있다. 아주 심각한 경우에 그처럼 몹시 야심적인 사람들은 모든 힘들고 진지한 과제 앞에서 뒤로 물러나며 사회 조직에 매우 힘들게 적응한다는 것을 알 수 있다. 그들은 무슨 일인가가 좌절되면 한 가지 방법밖에 알지 못한다. 그는 어떤 식으로든 파열음을 내고 주변에 있는 사람들은 그것 때문에 심한 고통을 느낀다. 예를 들어 거울을 깨뜨린다거나 매우 귀중한 물건에 손상을 가한다. 사람들은 그가 나중에 진지하게 자기가 무슨 짓을 했는지 정말 몰랐다고 변명을 늘어놓더라도 그것을 믿을 수 없게 된다. 왜냐하면 자기 주변을 해치려는 의도가 너무 명백했기 때문이다. 그는 이런 감정에 싸여 있을 때 값어치 없는 물건에는 손도 대지 않고 항상 매우 귀중한 것을 부순다. 그러므로 때때로 그의 행동에 어떤 일정한 계획이 있는 것이 아닌가 의심하게 된다. 게다가 거기에는 감정을 폭발시킴으로써 자신의 책임을 낮추려는 의도가 있을 수 있다.

이 방법은 작은 범위에서 효과적일 수 있다. 그러나 범위가 커지면 효과는 즉시 사라지고, 그는 자기감정 때문에 주변 사람들과 쉽게 갈등 관계에 빠진다.

이런 감정이 외부로 나타나는 형태를 볼 때, 우리는 '분노'라는 단어를 듣기만 해도 즉시 화를 잘 내는 한 사람의 모습을 떠올리게 된다. 그것은 그 강도와 명료성에서 분명하게 드러나는 다른 사람에 대한 적대적인 입장이다. 이 감정에는 공동체 의식이 거의 완전하게 배제되어 있음을 알 수 있다. 그 속에는 상대방을 처단하는 것까지 마다하지 않을 정도의 권력에 대한 강한 욕구가 잠복하고 있다. 한 사람의 감정 속에 그의 성격이 분명하게 드러나는 한 이 현상은 우리의 인간이해 지식을 적용해 볼 수 있는, 아주 쉽게 처리할 수 있는 문제일 뿐이다. 화를 잘 내는 사람들은 언제나 예외 없이 적대적인 마음으로, 부분적으로는 마음의 동요를 느끼면서 삶과 마주하는 사람들이다. 그리고 여기서도 하나의 체계를 세워 본다면, 권력에 대한 모든 추구는 약한 감정과 열등감 위에 기초한다는 사실에 다시 한 번 주의를 기울여야 한다. 자신의 힘을 적절하게 억제하는 사람은 그렇게 지나치게 행동하거나, 그렇게 무력적이고 과도한 태도에 결코 빠지지 않는다. 이 사실이 절대로 간과되어서는 안 된다. 분노를 폭발시키는 태도 속에는 열등감이 우월성의 목표를 향해 상승하는 것을 분명하게 볼 수 있다. 그것은 다른 사람과 그들의 불이익이라는 희생을 대가로 자신의 자존심을 고조시키는 아주 값싼 기술이다.

분노 폭발을 매우 용이하게 만들어 주는 요인들 중 하나로 알코올을 들 수 있다. 많은 사람에게는 아주 적은 양만으로도 충분하다. 알코올의 효과로 제일 잘 알려진 것은 우선 문화적 억제력을 약화시키고 제거하는 기능이다. 알코올에 중독된 사람은 한 번도 문화적 세례를 받아 본 적 없는 사람처럼 행동한다. 그는 억제력을 잃고 다른 사람에 대한 배려를 무시한다. 그리고 알코올에 취하지 않았을 때 억지로 억압하고 감출 수 있었던 다른 사람에 대한 적개심이, 취한 상태가 되면 더 이상 억제되지 못하고 밖으로 표출된다. 삶과 조화로운 일치감을 보이지 못하는 사람들이 알코올에 손을 댄다는 것은 결코 우연이 아니며, 그들은 그 속에서 일종의 위안과 망각을 찾는 것이다. 그리고 언제나 자신이 이룰 수 있었음에도 불구하고 이루지 못했다고 믿는 것에 대한 변명을 찾으려고 애쓴다.

아이들은 어른들보다 화를 훨씬 잘 낸다. 아주 작은 일에도 화를 분출시킨다. 아이들은 항상 스스로를 약하다고 느끼기 때문에 감정이 고조되면서 인정받고 싶다는 욕구를 분명하게 드러낸다. 화를 잘 내는 아이는 인정받기 위해 항상 노력하는데, 자신이 부딪치는 저항을 극복할 수 없는 정도가 아닌데도 너무나 크게 인식해 힘들어 한다.

때때로 분노를 폭발시키면서 일상적인 분노의 범위를 넘어 욕 말고도 폭력과 같은 것이 사용되면 그것은 화를 내는 사람에게도 치명적일 수 있다. 자살이라는 극한적 상황으로까지 몰고 가는 행동 패턴이 거기에서 발견된다. 거기에는 자기 가족이나 주변 사람에게 고통을 가하고 싶어 하는 욕구가 담겨 있다. 이런 식으로 자기가 받은 무시에 대해 앙갚음하는 것이다.

2. 슬픔

슬픔의 감정은 어떤 사람이 쉽게 치유받을 수 없는 박탈이나 상실을 경험했을 때 나타난다. 슬픔 역시 그 안에 전조를 갖고 있으며, 조금 더 참을 만한 상황을 만들어서 불쾌하고 허약한 느낌을 제거하기 위한 것이다. 이런 점에서 슬픔은 화를 내는 것과 같은 의미를 갖고 있지만, 그것은 단지 다른 계기에 의해 촉발되며 다른 태도와 방법을 갖고 있다는 것이 차이다. 그리고 여기서도 우리는 그것이 우월감을 느끼고자 하는 똑같은 행동 노선이라는 것을 알게 된다. 분노에서는 그 움직임이 다른 사람을 향하고, 분노하는 사람은 신속하게 자존심을 회복하지만 상대에게는 패배의 감정을 안겨 준다. 그러나 슬픔에서는 처음에 정신적 활동성이 제한되지만 그다음 짧은 시간 내에 고조된 느낌과 만족스러운 감정에 도달하면서 다시금 외연이 확장된다. 이처럼 방법은 다르지만 주변에 대한 감정 분출과 그를 향한 반응이란 점에서 분노의 감정과 같다. 왜냐하면 슬퍼하는 사람은 원래 누군가를 고발하는 사람이며 주변과 반대 입장에 서 있기 때문이다. 슬픔이 인간의 본질 속에 뿌리 깊이 박혀 있는 감정인 것은 사실이지만, 그것이 너무 과도해지면 주변에 적대적이고 유해한 현상이 된다.

슬픔에 잠긴 사람에게는 주변 사람들의 태도에 따라 고조된 감정이 다시 나타난다. 슬퍼하는 사람들은 누군가가 자기 옆에서 자신을 돌봐 주고, 함께 슬퍼해 주고, 지지해 주고, 베풀어 주고, 자기 말에 동감해 주면 마음이 훨씬 가벼워진다. 눈물과 탄식 속에서 감정이 해소되면 주변에 대한 공격적 자세에 대한 승리감뿐만 아니라 자신의 운명에 대한 고조된 감정을 느끼며 그것은 고발자로서, 심판자와 비판자로서의 자세로 변화된다. 요구하고 명령하는 태도가 분명하게 감지되면서 주변 사람들은 항상 더 많은 요구를 받게 된다. 슬픔은—다른 사람은 무조건 거기에 따라야만 하는—의무적이고 저항할 수 없는 논거와 같다.

그러므로 이 감정 역시, 밑에서 위로 향하는 행동 노선을 의미한다. 그런 감정을 겉으로 나타냄으로써 무력함과 허약함을 상쇄하고 자기 위치를 잃지 않으려는 데 그 목적이 있는 것이다.

3. 감정의 남용

감정이 자신의 인정 욕구를 충족시키기 위해 지체 없이 열등감을 극복할 수 있게 해주는 수단이라는 것을 확인하기 전까지 오랫동안 감정이 드러내는 현상을 이해하기 힘들었다. 감정 준비성과 그에 따른 태도는 인간의 심리 생활에서 매우 넓게 사용되어 왔다. 자신이 무시당했다고 느낀 아이는 화를 내거나 슬퍼하고 울다가 이 방법이 효과적이라는 사실을 깨닫게 된다. 그러면 그후 아주 작은 일만 생겨도 이 태도를 취하고, 그로부터 이익을 보기 위해 자신의 감정을 이용하는 방식을 자주 적용할 것이다. 이런 감정을 이용하는 일은 이제 자동적으로 습관이 되며 점점 비정상적인 습관 형성이 이루어질 것이다. 이후 성인의 삶에서도 이런 감정 남용 현상이 규칙적으로 나타나며 무가치하고 유해한 행동으로 이어진다. 또 그 경우에 분노나 슬픔, 그 밖의 감정들이 유희를 하듯이 연극적인 장면으로 확대되기도 하는데 그것은 자기의 의지를 관철하는 데 목적이 있을 뿐이다. 그렇게 되면 그런 상황은 무언가가 거부될 때, 또는 한 사람에 대한 지배력이 위태로워질 때 규칙적으로 반복될 수 있다. 마치 명예로운 일이라도 된다는 듯이 슬픔을 표현할 때, 예를 들어 아주 격렬하고 뻔뻔스러운 모습을 보일 때, 그것은 매우 역겨운 느낌을 준다. 가끔 슬픔을 표현하는 모습이 경쟁적으로 보일 때도 있다는 것은 매우 재미있는 사실이다.

감정의 남용은 생리적인 수반 현상에서도 나타날 수 있다. 분노 효과가 소화기관으로 이어져 분노할 때 구토를 일으키는 사람도 있다는 것은 잘 알려진 사실이다. 이를 통해 적개심이 더욱 극명하게 표현되는 것이다. 토한다는 것은 한 사람에 대한, 혹은 그 상황에 대한 비판과 평가절하를 의미하기 때문이다. 슬픔의 감정은 종종 음식 섭취에도 영향을 미쳐 슬픔에 잠긴 사람들이 외형적으로 아주 위축되고 초췌해지는 모습을 보이면 그것은 정말 '비탄하는 사람'의 모습이 되어 버린다.

그 장면은 다른 사람의 공동체 의식을 건드리기 때문에 특히 우리에게 상관없는 일이 될 수 없다. 다른 사람의 염려와 관심은 대부분 감정을 완화시켜 주는 힘을 갖고 있다. 어떤 사람들에게는 다른 사람의 공동체 의식을 자신에게 쏠리게 하려는 강한 욕구가 있어, 슬픔의 현장에서 빠져나오지 않으려는 사람도 있다. 왜냐하면 그들의 개인적 감정이 다른 사람들이 보여 주는 친절과 동정들로 인해 매우 높이 고양되는 느낌을 주기 때문이다.

분노와 슬픔은 분리적 성격을 가진 감정으로서 정도의 차이를 보이기는 하지만 우리에게 공감을 요구한다. 그것들은 서로 합쳐지지 않고 공동체 의식에 손상을 가함으로써 분열과 반대 입장을 불러일으킨다. 슬픔의 감정은 어쨌든 계속되는 과정에서 어떤 연대감을 불러 오기는 하지만, 그것은 양측이 공동체 의식을 공유하는 정상적인 방법으로 진행되는 것이 아니라 오로지 외부의 주변 사람들이 주는 역할만 담당하는 변형된 관계를 만들어 낸다.

4. 역겨움

분리된 느낌은 비록 아주 약한 정도기는 하지만 역겨움에서도 발견된다. 생리적으로 역겨움은 위벽이 어떤 식으로든 자극받았을 때 발생한다. 심리적으로도 그것은 정신적 영역에서 무언가를 밖으로 밀어 내려고 하는 움직임과 연결되어 있다. 바로 이 부분에서 이 감정의 분리적 요소가 눈에 띄는 것이다. 그에 수반되는 현상들이 그 사실을 확인해 준다. 그것은 방향 전환의 몸짓인 것이다. 얼굴을 찡그린다는 것은 주변 사람에 대한 비난을 뜻하며 배척과 기피의 의미와 신호로 상황을 종료시키는 것이다. 그러므로 이 감정은 어떤 사람이 불쾌한 상황에서 경우에 따라 역한 느낌을 스스로 불러일으킴으로써 그 자리를 모면하기 위한 수단으로 남용될 수 있다. 역겨움은 다른 모든 감정과 반대로 매우 쉽게 자의적으로 불러 올 수 있다. 특별한 훈련을 통해서나 어떤 특별한 것을 상상함으로써 그렇게 될 수 있고, 더 이상 어렵지 않게 이 방식으로 주변 상황에서 빠져 나올 수 있거나 그들에 대한 공격으로 작동될 수 있다.

5. 불안(공포)

인간의 삶에서 매우 두드러진 의미를 가진 것이 바로 불안이라는 감정이다. 이 감정은 분리적 감정이면서 슬픔과 비슷하게, 다른 사람과의 독특한 결합을 가져다 준다는 점에서 매우 복잡한 감정이라고 할수 있다. 예를 들어 어떤 아이가 불안 속에서 어떤 상황으로부터 도망쳐 달아날 때, 그 아이는 보통 다른 상황으로 달려간다. 그러므로불안의 메커니즘은 직접적으로 다른 사람에 대한 우위를 나타내는것이 아니라 어떤 패배를 나타내는 것처럼 보인다. 여기서 표현되는태도는 작아지는 것, 축소되는 것이다. 그러나 여기서부터 이 감정의연결적인 속성이 시작된다. 그것은 동시에 우월성에 대한 요구를 그속에 담고 있다. 불안을 느끼는 사람은 다른 상황의 보호 속으로 도망치지만 그 위험에 대해서 다시 맞서기 위해, 또 그것에 대한 승리를쟁취하기 위해 다시 강인해지려고 노력한다.

이 감정은 신체적으로 깊게 뿌리박혀 있는 과정이다. 그것에 반영되어 있는 것은 모든 생명체의 원초적 불안이다. 인간들에게서 그것은 특히 자연과 마주하고 있는 인간들의 일반적으로 불안한 상황과 취약함 속에 그 원인이 있다. 삶의 어려움을 극복할 수 있게 해주는 지식은 너무 부족하다. 예를 들어 어린아이는 혼자 살아갈 수없고, 다른 사람이 그가 필요로 하는 부분에서 부족함을 메워 주어야 한다. 이런 어려움들은 아이가 삶의 현장으로 나올 때, 그리고 외부 세계의 조건들과 마주하는 순간, 아이의 내면에 감정적으로 각인된다. 아이는 자신의 불안한 상황에서 탈출하려는 노력 속에서좌초하거나, 비관적이고 이기적인 인생관을 갖게 될 위험에 노출된다. 그 경우에 그는 주변 사람들의 도움과 배려를 계산하는 성격 특징을 발달시킨다. 그렇게 발달된 조심성은 삶의 과제로부터 도망쳐 생겨나는 현실과의 거리만큼이나 매우 크다. 그런 아이들이 그러나 한 번이라도, 앞으로 나갈 수밖에 없는 상황이 되면 그들은 내면에 이미 퇴각 계획을 가지고 반은 이미 도망칠 준비가 되어 있는 것이나 마찬가지며, 그럴 때 가장 빈번하고 현저한 감정의 하나가 불안의 감정이다.

이 감정의 움직임은 특히 표정에서 가장 잘 표출되며, 우리는 직선적이지는 않지만 공격적인 반작용의 시작을 보게 된다. 그 현상들은 때때로 병적인 방식으로 변질되며 많은 경우 외부에서 매우 쉽게 그 심리적 활동을 통찰할 수 있다. 그것은 마치 불안해 하는 사람의 손이 다른 사람의 손을 잡아 자신에게로 끌어 오려는 느낌과 같다.

이런 현상에 대한 계속적인 연구는 우리가 불안이라는 성격 특징을 탐구하면서 알게 된 인식들과 연결된다. 여기서는 자신의 삶을 위한 지지자로서 항상 누군가를 찾고 있는 사람이 문제다. 누군가가 그에게 도움을 주기 위해 옆에 있어야만 하는 이런 삶의 방식의 원초적 모습은 과보호 속에서 자란 아이의 모습에서 이미 발견된 적이 있다. 실제로 불안해 하는 사람에게 도움을 줄 다른 사람이 꼭 옆에 있어야 한다는 것은 지배 관계를 구축하기 위한 시도 외에 다름이 아니다. 이 현상을 좀 더 자세히 들여다 보면 이 사람들은 항상 자신들을 특별한 존재로 대해 달라고 요구하면서 살아간다는 것을 알 수 있다. 그들은 간절하고 격렬하게 이런 특권을 요구하지만 그의 독립성은 삶과의 올바른 대면 부족으로 상실되어 간다. 그들이 다른 사람들과의 교류를 아무리 원한다고 해도 그들의 내면에는 공동체 의식이 매우 희박하다. 그러므로 불안을 나타낸다는 것은 특권적인 위치를 요구하는 것이고, 삶의 요구들을 회피하기 위한 것이며, 다른 사람들로 하여금 자기의 요구를 들어 주게 하려는 데 목적이 있다. 결론적으로 불안은 일상의 모든 관계에 깃들어 있다. 그것은 주변 상황을 지배하거나 그로부터 벗어나기 위한 효과적인 수단이 된다.

B. 결합적 감정

1. 기쁨

기쁨의 감정에서 우리는 분명하게 감정의 결합을 보게 된다. 그것은 고립을 참지 못한다. 다른 사람을 찾고 포옹하는 행동은 함께 놀고, 이야기하고, 함께 즐거움을 향유하기 위한 표출 행위라고 볼 수 있다. 그 태도 역시 결합적이다. 그것은 소위 말해 손을 내미는 행위며 다른 사람을 비추고 그를 똑같이 고양시키는 따뜻함이다. 연결, 결합의 모든 요소가 이 감정 안에 들어 있다.

기쁨의 감정에도 상승하려는 행동 노선이 빠지지 않는다. 여기에서도 불만족스러운 느낌에서 우월한 느낌에 도달하려는 사람들을 만나게 된다. 기쁨은 원래 어려움을 극복한 것에 대한 올바른 감정 표현이다. 기쁨은 해방의 느낌을 동반하며 웃음과 함께 손을 맞잡고 찾아 온다. 그것은 이 감정의 최종 결론을 의미하며 자신만의 개인적인 범위를 넘어 다른 사람의 호감도 얻게 된다.

그러나 여기에서도 그것을 남용하는 현상이 있을 수 있으며 그것은 그 사람의 본질에 따라 다양하게 나타날 수 있다. 어떤 환자는 메시나[17]에서의 지진 소식을 듣고 분명하게 기쁨의 표시를 드러내며 큰 소리로 웃음을 터뜨렸다. 그 이유를 알아본 결과, 그는 슬픔 속에서 자신이 축소되는 감정을 원치 않았으며 슬픔으로부터 벗어나고자 했던 것이다. 그는 슬픔이 아닌 다른 감정을 갖고 싶었기 때문에 웃었다는 것을 알 수 있었다. 기쁨의 오용으로 제일 빈번한 예는 또한 남의 불행을 기뻐하는 행위Schadenfreude다. 그것은 매우 부적절한 곳에서 나타나는, 공동체 의식을 외면하며 그것을 손상시키는 기쁨이라고 할 수 있다. 그것은 분리적 감정으로서 그것을 통해 한 사람이 다른 사람에 대해 우위를 차지하려고 하는 것이다.

2. 연민

연민은 공동체 의식에 대한 가장 순수한 표현이다. 만일 우리가 어떤 사람에게서 그런 감정을 발견하면 우리는 그에게 공동체 의식이 존재한다는 점을 의심하지 않아도 된다. 왜냐하면 이런 감정은 한 사람이

---

17 1908년 이탈리아의 메시나에서 발생한 대지진. 20만 명 이상의 인명이 희생되었고, 도시의 90퍼센트 이상이 파괴되었다.

다른 사람의 처지에 얼마나 공감^{einfühlen}할 수 있는가를 보여 주기 때문이다.

그러나 이 감정보다 더 많이 만연해 있는 것은 그것을 남용해 적용하는 행위다. 특히 어떤 사람이 매우 강한 공동체 의식을 갖고 있는 것처럼 행세하는 것, 다시 말해 그렇게 과장하는 것이다. 그들은 어떤 불행한 사건이 일어났을 때 항상 앞에 나서며, 무슨 일을 하는 것도 아니면서 그저 자기 이름이 신문 같은 데 오르내리기만을 바란다. 그렇게 함으로써 값싼 명예를 추구하는 것이다. 또 어떤 사람들은 정말 기분이 좋아서 다른 사람의 불행을 찾아다니며 거기서 절대로 떠나지 않으려고 한다. 이와 같이 사업적인 선행을 하는 사람들은 자신의 활동을 통해 불쌍하고 비참한 사람들에 대한 우월한 감정 속에서 해방감을 느끼고 싶어 하는 것이다. 이런 유형과 관련해 저 위대한 인간이해자 라 로슈푸코는 이렇게 말한 적이 있다.

"우리 친구들의 불행 속에는 무언가 우리에게 그리 싫지만은 않은 것이 있다."

사람들은 이런 현상에 대해 비극을 볼 때 느끼는 우리의 쾌락적 감정과 그 궤를 같이하는 것으로 간주하려 하지만, 그것은 오류다. 그것은 마치 사람들이 자신은 좀 더 나은 처지에 있다고 안도하는 감정을 갖는 것처럼 이해하는 것이다. 대다수 사람들에게 그것은 맞지 않는 사실이다. 왜냐하면 비극에서 일어나는 사건에 대한 우리의 관심은 대부분 자기 인식과 자기 교훈에 대한 우리의 동경에서 유래하기 때문이다. 그것이 단지 연극일 뿐이라는 생각은 우리의 머리에서 떠나지 않으며, 우리는 그로부터 삶을 위한 우리의 준비 상태를 발전시킬 수 있기를 기대하는 것이다.

3. 수치심

결합시키면서 동시에 분리시키기도 하는 감정은 수치심이다. 그것 역시 공동체 의식의 한 구성체며 그것 자체로서 이미 인간의 심리 생활에서 분리할 수 없다. 이런 감정이 없다면 인간적인 사회는 존립이 불가능할 것이다. 수치심은 어떤 공격이나 조치에 의해 한 사람의 정신 영역에서 자신의 인격적 가치가 하락할 위험에 놓일 때, 특히 모든 사람이 의식하고 있는 자신의 존엄성이 상실될 위험에 처할 때 발생한다. 그때 이 감정은 매우 강하게 신체적인 부분으로 전이된다. 그 과정은 생리적으로 말초적인 혈액이 팽창하는 것으로 나타나며 피부가 충혈되며 대부분 얼굴에서 그것을 확인할 수 있다. 가슴 부위가 빨개지는 사람도 있을 정도다.

　외적으로 나타나는 태도는 그 자리에서 벗어나는 행위로 표현된다. 그것은 기분이 언짢아져서 퇴각하는 몸짓이며, 도주하는 행위에 가깝다. 시선을 피하고 눈을 내리감는 것 등은 도피적 행동이며, 우리에게 분명히 수치심 속에 들어 있는 분리적 성격을 확인시켜 준다. 여기에서 남용적인 행태들을 다시 볼 수 있다. 눈에 띌 정도로 쉽게 얼굴이 빨개지는 사람들이 있는데, 그런 사람들에게서 우리는, 그들이 사람들과의 다른 관계 속에서도 결합시키는 역할보다는 분리시키는 역할을 더 예리하게 부각시키는 모습을 보게 된다. 그들이 낯을 붉히는 것은 사회로부터 도피하는 수단이 된다.

부록

Menschenkenntnis

교육에 관한 일반적인 소견

이 부분에서 우리는 지금까지 가볍게 스쳐 지나가기만 했던 주제에 대해 몇 가지 사항을 덧붙이고자 한다. 그것은 가정이나 학교, 삶, 정신의 모든 성장에 대한 교육의 효과에 관한 문제다.

　　가족 내에서 이루어지는 현재의 교육이 권력 추구, 공명심의 발달을 매우 강조하고 있다는 것은 의심의 여지가 없다. 모든 사람이 그에 대해 자신의 경험으로부터 스스로에게 귀중한 조언을 할 수 있을 것이다. 가정은 부인할 수 없는 장점을 갖고 있다. 가족보다 더 올바르게 아이의 성장을 이끌어 줄 수 있는 제도는 상상할 수 없다. 병이 났을 때 가족은 인간의 생존을 위한 최적의 장소로서 존재 가치가 드러난다. 부모가 매우 훌륭한 교육자고, 아이가 잘못 성장할 경우에 그것을 인식할 수 있는 능력과 통찰력이 있을 때, 더 나아가 적절한 교육으로 그런 잘못을 교정할 수 있을 때, 우리는 유능하고 견실한 인간 종족의 양육을 위해서 그보다 더 훌륭하고 적절한 기관이 없음을 인정해야 할 것이다.

그러나 불행하게도 부모들은 훌륭한 심리학자도 탁월한 교육자도 아니다. 오늘날의 가정교육에서 매우 다양한 스펙트럼으로 나타나는 병리학적 가족 이기주의^{Familienegoismus}가 커다란 역할을 하고 있음을 알 수 있다. 이기주의는 다른 아이들이 희생되는 한이 있더라도 자기의 아이만을 특별히 애지중지하고 가치 있는 존재로 간주할 것을 요구한다. 그러므로 가정교육은 아이들에게 잘못된 생각을 주입함으로써 심리학적으로 매우 중대한 잘못을 범하고 있다. 즉, 그 아이들은 자기 자신을 다른 사람보다 뛰어난, 다른 인간보다 훨씬 더 훌륭한 존재로 인식하는 것이다.

게다가 가정이라는 제도는 아버지의 권위^{väterliche Autorität}를 인정하는 이념에 기초하고 있으며, 그 생각으로부터 자유롭지 못하다. 불행은 거기서부터 시작된다. 이런 가부장적 권위는 인간의 공동체와 사회에 대한 매우 희박한 연대 의식에 근거하고 있으며 너무 빨리 공개적인 혹은 은밀한 저항을 초래한다. 그들은 그것을 순순히 인정하지 않는다. 권위적 교육의 가장 큰 폐해는 아이들에게 그릇된 권력 개념을 인식시킴으로써 지배욕을 확대시키고, 권력에 대한 야심을 키우며 보통 이상으로 특별한 허영심을 갖게 한다는 데 있다. 그들은 이제 유력한 사람으로 인정받기를 바라고 그가 자신의 주변에서 보아 왔던 가장 강한 사람이 누렸던 똑같은 복종과 굴종을 다른 사람에게 요구하는 데까지 나가게 된다. 뿐만 아니라 그들은 자신들의 부모와 주변 사람들에 대해서도 적대적 입장에 서게 된다.

이런 방식으로 우리의 가정교육에서는 아이들이 항상 우월성의 목표를 추구하게 된다. 우리는 아주 작은 어린아이들마저 '잘난 체하는 사람'이라는 놀이를 하는 것을 보게 된다. 또한 이들이 성인이 된 뒤에도 의식 속에 그것이 잠재해 있으며, 가족에 대한 무의식적인 회상 속에서 모든 사람을 여전히 가족처럼(자기를 보살펴 주어야 하는 의무가 있는) 여기고 있음을 보게 된다. 그들이 그런 태도에서 실패를 경험하게 되면, 이렇게 자신에게 적대적으로 변해 버린 세상으로부터 도피하려고 하며 고립된 존재로 살아가게 된다.

가정은 여하간 공동체 의식을 발달시키기에 매우 적합한 조직이다. 그러나 권력 욕구나 권위에 대해 언급됐던 것을 기억해 보면, 그 정도는 매우 미약한 수준이다. 사랑과 애정에 대한 최초의 욕구는 어머니와의 관계|Verhältnis zur Mutter에서 발생한다. 아이는 어머니에게서 믿을 수 있는 존재가 있다는 것을 배우며, 그것은 아이에게 있어 인간에 대한 가장 중요한 체험이다. 즉, 아이는 어머니로부터 친밀하게 느낄 수 있는 '너Du'라는 존재를 처음 인식하게 되는 것이다. 니체는 모든 사람이 자기 연인의 이상형을 어머니와의 관계에서 만들어 낸다고 말했다. 페스탈로치[18]도 어머니가 어떻게 아이에게 다른 사람과의 관계

---

18 페스탈로치(Pestalozzi): 18~19세기 스위스의 교육 개혁가. 루소의 영향을 받아 고아·아동 교육에 생애를 바쳤으며, 근대 유럽의 교육 사조에 큰 영향을 주었다.

에서 그를 '인도하는 별'이 될 수 있는지 언급한 바 있다. 어머니와의 관계는 그의 모든 표현의 틀을 형성해 준다.

그러므로 아이의 공동체 의식의 발달을 돕는 것을 어머니의 기능이라고 말할 수 있다. 어머니와의 관계가 잘못되었을 때 아이들에게는 특이한 성격이 형성될 수 있고, 성격이 잘못된 방향성을 갖게 될 때 그것은 아이의 사회성 부족이라는 결과로 나타난다. 두 가지 유형의 오류가 가장 일반적이다. 첫째는, 어머니가 아이에 대하여 이런 기능적 역할을 제대로 충족시키지 못해 아이의 공동체 의식이 잘 발달하지 않는 경우다. 이 결함은 매우 중요한 것으로, 수많은 불유쾌한 결과를 초래한다. 아이는 마치 이방인의 나라에서 살아가는 것처럼 성장한다. 그런 아이들의 상황을 개선하기 위해서는 그의 성장 과정에서 결여되었던 기능을 대신 떠맡는 것 외에 방법이 없다. 그것은 소위 말해, 이 사회 속에서 한 사람의 동료Mitmensch를 만들어 내는 방법인 것이다. 두 번째 잘못은 우리가 일반적으로 범하는 것으로, 어머니가 그의 역할을 하기는 하지만 너무 강하고 과장되게 수행해 공동체 의식의 계속적인 발전이 불가능해지는 경우다. 그런 엄마는 아이의 공동체 의식을 자기에게만 쏠리게 만든다. 즉 아이는 엄마에게만 관심을 갖고 나머지 세계에 대한 관심은 차단되는 것이다. 그러므로 그런 아이들에게는 사회적 존재로서의 근본 토대가 없는 것이나 다름없다. 두 유형의 아이들은 매우 강한 열등감을 갖게 되고, 공동체 의식은 결여되어 있으며 용기 또한 부족하다.

어머니와의 관계 외에도 교육에는 주목해야 하는 수많은 중요한 계기가 있다. 특히 아늑한 아이의 방^{behagliche Kinderstube}은 아이로 하여금 세상과 기꺼이 마주하게 하고 그 속에 쉽게 진입하도록 도와준다. 대부분의 아이들이 싸워 이겨 내야만 하는 어려움이 이 세상에 얼마나 많은지 생각하면, 또 초기 유년기 때 세상을 아주 편안한 거처로 느끼는 것이 얼마나 쉽지 않은지 생각했을 때 그들에게 '첫 유년기의 기억^{erste Kindheitseindrücke}'이 얼마나 중요한지 이해할 수 있다. 그 기억들은 그들이 이 세상에서 계속 탐구하고 발전하게 하고 자신의 삶의 방식을 자동화시키는 데 하나의 방향을 제시해 주기 때문이다. 거기에 덧붙여 많은 아이가 병약하게 태어나고, 세상에서 오직 슬픔과 고통만을 경험하며, 그들을 위한 따뜻한 방도 없이, 삶의 기쁨을 일깨워 줄 수 없는 환경에서 자란다는 사실을 생각하면, 대부분의 아이들이 삶과 사회의 진정한 친구로 자라나기 힘들다는 것이 명확해진다. 그들이 올바른 인간 사회에서라면 꽃피우고 발전시킬 수 있었을 공동체 의식을 제대로 가지지 못한다는 것은 당연하다. 더 나아가 우리가 주목해야 할 사실은, 아주 어린 시절의 교육적 오류는 매우 엄중한 결과를 낳을 수 있다는 것이다. 엄격하고 냉혹한 교육 역시 아이들에게서 삶의 기쁨과 놀이의 즐거움을 방해할 수 있다. 아이가 가는 모든 길에서 장애물을 제거해 주고 매우 따뜻하게 지켜 주는 교육 방법도 마찬가지다. 그것 역시 아이가 나중에 성인이 되어 가정 밖의 거친 날씨와 맞닥뜨렸을 때 제대로 적응하지 못하게 만든다.

오늘날의 가정교육은 우리가 기대하는 인간 사회의 가치 있는 동료들을 길러 내기에 부적합하다. 그것은 아이들의 생각을 쓸데없는 공명심으로 가득 채우고 있다.

아이들의 잘못된 성장을 보상해 주고 개선된 상황을 가져 오기 위해서 어떤 제도가 필요할지 자문할 때 우리는 우선 학교라는 제도에 주목하게 된다. 그러나 좀 더 자세히 살펴 보면 학교 또한 현재 상태로는 이런 과제를 수행할 수 있는 곳이 못 된다. 오늘날의 학교 상황에서 아이의 잘못에 대한 본질적인 점부터 인식하고 그것을 근절시킬 수 있다고 자부할 수 있는 교사는 아마 한 명도 없을 것이다. 교사는 그런 작업에 대한 준비가 전혀 되어 있지 않고 그렇게 할 수 있는 능력도 없다. 그는 아이들에게 가르쳐야 하는 학습 지도안을 손에 들고 있긴 하지만, 그것은 그가 씨름해야 하는 문제가 어떤 문제인지 전혀 고민할 필요도 없는 내용이기 때문이다. 한 학급의 학생 숫자가 너무 많다는 것도 그로 하여금 이 과제를 수행할 수 없게 만드는 요인이다.

우리가 하나의 민족으로 용해되는 것을 방해하고 저지하는 이런 가정교육의 결함을 보완해 줄 수 있는 제도가 정말 없는지 돌아보지 않을 수 없다. 아마도 많은 사람이 그것은 삶^{Leben} 그 자체라고 생각할지 모른다. 그러나 그것은 그 자체의 특수한 사정이 있다. 삶이 때때로 그런 외관을 가진다고 해도 삶이 한 사람을 변화시키는 데 부적합하다는 사실은 지금까지 언급된 내용만으로도 충분할 것이다. 모든 사람이 갖고 있는 허영심과 공명심이 그것을 허용하지 않기 때문이다. 왜냐하면 자신이 아무리 잘못된 길을 가고 있어도 그는 그것을 딴 사람의 잘못이라거나 어쩔 수 없는 일이었다고 강변할 것이다.

자기가 저지른 잘못에 대해 스스로 책망하거나 그것에 대해 숙고하는 사람은 정말 드물기 때문이다(체험의 오용에 대한 우리의 논문을 기억해 보자).

삶도 어떤 근본적인 변화를 불러 오지 못한다. 심리학적으로 그것은 이해할 수 있는 일이다. 왜냐하면 삶은 이미 다 만들어진 사람들을 떠맡기 때문이다. 인간들은 모두 자신의 확고한 관점을 갖고 있고 우월성의 추구라는 개인적인 목표를 향해 노력하는 존재들이다. 삶은 그 반대로 매우 나쁜 교사다. 아무런 고려나 관용을 베풀지 않는다. 그것은 우리에게 어떤 경고도 주지 않고 제대로 된 교훈도 주지 않는다. 오히려 우리를 차갑게 외면하고 우리가 실패하도록 내버려둔다.

우리가 이런 문제들을 다각도로 고려하고 나면 단 하나의 결론만 남는다. 이 상황에 도움이 되는 제도는 하나밖에 없다. 그것은 학교다. 학교는 잘못 운영되지만 않는다면 그 기능을 담당할 수 있다. 현재에 이르기까지 학교의 운영을 책임진 사람들은 학교를 자기 자신의 야심적이고 야망에 찬 계획을 위한 도구로만 사용해 왔다. 장기적으로 그것은 유익한 결과를 가져올 수 없다. 최근에 이르러, 학교는 다시 과거의 권위를 회복해야 한다는 외침이 들려 오지만, 도대체 이 권위가 옛날에 무슨 성과를 이루었는지 다시 자문해 보아야 할 것이다. 권위라는 것이 도대체 무슨 쓸모가 있는 것인가. 우리는 과거에 이 권위가 얼마나 유해한 작용을 했는지 확실히 알고 있다. 권위를 행사하는 것이 보다 용이한 가족 내에서조차 그 같은 행위는 단지 모든 다른 가족 구성원들을 분노하게 만드는 결과만 초래해 왔음을 기억한다. 그 밖에도 저절로 인정받을 수 있는 권위가 아니라면 권위는 강요될 수밖에 없을 것이다. 학교에서조차 소위 권위라는 것이 있다고해도, 예외 없이 인정받기는 힘들다. 아이들은 교사들이 정부에서 임무를 받은 관리들이라는 사실을 분명하게 알고 있다. 아이들의 정신발달에 아무런 후유증 없이 어떤 권위를 집어넣기는 불가능하다. 권위적 감정은 어떤 강제적인 영향력에 근거해서는 안 되며 공동체 의식 위에 기초하고 있어야 한다.

학교는 모든 아이가 자신의 정신적 발달 단계에서 만나는 상황이다. 그러므로 학교는 아이들에게 유리한 정신적 발달의 요구들을 충족시켜야 한다. 어떤 학교를 좋은 학교라고 말할 수 있으려면 그 학교는 정신기관의 발달 조건들과 조화를 이룰 수 있어야만 한다. 그런 학교만이 비로소 사회적 학교soziale Schule라고 불릴 수 있을 것이다.

결론

우리는 이 책에서 정신기관은 선천적인, 정신적이고도 신체적으로 기능하는 어떤 실체로 이루어져 있음을 논의하기 위해 노력해 왔다. 정신기관의 발전은 전적으로 사회적인 조건에 의해 제약을 받는데, 그 의미는 한편으론 신체기관의 요구들과 다른 한편으론 인간 사회의 요구들을 충족시켜야만 한다는 것이다. 사람의 영혼은 이런 틀 속에서 발전하며 그것의 성장은 이런 조건들에 의해 영향을 받는다.

우리는 이런 발달 과정 말고도 인지의 능력, 상상과 기억, 감정과 사고의 능력까지도 탐구했으며 마지막으로 성격 특징과 감정에 대해서도 논의했다. 이 모든 현상은 서로 분리될 수 없는 관련성 속에 있으며 한편으로는 공동 사회의 법칙에 종속되며, 다른 한편으로는 권력과 우월함에 대한 개인들의 요구에 의해 어떤 특별한 궤도로 조정되고 형성되기도 한다는 사실을 확인했다. 우월 욕구라는 인간의 목표는 공동체 의식과 결합해서 발달 정도의 단계에 따라 구체적인 경우에 특별한 성격으로 형성된다. 그러므로 성격은 선천적인 것이 아니다. 성격의 발달은 정신 발달의 근원에서부터 모든 사람이 다소 의식적으로 따라가는 목표에 이르기까지 그 생활 패턴에 따라 배열된 방식으로 발전해 간다.

인간을 이해하기 위해 우리에게 매우 가치 있는 이정표 역할을 하는 그런 성격과 감정들을 우리는 매우 자세하게 논의했으며 다른 것들은 가볍게 다루었다. 마지막으로 인식한 것은, 모든 개인은 자기의 권력 욕구에 상응하는 공명심과 허영심을 내면에 갖고 있다는 것이며, 그것이 표현되는 형태를 통해 그 사람의 욕구와 그것의 작용 방식을 명료하게 이해할 수 있었다. 우리는 또한 공명심과 허영심의 지나친 발달은 개인의 정상적인 발전을 가로막고 공동체 의식의 발달을 저해하며, 그것들이 어떻게 규칙적으로 인간 사회에 해악으로 작용하는지 밝혀냈다. 그것은 그와 동시에 개인의 발전과 그의 노력까지도 좌초하게 만든다.

정신 발달의 이런 법칙은 반박할 수 없는 것이며 어두운 충동에 빠지지 않고 의식적으로 자신의 운명을 구축하고자 하는 모든 사람에게 가장 중요한 이정표가 되어 줄 것이다. 우리는 이 연구를 통해 인간이해에 도달하고자 한다. 그것은 다른 곳에서는 진행되고 있지 않지만 우리에게는 매우 중요한 학문으로서 모든 계층의 사람들에게 불가결한 작업으로 간주된다.

해설

Menschenkenntnis

홍혜경

세 가지 키워드로 읽는 아들러 심리학

1. 아들러의 생애, 학문적 여정

아들러[19]는 1870년 2월 7일 오스트리아 빈 근교에 있는 루돌프샤인에서 유대인 곡물상인 아버지의 4남 2녀 중 둘째로 태어났다. 그의 집은 비교적 유복한 편이었으나 위의 명민한 형과의 갈등이나 어릴 적에 앓았던 구루병, 폐렴, 후두경련 등으로 인한 그의 병약한 체질은 중요한 자극이 되어 그의 이론 곳곳에 체험적 인상으로 남아 있다. 그는 네 살 때 의사가 되기로 이미 결심했다고 한다. 그것은 자신의 질

---

19 아들러의 생애와 사상에 관해서는 독일의 반덴회크 루프레히트 출판사의 위르크 뤼에디 편집자의 해설을 참고하였다.

병과 바로 밑 남동생의 죽음 같은 직접적 체험이 원인이 된 것으로, 의사가 되어 많은 사람에게 도움을 주고 죽음과 같은 문제에 근본적 해답을 얻겠다고 생각한 것으로 보인다. 인류의 이익에 봉사하고자 하는 이런 염원은 이미 그의 어린 시절에 싹을 틔워 온 것으로서, 생을 마감할 때까지 그의 모든 사고와 행위 속에 녹아 있었으며 그의 이론을 지탱하는 주요 논거가 된다.

열등감과 극복, 즉 보상이라는 테마는 그의 평생에 걸친 작업을 추동하던 가장 중요한 근본 물음이었다. 실질적으로 인간이 갖고 있는 모든 문제의 근원은 여기에서 출발한다고 하는 것이 그의 생각이었다.

대부분의 사람들이 스스로 의식하는 것보다 훨씬 더 나은, 훌륭한 능력을 갖고 있다는 확신으로부터 그의 낙관주의적 세계관이 출발하고 있으며, 그것은 그가 학생일 때 매우 낮은 수학 성적으로 인해 거의 낙제할 뻔했다가 그의 정신적 지주였으며 내면적으로 아주 밀접한 관계에 있던 아버지가 그의 편에 서서 용기를 북돋워 준 것이 계기가 되었다. 이후 1888년에 고교졸업시험Matura을 통과하고 빈 대학에 진학하였다. 그는 의학을 전공하면서 철학, 심리학, 정치학, 사회학 등 여러 학문에서도 인문학적 소양을 쌓았다. 1895년에 빈 대학에서 의학 박사 학위를 받고, 1898년에 안과 전문의로 개업하였다.

1902년에 아들러는 프로이트의 초청을 받아 수요 모임에 참가해 '빈 정신분석학회' 초대 회장을 역임하는 등 정신분석학자들 모임에서 적극적인 활동을 이어 갔다. 그 기간 동안 그는 자신의 견해를 발전시켜 나갔으며, 1911년에 리비도를 인간 행동의 근원으로 파악하며 인간 행동의 설명에서 무의식의 세계에 집착한 프로이트와 결별하게 된다. 1911년 8월, 아들러는 프로이트와 견해 차이로 갈라선 다른 동료들과 '정신분석연구학회'를 결성하고 1913년 9월에 '개인심리학회'로 개명했다.

아들러는 개인의 행동을 동료 인간과의 관계나 입장과 긴밀한 관련성이 있는 것으로 이해하고 인간을 사회적 존재로, 공동체 속의 존재로 바라 보았다. 아들러가 '개인심리학'이라는 개념을 갖고 주장하는 바는, 개인은 여러 개의 분리된 요인들로 구성되는 것이 아니라 기억과 정서, 행동의 총체로 구성되며 목적론적인 동기에 의해 움직이기 때문에 미래의 목표를 향해 창조적으로 삶을 개척해 나가는 존재라는 것이다.

『개인심리학지』는 1914년 4월에 제1호가 발간되었으며, 중간에 휴간 기간을 거치면서 1937년 아들러가 죽을 때까지 나왔고, 1947년에 재발간되었다.

제1차 세계 대전 발발 후 아들러는 군의관으로 참전했다. 짐멜링에서 근무하다가 여러 차례 전보를 거듭하며 전쟁의 참화를 몸소 체험했다. 전쟁 중에 겪은 참상과 모순은 그를 평화주의자가 되게 했으며, 그는 열정적으로 민족의 집단적 죄의식의 개념에 대해 항변했다. 책임이 있는 것은 권력자들이지 개개인이 아니라는 것이다. 그들은 폭력과 선동으로 모든 합법적인 저항의 싹을 짓밟고 정신적으로 반쯤 마비된 사람들을 학살 현장으로 몰아 넣었다.

아들러의 새로운 확신은 이론적이고 정치적인 측면에서 대가를 치르게 했다. 대단한 열정을 가지고 군사적인 좌파 혁명에 열렬한 박수를 보냈던 자신의 옛 동료들과 심지어 아내(라이사 아들러)에 대해서도 반대 입장에 처하게 되었지만, 아들러는 자신의 입장을 굽히지 않았다. 또한 볼셰비즘에 대해 날선 비판도 멈추지 않았다. 그의 논문 「볼셰비즘과 심리학」에서 그는 최초로 공동체 의식이라는 용어를 사용했고, 이후 공동체 의식은 그의 이론에서 매우 중요한 개념이 되었다.

아들러에 따르면 공동체 의식에는 협동하는 능력, 협조하는 용기, 인간적인 동등성에 대한 예민한 감각, 연대감 그리고 공감 능력이 포함되며, 그것은 사람의 정신 건강을 측정할 수 있는 매우 정확한 척도다. 이 개념과 함께 되짚어 보아야 할 것이 그의 폭넓은 사회 활동의 일환으로서 빈의 제일 큰 시민대학인 오타크링 시민대학에서 '인간이해' 강의를 시작한 것이다. 그는 전쟁 후 22개소의 아동병원을 운영했으며 틈틈이 강연을 다니고, 현장에서 환자들을 신경증 질환으로부터 구출해 주었다. 이는 이론과 실제를 접목하는 것을 높이 평가한 아들러에게 전형적인 것으로서, 대중 강연은 아들러의 상표가 되었다.

이 책은 그에게 있어 학문적인 훈련이었고 동시에 예술이었다. 이런 의미에서 그는 이 책에서 도스토옙스키와 라 로슈푸코 등의 예술작품을 자주 인용했다. 그러나 그는 무엇보다 개인심리학이 학문적인 근거가 미약하다고 생각했기 때문에, 자신의 작업을 학문적 토대 위에 올려 놓기 위해 힘썼다. 그의 전체 작업을 관통하는 관심사는 학문적인 '인간이해'의 전통을 확립하는 것이었으므로 개인심리학의 인류학적 전제에 파고들었다.

아들러는 종종 심리적 특성의 선천적 유래에 대해 격렬하게 반대하는 입장을 취했으며 "인간이 어떤 특성과 소질을 갖고 태어나느냐가 중요한 것이 아니라 그가 가진 특성으로부터 무엇을 만들어 내느냐가 중요한 것"이라고 주장했다. 그것은 오늘날 우리가 발달심리학에서 '개인의 자기 조정 능력'이라거나 개인을 '자신의 성장 및 발달의 능동적인 공동 형성자'로 보는 생각과 일맥상통한다고 볼 수 있다. 여기에서 '개인심리학'을 관류하는 그의 사상을 엿볼 수 있다.

2. 아들러 심리학의 세 가지 키워드: 열등감, 우월 욕구(인정 욕구), 허영심

열등감은 크건 작건 인간이라면 모두 갖고 있는 것으로서, 인격의 바탕에 근본적으로 깔려 있다. 인간은 다른 동물에 비해 훨씬 오랜 기간 유아기와 유년기를 거치기 때문에 자기와 가장 가까운 주변 사람들, 즉 부모와 가족의 도움 없이는 생존할 수 없다. 그러므로 인간의 정신생활을 이해하기 위해서는 아이의 유년 시절에 주목해야 하며, 거기서부터 의미의 실마리를 찾아야 한다는 것이 아들러의 견해다.

여기서 부모가 아이를 돌보는 일은 본능에서 우러 나온 행동이기도 하지만 부모의 공동체 의식이라는 사회적 개념이 전제되지 않고는 불가능하다. 이후 이 개념은 아들러의 개인심리학에서 중요한 핵심 개념이 되고 있다.

사회 생활은 아이에게뿐만 아니라 개별적인 인간에게도 필수적인 조건이 된다. 자연 속에서 혼자 존재하는 인간은 상상하기 어렵기 때문이다. 인간들은 최소한의 공동체인 가족에서부터 시작해 친척과 마을 사람 등의 주변 환경과 더 나아가 학교, 도시, 국가에 이르기까지 공동체 생활을 하지 않으면 안 되는 존재다. 그 속에서 노동 분업을 통해 각자의 역할을 하며 생업을 이어 가고 서로에게 의존하고 보완하며 인간으로서의 기본적인 생활을 영위한다.

"열등감이 나타나는 바로 그 순간에 그의 정신적 삶의 과정이 시작된다"고 했듯이 인간은 모든 종류의 열등감에 매우 민감하다. 아이는 오랜 유년기 동안 자신의 신체적 열등함을 절감하며 주위 어른들의 보살핌에 의존하게 된다. 아이의 신체적·정신적 무력감과 연약함으로부터 사회적 공동생활에 대한 의존성이 생기고, 자신의 연약함을 보상하려는 욕구는 아이에게 자신만의 재능과 능력을 발전시켜 대항해 보고자 하는 맹렬한 자극이 된다. 아이의 정신 속에 깊이 뿌리 내린 열등감은 아이의 영혼을 지배하는 근본 기질이 된다. 그래서 결코 충족시킬 수 없는 야망으로 점점 변질되어 그를 흔들어 놓는다.

모든 생존 과정에서 부모에게 절대적으로 의존하는 아이는 부모의 관심이 자기에게 쏠려야만 자신에게 훨씬 더 유리한 환경이 조성된다는 것을 인식하게 되며, 그로부터 애정 욕구와 인정 욕구가 싹트게 된다. 애정 욕구는 그 이후의 삶에서 사랑과 결혼, 사람들과의 교제에 대한 욕구로 발전한다. 한편 신체적인 조건에서 어떤 결함을 안고 있다거나 외적 조건에서 발달이 뒤진 아이들, 경제적인 어려움을 가진 아이들, 부모의 적절한 보살핌을 받지 못했다거나 과잉 보살핌으로 이기적인 성격을 발달시킨 아이들은 정상적인 조건의 아이들에 비해 왜곡된 세계상을 발전시키면서 모든 관심을 자신의 열등감을 보상할 수 있는 방향으로만 집중시키게 된다.

이렇게 유아기 때부터 시작된 열등감은 대부분의 인간들에게 그에 대한 보상 심리로 우월감에 대한 욕구를 불러 일으킨다. 그것들은 사소한 형태로는 가족 내에서 부모의 사랑을 놓고 다투는 형제들 간의 경쟁이나 학교에서 벌어지는 점수 경쟁으로 나타나지만, 범위를 넓혀 보면 인간 삶의 크고 작은 모든 권력 관계 속에 나타난다. 심지어 가장 평등해야 할 친구나 연인 관계, 부부간에도 우위(권력)를 차지하고자 하는 눈에 보이지 않는 암투가 계속되기 때문에 인간은 따뜻한 동지애를 잃어 버리고 서로에게 높은 담을 둘러치며 고독과 외로움 속에서 마음의 병을 앓게 된다. 그로부터 연유한 갈등과 고통은 좀처럼 극복되지 않으며 대부분의 인간들은 죽을 때까지 그것에서 놓여 나지 못하고 그것과 씨름하게 된다.

우월 욕구(권력 욕구)가 크면 클수록 개인의 삶은 온갖 종류의 투쟁 관계 속에 놓이며, 그것에 집중하는 사이 주변과의 관련성과 친밀성을 점점 잃어 버리게 된다. 실현될 수 없는 높은 야망에 시달리는 사람일수록 인생의 문제를 직면해서 올바르게 해결하지 못하고 점점 멀어지며 혼자만의 세계에 틀어 박히거나 공상 속에서만 우월감을 맛보기 때문에 신경증적 증상으로 발전해 간다. 그들의 노력은 거의 대부분 무익하고 쓸모없는 것이 되어 버리며 참다운 자기 인식에 도달하지 못한다. 그리고 삶에서 필수불가결한 사회적 감정이 제대로 성숙하지 못한다. 이렇게 해서 공동체 의식이 결여된 사람들은 어떤 식으로든 우월감의 만족만 추구하기 때문에 인생의 여러 문제에서 도피하며, 주변 사람들과의 협력을 통해서만 해결될 수 있는 문제에서도 자신의 노력을 투입하기보다 다른 사람의 노력을 착취하고 자신만의 이익을 좇으려는 경향을 나타낸다.

열등감이 바람직한 방향으로 발전하면 개인에게나 사회, 인류의 이익에 공헌할 수도 있다. 하지만 대부분은 과도한 열등감에 짓눌려 주변 사람들에게서 받은 피드백을 잘못 인식하고 해석함으로써 더욱 그릇된 방향으로 발전하게 된다. 그런 노력 속에서 그의 모든 행위는 우월감을 향한 질주와 다름없게 된다. 그 우월감은 그에게 최종 목표인 것이며 어떤 경우에도 포기할 수 없는 그의 은밀한 존재 이유가 된다. 열등감이 클수록 그에 비례해서 권력과 우월감을 향한 그의 노력은 과장되고 극렬해질 수밖에 없다.

이렇게 과도하게 커져 버린 우월성의 추구가 여러 번의 실패를 경험하면 자아는 위축감을 느끼게 되고 고립적 행동으로 발전하거나 자기기만 또는 자아도취 방향으로 왜곡되어 발전한다. 그것은 일반 사람들의 건강한 인식과 맞지 않는 것이며, 과도해지면 신경증적인 증상으로 변화된다. 그렇게 그는 주변 환경과 불화하게 된다. 그들의 삶에 대한 태도는 투쟁적이 되며 평생 사람들과 친밀한 관계를 유지하기가 어렵거나 한 사람과의 관계에만 집중하는 성격을 발달시키게 된다. 인생의 모든 고비에서 만나는 각종 어려움을 자신에게만 불리한 어떤 형벌이나 불운으로 간주하기 때문에 과제 수행에 필요한 적절한 관심과 노력을 회피하게 되며, 그것을 끊임없이 다른 사람의 잘못으로 몰아 대거나 갖가지 핑계를 대면서 그로부터 빠져나갈 방법만 찾기 때문에 인생에서 실패할 위험이 높아진다. 그러나 그런 실패 또한 자신의 잘못으로 인식하지 않고 잘못된 방법과 수단으로 그것을 보상하려고 하기 때문에 주위 사람들에게 피해를 입히고 자기 자신에게도 치명적인 결과만 초래하게 된다.

사람들은 사회 활동 속에서 자기 평가를 하게 되며 그것은 끊임없는 우월성에 대한 욕망과 경쟁에서 승리하고자 하는 욕망으로 연결된다. 이 욕망들은 저절로 정신적 긴장을 야기하고 거기에서 발생하는 불안정감과 열등감의 강도는 아이가 자신의 상황을 어떻게 느끼고 해석하느냐에 따라 판이하게 다르다. 그것은 또 열등감에 대한 조정, 보상 행위로 몰아가며 그에 따라 목표도 다시 설정된다. 정상적인 방법을 통한 목표 추구가 좌절되면 단순한 보상으로는 만족하지 못하고 과잉행동으로 보상받으려 한다. 그들은 엄청나게 조급해 하며 훨씬 과도한 우월감을 추구하는데, 그것들은 대부분 허영심, 교만, 정복욕의 형태로 나타나며 그 자신에게뿐만 아니라 주변 환경에도 유해한 영향을 미친다. 그러는 동안 그는 기만과 허위 속에서 살아가며 인생에서 어떤 기쁨도 경험할 수 없게 된다.

그렇게 되면 그의 삶은 온통 승리에 대한 욕구로 가득 차며 온갖 종류의 승리감에 대한 환상으로 넘쳐난다. 그의 관심은 자기가 남에게 어떻게 보이고 평가받는지에 대해서만 집중한다. 그사이에 삶과의 진정한 연관성이나 주변 사람과의 연관성을 잃어버리고, 현실 세계와의 접촉점을 잃게 된다. 그에게 중요한 것은 오직 실질적인 의미나 가치가 아니라 외형적인 것, 남들이 자기를 어떻게 생각하고 자기가 어떤 평가를 받느냐 하는 것뿐이다. 허영심은 그를 무가치한 일과 노력에 몰아 넣게 만든다. 아이들의 경우에는 그것이 다른 인간이나 생명이 있는 존재와의 감정이입을 억제하고 방해하기 때문에 다른 사람의 고통을 즐기는 놀이나 동물 학대 형태로 발산되기도 한다. 어른들의 경우에도 다른 사람과의 진정한 교류와 인간애를 방해해 진실된 친구를 갖는다는 일이 영원히 요원해져 버린다. 그의 마음속에는 다른 사람의 고통이나 실패를 보며 즐거워하는 샤덴프로이데Schadenfreude의 감정이 자라나며, 밖에 있는 관찰자에게 그런 감정을 들키기도 한다.

허영심에 가득 차 있는 사람들은 잘못된 일에 대해서도 스스로의 잘못을 인정하지 않고 항상 다른 사람에게 그것을 전가한다. 그들은 오히려 남들의 잘못을 보며 행복해하는 사람들이기도 하다. 자기들은 항상 옳고 남들은 부당하다고 주장한다. 다른 사람의 있지도 않은 부당함을 증명하기 위해서라면 그들은 어떤 노력도 마다하지 않는다. 그리고 때때로 자신의 정당성이 부정되는 상황에서는 교묘하고 인위적인 기교를 부림으로써 자기 스스로 혹은 다른 사람들이 일시적으로라도 그의 정당성을 믿게 만든다. 그렇게 함으로써만 자신의 허영심이 상처받지 않고 보존될 수 있으며 우월감이 그를 지탱할 수 있기 때문이다. 그들은 언제나 자기 자신의 실제 모습보다 훨씬 더 능력 있고 우아하고 고상한 존재로 자신을 포장하고, 항상 그렇게 보여야 한다는 강박관념을 안고 살아가기 때문에 현실 생활에서 더 큰 갈등 관계 속에 빠져들며 삶에서 부적응을 초래하게 된다. 또 주위의 모든 사람에 대해 우월한 지위를 차지하고 싶다는 동경이 너무 강렬해 수단과 방법의 종류를 가리지 않기 때문에 주변 사람들과 마찰을 일으킨다. 즉, 공동체와의 충돌과 모순을 피할 수 없다.

극도의 허영심에 사로 잡혀 있는 사람들은 자신에 대한 충일감이 결여되어 있을수록 더욱 큰 목표를 세우게 된다. 어떤 사람이 과장된 행동을 보인다든지 지나친 허영심을 드러내고 있을 때, 예를 들어 언제나 어디서나 자신만이 스포트라이트를 받고 있다고 생각하며 오직 그것만을 자신의 행위의 목표와 기준으로 삼을 때 그 사람의 자기 평가는 매우 낮을 것이라고 추측해도 무방할 것이다. 그들은 자신을 끊임없이 남들과 비교, 평가하기 때문에 마음의 안식을 얻기가 힘들고 그에 대한 경쟁 심리로 남들에 대해 적대적 성향을 품게 된다. 그래서 아주 날카롭고 비판적인 어투로 자신의 적대감을 표출한다. 모든 것을 조롱과 비방거리로 삼고 혼자만 옳다고 하며 상대의 모든 것에 대해 부정적인 의견을 내놓는다. 그들은 다른 사람의 가치를 떨어뜨림으로써 자신의 우월성을 확인하려는 것이다. 심지어 다른 사람의 가치를 인정하는 것은 자신에게 모욕으로 느껴질 정도며 완벽한 상황에서조차 그렇게 행동하는 것은 그에게 있을 수 없는 일로 여겨진다. 그런 행동으로부터 우리는 그 사람의 내면의 허약성을 추측할 수 있다.

결론적으로 열등감으로부터 우월 욕구(인정 욕구와 권력 욕구)가 생겨나며 그것은 모든 인간에게 피할 수 없는 운명과 같은 것이다. 그러나 그것을 올바른 방향으로 발전시켜 나가면 개인에게나 사회, 인류에게 이익이 될 수 있지만(실제로 수많은 천재의 찬란한 업적들은 그들의 열등감 극복의 소산이라고까지 말할 수 있다. 우월 욕구가 없었더라면 그런 결과는 없었을지도 모른다), 잘못 발달한 우월 욕구는 모든 이들에게 참담한 결과로 되돌아 온다. 대부분의 경우 그것은 사회 부적응자나 신경증 환자, 아니면 사회적 일탈자의 삶이라는 결과를 초래하며, 겉으로는 멀쩡해 보이지만 영혼이 심각하게 병든 우울한 사람의 모습으로 우리 앞에 나타난다.

또한 우월 욕구가 겉으로 과도하게 드러나는 형태를 허영심이라고 할 수 있다. 이 허영심은 만족시키기가 대단히 어려운 것으로서 눈덩이처럼 자꾸 불어나기 때문에 허영심이 심한 사람의 삶은 영원한 목마름에 허덕이는 가련한 형태가 될 수밖에 없다. 또한 우리가 흔히 보는 막장 드라마의 주인공에 비유될 수 있다. 그들은 대개 모든 것이 파국으로 끝난 뒤 자신이 추구하던 삶이 얼마나 허망한 것이었는지 절망과 고통 속에서 깨닫는다. 아들러는 사실 인간적 삶에서 열등감과 우월 욕구를 고통의 근원으로, 허영심을 만악의 근원으로 간주하는 것처럼 보인다.

"아이의 열등감을 이해하고 나면 아이를 교육하는 행동 규칙을 알 수 있게 된다. 아이의 삶을 힘들게 만들지 말고 삶의 비참한 면을 너무 심각하게 받아들이지 않게 보호하고, 가능한 한 삶의 밝은 면을 제공해 주어야 한다"라고 아들러는 역설했다. 그가 '아이'와 '교육'에 보낸 관심은 어느 심리학자보다 월등해, 빈에서 그가 왜 그렇게 많은 아동병원을 운영했는지에 대한 대답이 되고 있다. 아들러는 이 책의 후반부에서 다시 '교육'에 방점을 찍고 있다.

아들러는 가정이 아이의 교육을 담당하는 최선의 제도임을 충분히 인식하고 있다. 부모가 필요한 통찰력을 갖고 아이의 정신 발달을 올바른 방향으로 세심하게 이끌어 주기만 한다면 인간 종족의 생존과 존속을 위해서, 또한 사회의 훌륭한 일원을 키워 내는 교육의 기능에서 가정보다 더 적절한 기관이 없음을 강조한다.

그러나 불행하게도 현재 문화 속에서 가정은 가족이기주의의 그릇된 관념에 지배되어 아이의 목표를 엉뚱한 방향으로 비틀어 버림으로써 아이들이 잘못된 권력 개념과 지배욕, 우월 욕구를 키우도록 조장하고 있다. 적절하게 훈련받아야 할 공동체 의식의 교육은 배제되고 이기심과 허영심으로 무장된 아이들만을 길러 냄으로써 아이의 인생과 사회, 더 나아가 인류의 안녕에 심각한 위협이 되고 있는 것이다.

이런 오류를 개선하고 가정교육이 안고 있는 문제들을 극복할 수 있는 곳이 아들러는 바로 '학교'라고 최종 결론을 내린다. 현재 상황에서 그보다 더 나은 대안이 없고 이제까지의 잘못된 관행을 고쳐 제대로 운영된다는 전제하에서, 교사들에게 학생의 성장과 발전을 위한 예민한 감각이 있고, 잘못된 발달을 교정할 수 있게 도와줄 능력과 통찰력이 있다면 학교가 아이 교육의 최적의 장소라고 아들러는 단언하고 있다.

그러나 아들러가 오늘날 교육 현실을 보고 교육에 걸었던 그의 기대가 희망사항으로 끝나 버렸음을 알게 된다면 뭐라고 말할지 궁금해진다.

옮긴이의 말

작년, 재작년 우리 사회에 기시미 이치로가 쓴 『미움받을 용기』가 가히 신드롬이라고 불릴 정도로 강력한 사회적 반향을 일으켰다. 책은 읽기도 전에 제목만으로도 우리의 마음을 뛰게 만드는 강력한 흡인력을 내뿜고 있었다. 이제야 비로소 사람들은 남의 눈치를 보지 않고 자기만의 길을 가면서 자기만의 삶의 방식을 당당하게 꾸려 가도 된다는 사회적 용인을 받게 된 것처럼 기뻐하며 책이 주는 메시지에 빠져 들었다.

그런 것들을 보노라면 우리 사회가 그동안 알게 모르게 여러 가지 장치로 사람들을 얼마나 억압해 왔는지 확연하게 느낄 수 있다. 기시미 이치로라는 일본 작가는 우리 마음 저 밑바닥의 소심함과 나약함, 용기 없음, 허약함, 수치심 같은 것들을 건드려 펑펑 울게 만든 다음 자기를 사랑하고 긍정하는 마음을 솟구쳐 올라 오게 해 자신을 드러 낼 수 있는 용기 같은 것을 우리에게 주었다. 그는 그 사실 하나만으로도 높이 평가할 만하다. 그것은 우리 모두가 필요로 하는 조언이었지만, 그처럼 거침없이 어깨를 두드리면서 우리를 친근하게 위로해 준 사람은 없었기 때문에, 그토록 큰 반향을 불러일으킬 수 있었을 것이다.

작년 말에 『아들러의 인간이해』의 번역을 의뢰받았을 때, 맨 처음 떠오른 생각은 '기시미 이치로의 영향력이 여기까지 왔구나' 하는 것이었다. 왜냐하면 『미움받을 용기』는 아들러의 심리학을 풀어서 독자들이 다가가기 쉽게 만든 책이기 때문이다. 그 여파로 이제 아들러의 '개인심리학'의 본류에 접근하려 하는 것이고, 그 결과가 아들러 심리학의 결정판이자 역저라고 할 수 있는 『인간이해』의 번역으로까지 이어졌으니 말이다.

그동안 우리 심리학계는 프로이트 일변도의 관심에서 벗어나지 못한, 매우 좁은 인식의 틀 속에서 살아 왔다는 사실을 부끄러운 마음으로 인정하지 않을 수 없다. 정신분석학을 확립한 세 명의 거장, 즉 프로이트, 아들러, 융 중에서 프로이트에만 코를 빠뜨리고 그 한 사람을 아는 것만으로도 벅찬 듯이 그의 이론에만 급급해 오지 않았나 하는 생각을 하지 않을 수 없다. 그것은 우리나라의 심리학자들과 출판사들의 책임이 크다고 할 수 있다. 그러다 최근 1~2년 사이에 일본으로부터 불어 온 아들러 열풍으로 이제야 그나마 심리학의 관심 영역을 아들러에게로 넓혀 가기 시작한 것이니, 만시지탄晩時之嘆을 느끼는 것이 당연할 것이다.

나는 앎에 대한 목마름을 느끼면서 이 책을 번역했음을 고백한다. 아들러는 내게 너무 늦게 찾아와 주었다(나는 그동안 그에 대해 너무 무지한 채로 살아 왔다).

여기에 있는 내용들은 사실 많은 사람에게 기시감旣視感을 불러 일으킬지도 모른다. 그러나 그 깊이에 있어서, 그 이론적 정치함에 있어서, 인간 심리의 여러 상황에 있어서 이만큼 폭넓게 또 세밀한 부분에 이르기까지 그와 같은 열정을 가지고 다룬 책은 찾아 보기 어려울 것이다. 그것은 이제까지의 우리 앎을 한 수준 더 높은 단계로 끌어 올리기에 부족함이 없고, 인간에 대한 이해의 폭을 한층 넓혀 주는 데 엄청난 기여를 하고 있다고 할 수 있다. 아들러가 펼쳐 보여 주는 새로운 인식의 지평은 매우 신선하다. 그것은 우리의 지식을 그저 앎 그 자체에 그치지 않고, 나 자신과의 화해, 다른 동료 인간에 대한 참다운 이해, 진정한 공감, 뜨거운 사랑으로 우리를 끌고 가 준다고 나는 확신한다.

나는 이 책에서 아주 많은 지혜와 인식을 얻었다. 그것은 나의 삶에 앞으로 어두운 바다에 불을 밝히고 있는 등대와 같은 역할을 할 것이다. 이제라도 아들러를 알게 된 것이 얼마나 다행이냐고 나를 위로하면서 이 홀가분함과 기쁜 마음을 독자 여러분과 함께할 수 있다면 더할 나위가 없을 것 같다.

2016년 8월
홍혜경

찾아보기